▶ 本书获湖南师范大学中国语言文学一流学科和
湖南师范大学哲big大生活社会科学青年学术骨干培养计划

湖南师范大学校summer规划教材

汉字解析
与对外汉字教学

唐智芳big大生编著

知识产权出版社
全国百佳图书出版单位
——北京——

图书在版编目（CIP）数据

汉字解析与对外汉字教学/唐智芳编著. —北京：知识产权出版社，2019.12
ISBN 978-7-5130-6696-9

Ⅰ.①汉… Ⅱ.①唐… Ⅲ.①汉字—对外汉语教学—教学研究 Ⅳ.①H195.3

中国版本图书馆 CIP 数据核字（2019）第 291238 号

内容提要

本书将汉字本体解析与对外汉字教学结合起来进行探讨。首先将汉字放在世界文字体系的视野下加以比较，梳理其发展演变和性质特点。然后分别从汉字字形、字音、字义和文化四个方面，先对汉字本体进行解析，再分析外国学生在汉字习得中存在的问题及产生原因，并提出相应的教学策略。最后对本体汉字教学和对外汉字教学的发展历程和现实状况加以介绍。

策划编辑：蔡　虹　　　　　　　责任校对：谷　洋
责任编辑：高志方　　　　　　　责任印制：刘译文
封面设计：博华创意

汉字解析与对外汉字教学
唐智芳　编著

出版发行：	知识产权出版社有限责任公司	网　址：	http://www.ipph.cn
社　址：	北京市海淀区气象路 50 号院	邮　编：	100081
责编电话：	010-82000860 转 8512	责编邮箱：	gaozhifang@cnipr.com
发行电话：	010-82000860 转 8101/8102	发行传真：	010-82000893/82005070/82000270
印　刷：	北京嘉恒彩色印刷有限责任公司	经　销：	各大网上书店、新华书店及相关专业书店
开　本：	787mm×1092mm　1/16	印　张：	16
版　次：	2019 年 12 月第 1 版	印　次：	2019 年 12 月第 1 次印刷
字　数：	260 千字	定　价：	69.00 元

ISBN 978-7-5130-6696-9

出版权专有　侵权必究
如有印装质量问题，本社负责调换。

前　言

　　汉字是记录汉语最重要的符号体系，是我国的通用文字，也是汉文化的载体。无论中国学生还是外国学生，要想全面学习和掌握汉语，了解和研究中国文化，就必须学习汉字。但是目前关于如何高效学习汉字、科学进行汉字教学的研究还比较零散，有待进一步深入探讨。当前，汉语国际教育事业蓬勃发展，但许多外国学生视汉字学习为畏途，汉字的繁难成为他们汉语学习道路上的最大障碍，这不能不说是汉语国际传播和中国文化"走出去"战略的一件憾事。针对外国学习者如何科学有效地进行汉字教学呢？从当前对外汉字教学的理论研究和实践探索来看，我们必须从以下两方面入手：一是要充分利用汉字本体研究的丰硕成果，二是要根据学习对象展开针对性教学。

　　汉字研究与汉字教学从根本目的上来说是一致的，都是为了认识和掌握汉字。只是前者往往立足于对汉字的性质特点、历史演变和现状发展的深入挖掘，研究汉字的内部规律和外在影响因素，后者则要求通过实用有效的手段，将汉字研究所得出的科学认识介绍给学习者，帮助他们理解和使用汉字。汉字研究和汉字教学之间是相互依存、相互促进的关系：离开对汉字研究成果的充分了解，汉字教学的目的、内容和方法都将失去科学依据；反过来，汉字教学效果的好坏，又可以检验汉字研究成果是否科学全面。因此，对外汉字教学必须建立在汉字本体研究成果的基础之上，又能为汉字研究的深入发展提供现实参考。

　　汉字作为当前世界上使用最悠久的文字，其研究源远流长。从传统"六书"奠定的深厚根基到现代汉字性质特点的多方探究，汉字本体研究硕果累累，为对外汉字教学寻求理论依据奠定了坚实的基础。面对浩如烟海的文献资料，如何择其适者而用之，是将汉字研究应用于对外汉字教学的关键。本书对汉字本体的解析，尽量紧扣对外汉字教学可能需要的知识要点。我们梳理人类文字的历史，是为了将汉字放在世界文字的视野中加以比较，体会其发展道路的独立性和发展方向的独特性。此外，进行对外汉字教学，了解一些其他国家和民族文字的发展历史也不无裨益。对外汉字教学教的是现代汉字，现代汉字与古代汉字一脉相承，我们通过对汉字历史发展演变的爬梳剔抉，将古今汉字串联起来，以便古为今用。汉字是一种极具个性的文字，了解其性质特点有助于我们把握它的本质属性，进而与其他文字区别开来。虽然有关汉字性质特点的研究目前尚无统一定论，但研究角度的多样性依然能给我们以启示。当然，最重要的还是对汉字形、音、义的解析。完整地认知一个汉字，必须建立在对汉字形、音、义三者的正确理解和运用上，这三个要素之间是密不可分、相互作用的，其中字形是汉字本体最核心的部分，字音和字义依托于汉字所记录的语言。因此，我们以字形的解析为主，沟通字音与字义，既分而论之，又彼此联系，尽可能厘清三者之间的关系，探求其中的规律，以便更好地为对外汉字教学服务，同时也揭示其复杂性和应用的局限性。汉字是汉民族文化的产物，负载和隐含着丰富的文化信息，如能在对外汉字教学中恰当运用，能够产生积极作用。对外汉字教学离不开几千年母语文字教学积累的经验和方法，本体识字教学成果也是其汲取养分的土壤。因此，有关汉字本体知识的解析，本书主要集中在上述几个方面。

  对外汉字教学有其特殊性，主要体现在两个方面：一是学习对象的特殊性，二是学习内容的特殊性。对外汉字教学的学习对象是外国人，他们缺乏汉语的听说基础，大都对汉字这种文字体系感到陌生，其母语文化背景又与汉语文化存在不同程度的差异，这就导致他们在汉字学习过程中底子薄弱、受干扰较多、思维迥异，产生的问题既具有人类认知事物的普遍共性，又具有特定对象的专属个性。对外汉字教学的学习内容是现代汉字，无论在形体构造上还是在音义组合上，汉字都与世界上绝大多数文字不同，其形、音、义本身的复杂性和三者之间错综的关系，造就了汉字繁难的一面。因此，对外汉字教学既要弄清外国学生这一特定群体汉字习得存在的问题以及背后的原因，又要紧紧抓住汉字本身的特点尤其是与其他文字的不同点，展开针对性教学，才能取得良好的教学效果。本书探讨对外汉字教学，正是从问题出发，寻求相应策略的支持。

经过近70年的发展，对外汉字教学研究已经取得了长足的进步，但相关研究成果多以论文形式散见于各类刊物。将汉字本体基础知识和对外汉字教学的成果结合起来，更好地指导对外汉字教学，是本书编写的主要目的。我们将本书定位为汉语国际教育本科专业教材，因而，在编写中试图将知识性、理论性和实践性结合起来，并力图达到以下要求：一是突出基础性。近年来，无论汉字本体还是对外汉字教学的研究均有不少新的进展，作为教材，在适当引进前沿成果的同时，主要是对对外汉字教学所需的基础知识加以总结。二是结合应用性。对汉字基础知识的解析，主要还是为了更好地指导对外汉字教学实践，因此无论理论的解说还是问题的分析，都尽可能结合具体实例，针对教学应用而谈。三是讲求通用性。这部教材虽是为汉语国际教育本科专业的汉字课而作，但也重视基础知识和教学方法的通用性，希望在指导对外汉字教学的同时，也能给热爱汉字和汉字教学的读者提供一定的帮助。以上三点是本书编写的主导思想，但是限于笔者的能力水平和对实践领域的了解程度，这些想法不一定得到很好的体现，同时，也存在不少错漏和缺陷，恳请业内专家学者和热心读者多多批评指正。

对外国学习者来说，汉字学习是一个相对困难而漫长的过程。但只要想学好汉语，了解中国社会和文化，就不可能绕开汉字这个工具。汉语说得再顺畅，不认识汉字，也是文盲。掌握了一定量的汉字，就可以更顺畅地拓展学习，了解更多的中文内容。今天，我们面临着汉语国际教育发展的大好形势，希望本书能为对外汉字教学理论和实践的发展略尽绵薄之力。

本书的结集，主要是建立在前人研究的基础之上，按照一定的纲目总结归纳而成，在某些问题上，也有自己观点的阐发。书中所引材料，文中未能一一注明，均列入参考文献；书中所附图片，如无特殊说明，均来自公开图片。在此，特别感谢为本书编写提供观点和材料的前辈时贤，并表示诚挚的敬意。书稿初成，得到了北京语言大学赵日新教授和湖南师范大学蔡梦麒教授的悉心批改和指正，心中充满感激。知识产权出版社蔡虹女士为本书的出版尽心竭力，给予了大力支持，十分感谢。我的学生邓好、刘阳、刘迁、许东慧、卞倩等也参与了书稿的资料搜集和文字校对工作，一并表示感谢。

目 录

第一章 汉字的发展演变与性质特点 ………………………………… (001)

 第一节 人类文字的历史 ……………………………………… (001)

  一、自源文字的产生 ……………………………………… (002)

  二、借源文字的发展 ……………………………………… (005)

  三、世界文字的分布 ……………………………………… (09)

 第二节 汉字的发展演变 ……………………………………… (010)

  一、汉字的起源 …………………………………………… (010)

  二、汉字的演变 …………………………………………… (018)

 第三节 汉字的性质特点 ……………………………………… (047)

  一、汉字和汉语的关系 …………………………………… (047)

  二、汉字的性质 …………………………………………… (050)

  三、汉字的特点 …………………………………………… (053)

第二章 汉字字形与对外汉字字形教学 ……………………………… (057)

 第一节 汉字字形解析 ………………………………………… (057)

  一、笔画 …………………………………………………… (058)

  二、部件 …………………………………………………… (070)

  三、整字 …………………………………………………… (078)

 第二节 外国学生汉字字形习得存在的问题 ………………… (082)

  一、笔画偏误 ……………………………………………… (083)

  二、部件偏误 ……………………………………………… (089)

 第三节 对外汉字字形教学 …………………………………… (095)

  一、笔画的教学 …………………………………………… (095)

  二、部件的教学 …………………………………………… (100)

  三、整字的教学 …………………………………………… (105)

第三章　汉字字音与对外汉字字音教学 (111)

第一节　汉字字音解析 (111)
一、字音与字形 (111)
二、字音与字义 (117)
三、字音与音符 (120)

第二节　外国学生汉字字音习得存在的问题 (124)
一、字音发音的偏误 (124)
二、字音使用的困难 (130)

第三节　对外汉字字音教学 (133)
一、汉字发音的教学 (133)
二、字音使用的教学 (136)

第四章　汉字字义与对外汉字字义教学 (141)

第一节　汉字字义解析 (141)
一、字义与字形 (141)
二、字义与意符 (146)
三、汉字的记号化 (154)

第二节　外国学生汉字字义习得存在的问题 (156)
一、形与义的问题 (156)
二、字与词的问题 (158)
三、义项的问题 (160)

第三节　对外汉字字义教学 (162)
一、意符的教学 (162)
二、字词的教学 (171)
三、字义聚合的教学 (175)

第五章　汉字文化与对外汉字文化教学 (180)

第一节　汉字文化解析 (180)
一、汉字本身的文化特征 (180)
二、汉字与其他文化 (185)

第二节　外国学生汉字文化习得存在的问题 (201)
一、不了解汉字文化 (201)

二、不理解汉字文化 …………………………………………（202）
　第三节　对外汉字文化教学 ………………………………………（203）
　　一、紧密性原则 ……………………………………………（204）
　　二、选择性原则 ……………………………………………（205）
　　三、共情性原则 ……………………………………………（206）
　　四、准确性原则 ……………………………………………（207）
　　五、多样性原则 ……………………………………………（208）

第六章　本体汉字教学与对外汉字教学 ……………………………（210）
　第一节　本体汉字教学的发展与实践 ……………………………（210）
　　一、古代的汉字教学 ………………………………………（210）
　　二、现代的汉字教学 ………………………………………（214）
　第二节　对外汉字教学的发展与实践 ……………………………（220）
　　一、古代的对外汉字传播 …………………………………（220）
　　二、现代的对外汉字教学 …………………………………（226）

结　语 ……………………………………………………………（235）

参考文献 …………………………………………………………（239）

第一章　汉字的发展演变与性质特点

第一节　人类文字的历史

文字是记录语言的符号。在群体生活中，人类由于信息、情感和思维的交流，创造了语言。有声语言依靠声音传递信息，受到时空的局限，这一局限迫使人们自觉或不自觉地去开发视觉功能，使视觉中的某一对象能与语言建立对应关系，准确表达语言的意义，并传送到不同的时间和空间，文字也就应运而生。因此，人类生活的需要是文字产生最原始和最直接的动力，它是语言的记录，是凝固的语言。

任何一种文字都是借助特定的形体与语言中的具体单位建立起固定的音义联系，然后这些形、音、义兼备的符号（或符号串）按照它所代表的具体语言的顺序规范排列，就将这种语言记录下来了。目前，世界上有记录的语言达5000余种，但不是所有的语言都有文字，文字是物质生产和社会发展到一定程度的产物，是伴随着人类自身器官、思维能力的健全和发展而逐步产生的。从人类文字的历史来看，它大约萌芽于一万年前的"农业化"（畜牧和耕种）时期，成熟于5500年前的农业和手工业初期，是先人在生产和生活过程中不断创造和改进而形成的，也是人类迈向文明时代的重要标志。

从发生学的角度来看，世界文字可以分为自源文字和借源文字两大类。所谓自源文字，是指独立创造和发展起来的文字，主要包括西亚两河流域的苏美尔楔形文字、北非尼罗河流域的古埃及圣书字、中国黄河流域的甲骨文以及中美洲的玛雅文字。所谓借源文字，是指借用或参照其他文字而创建的文字，世界上现存的绝大多数文字都属于借源文字。

一、自源文字的产生

1. 楔形文字

楔形文字是由苏美尔人于公元前3500年左右所创,距今已有5000多年的历史,是目前世界上已知的最古老的文字。苏美尔位于幼发拉底河和底格里斯河流域(今伊拉克境内),是美索不达米亚文明的源头。当地早期居民多用削尖的芦苇秆或木棒作为笔,将潮湿的黏土制成泥板,用三角形笔端在泥板上压出各种横的、竖的、斜的符号。这些泥板晒干或烧制后得以长期保存,上面的符号与少量石头、金属和蜡板上的符号一起,于17世纪左右逐渐被译解,并被认定是由苏美尔人发明创造的一种独特的文字体系。因这种文字形状如楔子,遂被后世称为楔形文字,又叫"钉头字"(见图1-1)。早期的楔形文字为象形符号,后来逐渐演变为固定的音节符号,其书写从由上而下直写变为从左至右横写,字形也从直坐变为横卧。这些文字记载的内容约90%是商业和行政记录,其余10%是对话、谚语、赞美诗和神话传说等的残篇。楔形文字在很长一段时期内一直是美索不达米亚唯一的文字体系,曾经在西亚和北非被作为国际文字通用了3000多年,直到公元1世纪左右消亡。

图1-1 楔形文字

2. 圣书字

圣书字是古埃及人于公元前3000年左右创造的文字，略晚于苏美尔楔形文字。圣书字发源于北非尼罗河流域，是古埃及文明的载体和集中体现。它起初也是象形符号，包括三种字符：音符，包含单音素文字、单音节文字和多音节文字；意符，表示一个单词；限定符，加在单词后限定语义范围。圣书字包含三种字体：碑铭体、僧侣体和大众体（见图1-2，引自周有光《比较文字学初探》）。碑铭体最初雅俗通用，后专被雕刻在金字塔、神庙石壁上或被绘写在石器、陶器上；僧侣体是用于宗教写经的实用草体，和碑铭体结构完全一致；大众体是僧侣体的简化形式，后两者多书写于纸草上。圣书字记载的内容包括账目、祭祀、重大仪式、活动和行为等，它也被使用了3000多年，并被传播到南面的邻国，其所包含的标音符号成为后来字母文字创造的主要源泉。圣书字也在公元初期消亡，直到19世纪才被考古学者陆续释读。

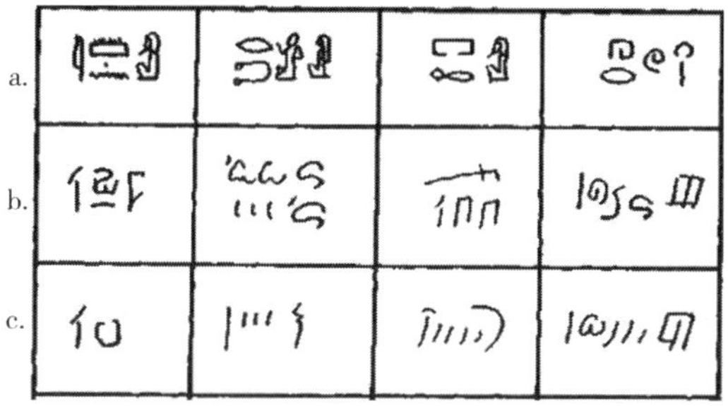

图1-2 圣书字（a. 碑铭体；b. 僧侣体；c. 大众体）

3. 甲骨文

甲骨文大约是公元前17世纪到公元前11世纪的产物，因被镌刻于龟甲和兽骨上而得名，于19世纪末20世纪初在中国黄河流域的殷墟遗址被发现，是汉字的早期形式，也是中华文明的重要文化遗产。目前发掘的甲骨片约有15万余片，4500多个单字，用刀石契刻的字体瘦劲锋利（见图1-3）。从已被识别的2000多个单字来看，甲骨文已具备了象形、指事、会意、形声的造字方法，是体系严密的成熟文字。从内容来看，甲骨文多为殷商王室占卜的记录，所以又称"殷商卜辞"，也涉及商代社会生活的诸多方面，记载内容较为丰富。甲骨文历经3000多年的传承和演变，发展为现代汉字，是世界上流传至今的最古老的文字。

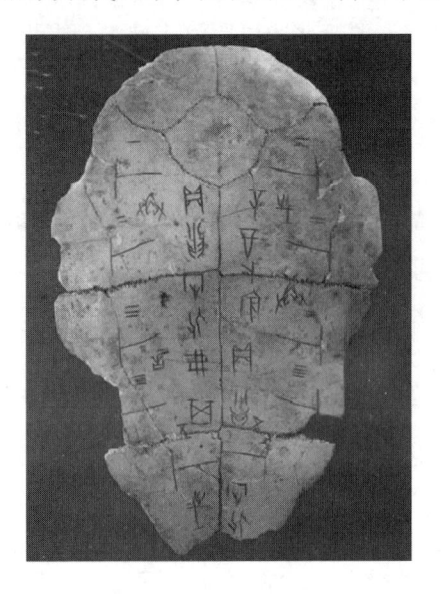

图 1-3　甲骨文

4. 玛雅文字

玛雅文字是中美洲尤卡坦半岛（今墨西哥）的玛雅人于公元前后创造的一种相当成熟的文字，也是美洲文明唯一保留下来的文字记录。玛雅文字非常奇妙，是由人头、动物等图案组成的雕刻符号，既有象形，也有会意，还有形声，是一种兼有意形和意音功能的文字（见图1-4）。玛雅文字早期被刻在石碑、庙宇和墓室的墙壁上，后来用毛发笔书写在陶器、树皮和鞣制过的鹿皮上，记载了玛雅人的宗教神话、祈祷文、历史、天文、历象等。直到16世纪，西班牙人入侵，大肆焚烧玛雅书籍，屠杀掌握文字的玛雅巫师，野蛮地破坏了玛雅文化。到17世纪，已很少有人知道和认识这种文字。现今，除了无法烧毁的石碑，只有三部残缺的玛雅写本得以保留下来。20世纪50年代，玛雅文字才开始被释读，但尚未被全部破译，它正逐渐揭开古代美洲文化的面纱。

上述四种文字，为自源文字的主要代表，均不依赖其他文字而是被

图 1-4 玛雅文字

独立创造出来的。由于这些文字历史悠久,现存的文物和资料有限,加之大多已消亡,尚存诸多未解之谜。但它们均与人类古代文明紧密相连,是早期人类智慧的结晶,也是留给后人的宝贵文化遗产。

二、借源文字的发展

1. 字母文字的演变

从公元前15世纪开始,地中海东部岛屿和沿岸地区,商业日益繁荣,住在这一带的闪米特人需要用文字记账。他们的东北有两河流域的楔形文字,西南有埃及的圣书字,而这两种文字都过于繁难,于是他们模仿这两种文字中的表音符号,并对其加以简化,创造了很多种不同的古代字母。

其中,最重要的是公元前11世纪地中海东岸比布鲁斯(今黎巴嫩)字母,也是现存最古老的腓尼基字母。它书写的是北方的闪米特语,由于这种语言词根主要是辅音,元音在构词中处于次要地位,而且辅音稳定、元音多变,因此北方的闪米特字母就含有22个辅音字母,代表明确的辅音,附带可变的元音。每个字母有相应的名称,自右而左书写,且有一定的排列顺序,这也是迄今为止已解读的最古老的字母。后来,北方的闪米特字母发展为两个主要的分支:迦南字母和阿拉马字母。

地中海东岸的巴勒斯坦,是新月形沃土地带的中心,公元前3000

年左右，闪米特人的一支——迦南人统治了这片地区。迦南语包括希伯来语、莫阿比语和腓尼基语，莫阿比语和希伯来语很接近，所以迦南字母主要包括早期希伯来字母和腓尼基字母。早期希伯来字母与后期"方形"希伯来字母不同，后者属于阿拉马字母系统，是现代希伯来字母的前身。早期希伯来字母是公元前10世纪到公元前6世纪左右以色列犹太人使用的字母，多被用于古代陶片、钱币之上，后被废弃。而腓尼基字母对后世影响巨大，经希腊、罗马的改造而成为当今世界上绝大多数文字的直系祖先。腓尼基字母传到希腊后，因为希腊语言多用元音，而腓尼基字母是辅音字母，于是希腊人在公元前9世纪用改变读音和分化字形的方法，补充了元音字母，变成分别记录辅音和元音的音素字母。希腊字母共有24个，包括17个辅音和7个元音，书写顺序由过渡时期一行向左、一行向右的"牛耕式"改为从左至右书写，同时，字母形体也改为简单优美的几何图形。希腊字母是欧洲字母的源头，其分化后有两支影响最大，即斯拉夫字母和拉丁字母。斯拉夫字母大概形成于公元9世纪，是希腊正教传教士根据希腊字母增补而成，后成为俄罗斯等国家的文字。而公元前8世纪，希腊字母被传到意大利后，经过改造成为埃特鲁斯坎人的字母，公元前7世纪，又被传给罗马人，改造成书写拉丁语的拉丁字母。26个拉丁字母在中世纪左右定型，后来被罗马帝国和天主教传播到西欧和中欧各国，在美洲和海上新航路被发现之后，其又被西欧国家的移民传播到美洲、大洋洲和其他地区，覆盖了大半个地球，成为一种国际通用的字母。

  阿拉马字母也是北方闪米特字母的分支，迦南字母向叙利亚以西传播，阿拉马字母则向叙利亚以东传播。阿拉马字母传播的地区，原来是楔形文字的世界，大约公元前7世纪末，阿拉马字母成为叙利亚和两河流域的通用文字，后又成为波斯帝国的官方文字之一。波斯帝国瓦解后，阿拉马字母在闪米特语言和非闪米特语言中继续传播。闪米特语言中有影响力的主要有两支：希伯来语和阿拉伯语。希伯来人在公元前6世纪以后放弃了早期迦南字母系统的文字，改用阿拉马字母，形体发生"方化"，它是现代希伯来字母的源头，大约在公元前1世纪定型。希伯来字母有22个，跟闪米特字母一样只表辅音，不表元音，从右向左书写。公元前3世纪以前，希伯来语是法定语言，后来只写不说，直到

1948 年以色列独立后，才重新成为法定语言，在当地一切正式场合使用，这也是古语复活的唯一事例。公元前 200 年，阿拉伯半岛的那巴泰人用阿拉马字母把他们的阿拉伯语写成文字，后逐渐演变为阿拉伯字母。阿拉伯字母有 28 个，从右向左书写，同一个字母按照书写地位有几种不同的写法。它是伊斯兰教的文字，《古兰经》就是用阿拉伯文字书写的，随着阿拉伯帝国的扩张和伊斯兰教的传播，阿拉伯语言和文字从印度经北非传播到西班牙。现在，阿拉伯语是阿拉伯半岛、巴勒斯坦、叙利亚、两河流域、埃及和北非的共同语，而阿拉伯字母传播得更广，随着伊斯兰教传播到巴尔干半岛、俄罗斯南部、亚洲西部、亚洲中部、亚洲东南部以及非洲撒哈拉沙漠以南的大部分地区。除了阿拉伯语，它还被用来书写波斯语、乌尔都语、土耳其语、维吾尔语、各种马来语、各种非洲语等，影响广及亚、非、欧三大洲，到近代虽一再缩小，但仍是仅次于拉丁字母的文字。阿拉马字母在非闪米特语言中也发展出了很多种字母文字，如早期突厥字母、满文字母、蒙古字母等，但只有阿拉伯字母现在仍起国际流通作用。另外，它还有一个特殊后裔，就是印度婆罗米字母，在印度和印度以东自成一个庞大系统。古代印度河流域约在公元前 20 世纪就有文字出现，大多刻在石头、陶土和象牙制成的印章上，被称为印章文字。这些印章上既有雕画又有文字铭刻，但其意思至今无法解读。公元前 7 世纪左右产生的婆罗米字母可大致判断起源于阿拉马字母。婆罗米字母传播出去后，形成了一个广大的印度字母文化圈，并衍生了许多亚洲国家和民族的文字，如斯里兰卡僧伽罗字母、尼泊尔文字母、藏文字母、孟加拉字母、缅文字母、泰文字母、老挝寮文字母、傣文字母、柬埔寨高棉字母以及马来西亚、印度尼西亚的本土文字等。印度字母在 2000 年间演变出了 60 多种字母，书写过 35 种以上的语言和方言，在人类文字史上留下了光辉的记录，但后来在阿拉伯字母和拉丁字母的排挤压制下节节败退，日渐萎缩。

闪米特字母还有一套向南传播的撒巴字母系统，它是独特的一支，发源于阿拉伯半岛南部。公元前 4 世纪到公元前 3 世纪左右，南部阿拉伯人把撒巴字母传入埃塞俄比亚，后来又逐渐形成现代的阿姆哈拉音节字母，成为现在埃塞俄比亚的法定文字。

从字母文字的发展演变我们可以看出，其借鉴楔形文字和圣书字，并在这两大自源文字之间的区域孕育诞生，一支向西，发展为拉丁字母和斯拉夫字母；一支向东，主要形成今天的阿拉伯字母和南亚国家文字；一支向南，形成埃塞俄比亚字母（见图1-5，据周有光《世界文字发展史》中图片修改而成）。其中，西部分支文字覆盖的区域最广，东部分支文字形成的种类最多，南部分支文字独具特色。当今世界，字母文字无论从使用人数还是流通区域来看，都占据着绝对的优势。

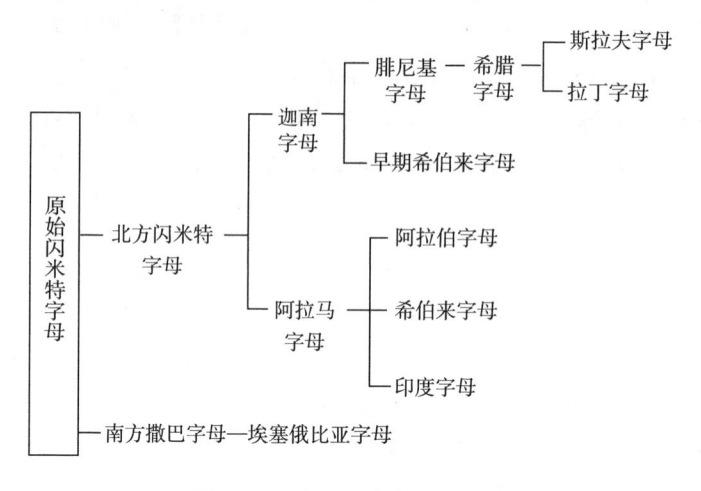

```
                              ┌─ 腓尼基字母 ─┬─ 斯拉夫字母
                   ┌─ 迦南字母 ┤   希腊字母  └─ 拉丁字母
                   │          └─ 早期希伯来字母
         ┌─ 北方闪米特字母 ┤
原始闪米特字母 ┤          │          ┌─ 阿拉伯字母
         │          └─ 阿拉马字母 ┼─ 希伯来字母
         │                     └─ 印度字母
         └─ 南方撒巴字母—埃塞俄比亚字母
```

图1-5　字母系统发展示意图

2. 音节文字的演变

人类最初创造文字，不知道把语言分段，认为只要用符号代表语词，这就是"语词文字"，后来发现语词可以分为音节，于是用符号代表音节的文字就是"音节文字"。再后来又发现音节可以分为音素，于是用符号代表音素的文字就是"音素文字"。当今世界，绝大多数国家使用字母文字。字母文字中既有音节文字，也有音素文字。由于音节文字来源各有不同，这里单独用一小节稍加介绍。

今天世界上作为国家正式文字的音节文字只有三种：埃塞俄比亚阿姆哈拉文、日文假名和朝鲜谚文，此外，还有一些被某些国家的少数民族语言或方言使用的音节文字，如我国云南纳西族的哥巴音节文字、湖南江永的女书文字、加拿大的克里音节字母文字、美国的切罗基音节文字、西非的凡伊音节字母文字等。

由汉字孳乳和变异形成的音节文字有假名、谚文、女书、傈僳字、契丹小字，哥巴音节文字由纳西东巴文字演变而来，阿姆哈拉音节字母由撒巴字母演变而来，克里音节字母和切罗基音节字母由罗马字母演变而来，西非凡伊音节字母和巴蒙音节字母由本地图形文字演变而来。这些音节文字大都影响范围有限，值得一提的是，在东亚，于公元9世纪形成的日本假名大多是由汉字草书演化而来的。公元15世纪中叶，朝鲜创制了谚文字母，这也是一种参考借鉴汉字形态的方块拼音文字。假名和谚文都与汉字的传播关系密切，后文再展开具体阐述。

三、世界文字的分布

从当今世界的文字分布来看，有的文字多国使用，如拉丁文、阿拉伯文、斯拉夫文、汉字、谚文；有的文字一国独用，如希腊文、希伯来文（以色列）、假名（日本）、阿姆哈拉文（埃塞俄比亚）。从分布范围来看，拉丁文分布最广，覆盖了大半个地球，包括美洲和大洋洲的全部、欧洲和非洲的大部、亚洲的小部。阿拉伯文分布区域仅次于拉丁文，是北非和西亚的阿拉伯国家以及西亚、中亚、南亚信奉伊斯兰教的国家和地区的文字，中国新疆也使用阿拉伯字母。斯拉夫文是俄罗斯、白俄罗斯、乌克兰、保加利亚、塞尔维亚等国的文字，蒙古国也使用斯拉夫文。印度字母系统包含多种文字，虽同出一源却形体各异，不能通用。这些文字分别用于印度、斯里兰卡、孟加拉国、尼泊尔、不丹、缅甸、泰国、柬埔寨等国，中国的藏文也属于印度文字系统。

世界文字的分布现状，是不同文字系统在历史上的传播和变化所形成的。汉字传播到越南、朝鲜和日本，后来越南改用拉丁字母，朝鲜自创谚文，日本改为假名和汉字混用。印度系统文字传播到中亚、南亚和东南亚，后来许多地区的文字被阿拉伯字母所代替。阿拉伯字母从中东传播到北非、中非、南亚、中亚、东南亚，后来大部分被拉丁字母所代替。斯拉夫字母从俄罗斯传播到中亚许多民族，代替了阿拉伯字母。拉丁字母传播到了原来没有文字的美洲和大洋洲，还代替了许多阿拉伯字母、印度系统字母以及越南的汉字。文字的分布区域，实际上是因文化的消长而不断伸缩。

第二节　汉字的发展演变

一、汉字的起源

汉字是记录汉语的书面符号，它以一种特殊的符号形态将汉语的意义和声音留存下来，增强了汉语的交际功能。作为世界上使用至今的古老文字，汉字形成的具体时间目前仍难以确定。由于年代久远，人们对汉字起源的认识只能根据古籍记载、出土文物、民俗遗留等进行合理推测。早期的汉字文献绝大多数已经失传，而地下文物有的已遭破坏，有的尚未发掘，因此，关于汉字的起源，还未形成统一的认识。自19世纪末20世纪初河南安阳殷墟出土甲骨片以来，人们一度认为甲骨文是最早的汉字，但从已发现的甲骨文材料看，它已经是一种经过长期发展、较为成熟的文字体系，汉字的起源应该更早。

迄今为止，我们所能看到的有关汉字起源的文献记载，最早的是周秦典籍，且内容大都是传说，带有神话色彩。但神话传说往往是某些历史现实的折射，也有一定的历史基础和根源，并非全是无稽之谈。另外，在已发现的诸多文化遗址中，出土了大量陶器，陶器上的一些刻划符号和早期甲骨文较为相似，虽然这些符号目前尚未被解读，但它们和汉字的起源可能有某种联系，对推断汉字起源的大体时间和社会发展状况，都是很有价值的。目前，关于汉字的起源大致有以下几种观点：结绳记事说、仓颉造字说、图画族徽说、八卦说、刻符说、起一成文说和众人造字说。

1. 结绳记事说

结绳记事是一种古老的记事方法。根据史料记载，古代埃及、波斯、日本等都曾有过结绳记事。近代美洲、非洲、澳洲的土著以及我国的藏族、瑶族、高山族等少数民族仍保留着这种记事方法（见图1-6）。我国古籍中关于结绳记事的记载也相当丰富，《易经·系辞下》说"上古结绳而治，后世圣人易之以书契，百官以治，万民以察，盖取诸夬"；《周易正义》引《虞郑九家易》说"古者无文字，其有约誓之事，事大大结其绳，事小小结其绳，结之多少，随物众寡，各执以相考，亦足以相治也"。根据上述文献说法，上古时期汉字产生之前，先民采用结绳记事，不同粗细、不同位置的绳结表示不同的记事内容，以起到保存和记忆功能。然而，随着生产的发展和交往范围的扩大，人们需要记忆的事情越来越多，而结绳的方法所能承载记事的功能有限，于是就从绳子具有的延伸性、柔软可曲性和易于成形性上受到启发，利用视觉上绳子的线条性获得某种启迪，进而创造了汉字，用以表达和体现瞬间消失的语言。有学者还从汉字本身进一步发掘，认为从早期某些汉字形体中也可以找到结绳记事的踪迹。如"己"在甲骨文和金文的字形中，都像绳子弯曲之形，而"己"是"纪"的本字，本义就是在绳子上系圈打结、用以记事。但也有学者认为，结绳只是记事方法，而文字是用一个完整的符号体系来表达有声语言，不能把帮助记忆的工具和交际、交流思想的工具等同起来。因此，结绳之说也遭到了不少质疑。

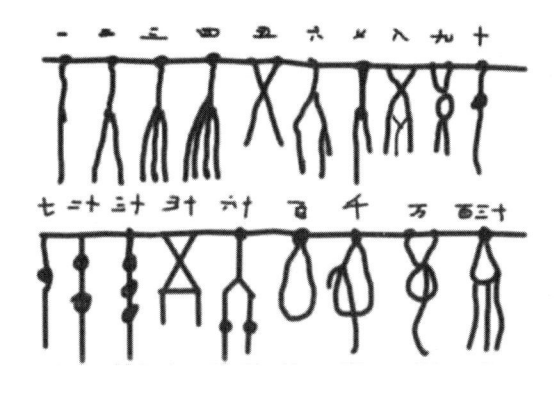

图 1-6 结绳记事

2. 仓颉造字说

我国早在战国末期就流传仓颉造字之说。《韩非子·五蠹》中说："古者仓颉之作书也，自环者谓之私，背私谓之公，公私之相背也，乃仓颉固以知之矣。"《吕氏春秋·君守》也记载"奚仲作车，仓颉作书，后稷作稼，皋陶作刑，昆吾作陶，夏鲧作城，此六人者，所作当矣"。到秦汉时代，仓颉造字之说流传更广。秦始皇统一文字，李斯所作的识字课本第一句就是"仓颉作书"，故称之为《仓颉篇》。东汉许慎在

《说文解字》里也说"黄帝之史仓颉,见鸟兽蹄迒之迹,知分理之可相别异也,初造书契"。后世关于仓颉造字的传说绵延不绝,且充满了神秘色彩。在这些记载中,大体说的是仓颉长着一张像龙一样的长脸,四只眼睛灵光闪闪,拥有超人的智慧和贤德,一出生就能写会画。他仰望天上奎星圆转曲折的形态,俯看龟甲花纹、禽鸟羽毛、野兽蹄印、山川河流、手掌纹路等,创造出了文字。这是一件惊天地、泣鬼神的大事,上苍也因此被感动,下了一场谷子雨以示奖励,相传这也是民间谷雨节的由来。千百年来,在谷雨节这天,仓颉故里都会举办祭典、庙会等纪念他(见图1-7)。从仓颉的传说中,我们可以看出古人对仓颉的崇拜,同时也带有神化的味道。仓颉有四只眼睛,就能看到一般人所看不到的东西,他根据星象、龟纹、鸟羽、山川、掌纹等的形态创造了文字,又与汉字以形表意的特点相契合。在神话充斥且没有系统理论阐释的上古时代,仓颉造字说是人们对汉字起源及其特点所做的朴素而又深沉的解释,而这种神秘色彩又使得几千年来人们对汉字充满了敬畏和神圣之感,这种根深蒂固的心理使汉字在几千年的发展中绵亘不绝。当今学者普遍认为,在汉字产生初期,极可能有像仓颉这样的史官对汉字进行创造和整理工作,但就文字整体的产生而言,绝非某一人之功。

图1-7 传说中的仓颉

3. 图画族徽说

唐兰从文字本身的性质和发展轨迹出发，提出了"文字的起源是图画"的主张，得到了多数学者的认同。从原始图画和早期文字的渊源来看，绝大多数文字越古老，其图画性越强，但文字和图画的界限在哪里，一直存在争议。如：在云南富宁壮族地区流传的坡芽歌书，它以原始的图画文字将壮族民歌记录于土布之上，用81个笔法简单形象的图画性符号代表歌曲，每一个符号就是一首歌（见图1-8）。歌书中的图案符号根据歌曲表情达意的主要物象绘制而成，记录了月、星、树、斧、禽、人、衣、手、房屋等，许多图案符号与广西、云南一带的铜鼓纹饰和岩画图案有相同和类似之处。这些符号相对抽象而固定，已初步具备文字的某些特征和功能，能唤起人们对歌词的相同记忆，只要见到这个图画，就可根据它约定俗成的特定含义演唱整首山歌。但是这些图符仅仅是作为记号或关键词帮助标识、提示一首歌的内容，不一定与语言符号一一对应，图符的解读也具有不确定性。因此，它只是不懂汉语和汉字的壮族群众用以辅助性记忆、记录民歌的一种原始方式，还不能算作是文字。

图1-8 坡芽歌书

裘锡圭也曾在《文字学概要》中举过云南纳西族文字画的例子（见图1-9）。

图1-9 纳西族文字画

在这幅文字画中，"⛨"本是"解开"的表意字，在这里假借来表示"白"，"●"表示"黑"，"〰"表示"风"，"◯"表示"蛋"，"⊙"表示"湖"，"⚡"表示蛋破发光，最右边是"山崖"的象形字。整幅画表达的意思是：把蛋抛在湖里，左边吹白风，右边吹黑风，风荡漾着湖水，湖水荡漾着蛋，蛋撞在山崖上，生出一个光辉灿烂的东西来。在这幅画里，有些图案已经具有了稳定的意义和形态，甚至使用了假借字和象形字，已成为原始文字，但还有一些意思仍是用图画的手法表示出来的。因此，这幅文字画可以看作文字和图画之间的过渡形式。当然，说文字起源于图画，并不是说原始的图画就是文字。图画的特点是逼真，各人画法不一样，而文字线条简单，写法大体一致，为人所公认；图画没有相应的读音，文字有一定的读音；图画意义可以有很多种，而文字意义与确定的语词相联系。因此，"文字的起源是图画"说的是以原始图画为基础的象形符号与语言相对应，然后这些符号逐渐成为与语言相适应的文字，可以说，原始图画孕育了汉字的雏形。

另外，从史料和民俗学资料来看，古代各民族都出现过图腾崇拜的阶段。图腾崇拜就是将某种特定的事物视作与本氏族有特殊关系的崇拜行为，是原始宗教的最初形式，它留下了大量的图腾徽号，都是一些用象形符号描绘的动植物、太阳、月亮、山川等图案。上古氏族社会不断发展分化，图腾标志逐渐演变为族徽，后来这些族徽中的不少符号被用来造字。例如，"亚"这个汉字就有人考证出源自古代氏族部落的族徽符号。族徽这类象形标志物从诞生、再造、识别到演化，可能成了汉字诞生的一种契机，成为早期图画符号跨入文字行列的一种自然过渡形式。

4. 八卦说

阴阳八卦学说相传为伏羲所创，它用一套抽象的符号代表自然现象，蕴含深邃哲理，是中国古代文明的精华。八卦中有两种基本符号："—"叫阳爻，"- -"叫阴爻。每卦由三个爻组成，构成八种基本形式，即八卦。八卦的名称依次是乾、坤、震、巽、坎、离、艮、兑，分别象征天、地、雷、风、水、火、山、泽八种自然现象（见图1-10）。八卦两两重叠起来，又可推演出六十四卦，以此来表达宇宙间万事万物的存在及其发展变化。由于八卦符号和早期文字一样，都是用线条表示事物概念，且都具有记录思维和存储信息的功能，从而使人们对二者之间的内在联系展开了推测。孔安国《尚书》序里说："古者庖牺氏之王天下也，始画八卦，造书契，以代结绳之政，由是文籍生焉。"梁启超也认为，八卦是古代的象形文字这一说法很可信。他以坎、离二卦为例加以说明，坎卦作☵像水，最初的篆文"水"字也作〰，后来为书写方便才改作氵，离卦作☲像火，篆文作火，也有先后的源流关系。上古时期，先民敬畏天神，喜欢占卜，八卦是古代巫师记录卦象的抽象符号。古代汉字当然不可能都是由这八种卦象符号演变而来，但八卦符号和文字在功能和形态上确有异曲同工之妙，应该说，八卦符号的创制与汉字的产生有着相同的思维路径，彼此之间可能有过相互影响，存在密切的联系。

图1-10 八卦图

5. 刻符说

从20世纪20年代起，在仰韶文化、大汶口文化、马家窑文化、龙山文化等原始社会晚期的文化遗址中，不少出土的陶器上都发现了一些刻划符号。这些刻符有的造型结构严谨，与殷商时期的一些表意字构形特征相近，它们为探索汉字的起源提供了多方面的依据。这些刻符究竟是不是早期汉字，目前学界分成两派，一种观点认为它们是早期的文字，如郭沫若就肯定地认为这些刻划符号"是中国文字的起源，或是中国原始文字的孑遗"，于省吾也认为"这是文字起源阶段所产生的一些简单文字"。还有学者将其中一些符号与甲骨文等古文字结合起来作了考释，如唐兰、于省吾就把大汶口文化中的四个刻符分别释为"炅、旦、戌、斤"（见图1-11）。另一种观点认为这些刻符只是先民在制作陶器时随意所刻，是出于某种目的所作的记号，并不是文字，如高明认为"新石器时代诸遗址出土的陶符，只是陶工为了某种需要做的一些标记，既不是文字，也不是文字的最初形体，它与汉字毫无关系"。裘锡圭也认为这些刻符跟古汉字符号是不同系统的东西，只有少量符号风格相似，存在一定的联系，但还不能算是文字。从已发现的刻符资料来看，这些丰富多样而又原始朴素的刻划，不少已非常接近文字符号，很有可能就是早期汉字的雏形。但由于这些刻符为数不多，意义至今也尚未阐明，因而无法作出准确的判断。应该说，这些刻划符号与早期汉字之间存在着或多或少、或密或疏的关系。

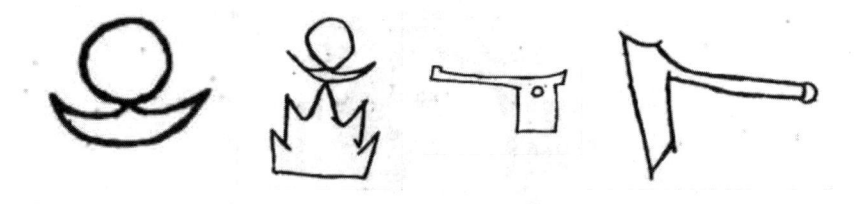

图1-11 大汶口文化陶器符号

6. 起一成文说

道家哲学思想认为，"道生于一，一生二，二生三，三生万物"。于是，有些人在道家思想的影响下，把汉字的起源与道家学说结合起来，代表人物是北宋的郑樵。他根据许慎《说文解字》中五百四十个部首的排列顺序和楷书笔画中的"一（横）"来解释汉字，认为所有汉字都是由"一"演变而来的。他在《通志·六书略》中用"一"所作的五种变化来概括汉字形体的各种结构及其相生之理，"衡（横）为一，从（纵）为丨，邪（斜）为丿，反丿为乀，至乀而穷"。郑樵这种以道家理论和汉字楷书笔画来论汉字起源的说法，受到了大多数学者的批评。因为楷书是汉字在历史发展过程中经历多次重大变化才形成的，楷书笔画无法解释早期汉字线条的形成，即使从楷书结构来看，这些变化也无法包括全部笔画的变化，因而被认为是不了解汉字演变基本规律的错误解释。起一成文说建立在道家哲学思想基础之上，是使用楷书时代的学者在道家思想影响下的产物，这种说法玄乎，附会明显，但也是汉字起源学说中的一种。

7. 众人造字说

这种观点认为，汉字是我国古代劳动人民在长期生产、生活实践中共同创造并逐步成熟起来的。原始汉字应该是为了满足日益复杂的生活需求，由某些人陆陆续续创造的，从刚开始的分散、不稳定、不成系统，逐渐被使用汉字的群体认同、筛选和改进，进而逐步完善，代代相传。战国时期的荀子就曾指出上古"好书者众矣，而仓颉独传者，壹也"。荀子虽未明确说明众人如何具体进行文字创造活动，但不难理解汉字在漫长的产生和演进过程中，肯定有不少人不同程度地参与，之所以唯独仓颉能名传后世，荀子认为是因为他特别专注于造字。鲁迅在《门外文谈》中也指出："在社会里，仓颉也不止一个，有的在刀柄上刻一点图，有的在门户上画一些画，心心相印，口口相传，文字就多起来，史官一采集，便可以敷衍记事了。中国文字的由来，恐怕也逃不出这例子的。"在已发现的甲骨文中，同一个字有多种不同的写法，而且越早的字异体就越多，这也从侧面反映出早期不同地域、不同时代的人都参与了造字和改字。当然，在这个过程中，也必定有像"仓颉"这样的杰出人物对汉字的收集、整理和修订作出过突出贡献，才使汉字日趋成熟。

从上述汉字起源的种种说法来看，有的有史料记载，有的有民俗佐证，有的来自合理推测，也有的缺乏根据，但都曾在汉字起源研究上产生过一定的影响。在中华文明发展史上，汉字的产生是一个重要的转折，它标志着汉族先民从史前时期迈入文明社会。汉字沿用至今，它成为中华民族记录语言和文化的基石和纽带。

二、汉字的演变

1. 形体演变的阶段

文字的产生从萌芽到成熟，需要一个相当长的过程，汉字也是如此。到目前为止，根据已出土的文物和相关文献资料，能够完整记录汉语的成熟文字体系要算殷墟遗址出土的甲骨文，已经有3000多年的历史了。在这漫长的历史长河中，随着社会的进步和汉语的发展，汉字在构形、读音和意义上都经历了诸多变化，而字形变化是从视觉角度最容易感受到的，也是文字最为人所关注的部分。根据汉字形体的演变，可以将其发展大致分为两大阶段：古文字阶段和今文字阶段。以秦隶作为古今文字的分水岭，古文字主要包括殷商甲骨文、两周金文、战国文字、秦代小篆，今文字主要包括汉隶至今的文字。

（1）古文字阶段

① 殷商甲骨文

甲骨文是刻在龟甲和兽骨上的文字的通称，距今大约3300多年，商、周两代都有，但已发现的甲骨文大多属于殷商时期，所以人们通常把甲骨文视为殷商文字的代表。甲骨文大部分是用刀刻的，又称"契文"，也有极少数是用毛笔写的。"笔"的繁体为"筆"，从竹从聿。"筆"的本字是"聿"，竹字头是后来所加，"聿"甲骨文作，像以手执笔，说明当时已将毛笔作为书写工具。甲骨文最早是被河南安阳小屯村村民耕地时发现，村民以为是一种药材，便以极低的价格卖给了中药铺。1899年，国子监祭酒王懿荣患疟疾，发现其药方上有一味叫"龙骨"的药材，上面刻有一些奇怪的符号，因其喜好金石学，对古文字有较深造诣，意识到此"龙骨"上所刻极有可能是古代的文字，于是追踪收购，细致研究，考定为殷商时代的文字。甲骨文的发现为我们研究汉字形体结构演变提供了极为重要的材料，截至目前，所掘甲骨片总计约15万片，其中不少被人为破坏或流散海外。从现有材料来看，汇集甲骨片最精、最全的是中国社会科学院历史研究所编的《甲骨文合集》；搜集单字最完备的是中国社会科学院考古研究所在孙海波编写的《甲骨文编》基础上编写的改订本，共收单字4672个，其中正编收录已识字1723个，附录收录未识字2949个；搜集诸家考释的书较齐备的是台湾"中央研究院"历史语言研究所李孝定编订的《甲骨文字集释》。

甲骨文主要有以下几个特点：一是线条瘦削，多有方折。由于甲骨文多用刀刻于坚硬甲骨上，故而难以刻划出弧度，只是用细瘦的线条勾勒出字形轮廓。二是字多象形，体系成熟。甲骨文大多通过描摹事物形态来构成字形，象形意味很浓，有些甚至带有原始图画特征，但从构形体系来看，传统六书中的象形、指事、会意、形声四种造字法均已具备，已构成较成熟的文字系统。三是字形结构、置向不定，异体字多。不少甲骨文写法不固定，有的整体方向变化，有的组成部分间位置改换，还有的写法差异较大，因而同一个字常有几种写法。四是行款不定，书写杂乱。甲骨文有直书、横书，有左行、右行，有的杂乱无章，甚至出现两个或两个以上的字合写在一起的现象，少数字形也有混同。总之，甲骨文处在汉字发展的早期阶段，仍带有原始文字的特征（见图1-12）。

② 西周金文

金文是刻在青铜器上的文字的总称，主要产生于西周春秋时期。古代青铜称为吉金，所以其上所刻文字称作金文，因钟和鼎是青铜器中乐器和礼器的代表，又称钟鼎文。钟鼎上的文字有阴文和阳文两种，凹陷下去的阴文叫款，凸显出来的阳文叫识，故又称钟鼎款识。金文的发展，与青铜器的藏礼作用关系密切。所谓藏礼，就是寓礼于器，是古代宗法礼制在青铜器上的物化。早期的青铜器主要是一些日用器具，其上也没有铭文。商代前期，个别青铜器上开始出现族徽性单字；商代后期，奴隶主宗法礼制逐渐强化，一些用于祭祀宴飨的青铜器被赋予了特殊意义，具有了明贵贱、别尊卑的特殊功能，且不同组合方式代表着不

图 1-12 甲骨文字例

同的身份和等级，如天子九鼎、诸侯七鼎、大夫五鼎等，青铜器成了国家的象征、家族的荣耀。于是，人们便将战功、封赐等内容铸刻在青铜器上昭示后人，世代为荣。到了西周，青铜器的这种作用达到顶峰，其上的铭文也越变越长，如西周末年的《毛公鼎》共铸有497字，是现知最长的一篇金文。西周金文在宗法礼制的推动下走向兴盛，因此内容多与祭祀典礼、颂扬先祖、征伐记功、赏赐册命、训诰臣下等有关。目前，收录金文较多、印刷较精的为中国社会科学院考古研究所编的《殷周金文集成》；收录金文字形最全的是容庚编著的《金文编》，经多次修订后，收正编字头2420个，重文19357个，附录1352个，重文1132个；汇集各家考释最全的是周法高编的《金文诂林》。

与殷商甲骨文相比，西周文字有明显不同的特征：一是线条粗壮，圆浑丰润。由于金文熔铸在青铜器上，所以线条肥厚，拐弯处多为圆转，字体庄重美观。二是新象形字很少出现，形声字大大增加，构形系统更为成熟。三是异体字相对减少，结构渐趋定型。金文中虽仍有不少异体字，但偏旁位置从灵活多变逐渐固定下来，某些部件的置向及位置已不再随意改变，合文也日益减少。四是大小渐趋一致，排列整齐。早期金文仍大小不一，后来逐渐趋于一致，行款也多为直书左行（见图1-13）。

以上特征是就整个西周时期金文的共同特点而言，汉字演变并不以朝代的更替为界限，前后期的西周金文也有显著的变化。

图1-13 《毛公鼎》

③ 战国文字

战国文字是对战国时代周王室和各诸侯国所有品类文字的统称。它不像甲骨文、金文那样是对某一特殊品类文字的专指，也不像小篆、楷书那样是对某一定型字体的专称，因为这一时期的文字较为纷繁，无论哪一种器物上的文字，都无法代表该时期的所有文字。目前所见的战国文字可分为两个系统：一是见于后代文献上的战国文字，如《说文解字》中的古文、籀文，《三体石经》中的文字等；二是见于各类出土文物上的战国文字，如竹简文、帛书、玉片盟书、金文、石刻文、印玺文、陶文等。文献上的战国文字几经传抄，往往容易偏离真相，而文物上的战国文字则是当时真迹，是研究战国文字最可靠的资料。春秋战国时期政局动荡，诸侯割据，出现了"田畴异亩，车涂异轨，律令异法，衣冠异制，言语异声，文字异形"的局面。就文字地域性差异来看，距周王朝所在地越远，变化越大。相对而言，秦国地处宗周故地，其文字与西周金文较为接近，其他六国文字则差异较为明显，所以人们往往把战国文字分为秦系文字和六国文字两大类别。

秦系文字上承西周金文，下启小篆，是汉字发展主线中的重要一环，是战国文字的主流。目前所能见到的战国秦系文字资料很少，其中最能体现这一阶段秦系文字原貌的当属石鼓文。石鼓文是刻在十个形状似鼓的石头上的文字，其特点是：结构端庄严谨，大小一致；笔形布局极有法度，偏旁部首的写法和位置基本定型；笔道粗细均匀，基本实现线条化；字体风貌与小篆近似，明显处于西周晚期金文向小篆的过渡阶段（见图1-14）。

图1-14 石鼓文

与秦系文字相比，六国文字偏离了正统文字发展的轨道，未能引导当时汉字发展的方向，是战国文字的支流。六国文字十分杂乱，总体来说，具有以下几个特点：一是地域性分歧较大，有些字形结构差别大得辨别不出是同一个字（见图1-15）。二是同一国家和地域的异写、异构现象也很普遍，甚至同一篇铭文中也会出现差距很大的形体。三是字形变化随意性过大，无法从构形理据上进行解释，也无规律可循。四是简化倾向十分明显，许多字形省变严重，已难看出前后传承关系。五是部分文字装饰性强，有的甚至脱离实用文字，成为图案性的美术字体，如曾侯乙编钟铭文，字体纤细瘦长，精心美化，有春秋时期鸟虫书的遗风。由于六国对汉字乱加改造，破坏了其构形理据，违背了其发展规律，加上政治、经济、文化因素等的影响，随着六国的相继灭亡，六国文字也逐渐退出了历史舞台。

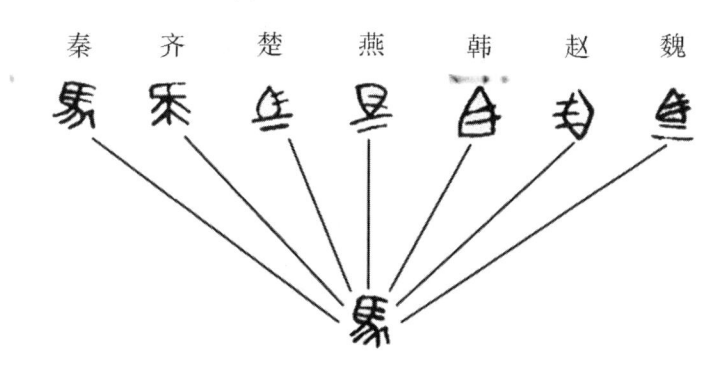

图 1-15 秦系文字与六国文字字例比较

④ 秦代小篆

小篆是秦始皇统一六国后实行"书同文"政策时所采用的标准字体。《说文解字·叙》说："秦始皇帝初兼天下，丞相李斯乃奏同之，罢其不与秦文合者。斯作《仓颉篇》，中车府令赵高作《爰历篇》，太史令胡毋敬作《博学篇》，皆取史籀大篆，或颇省改，所谓小篆者也。"可见，当时统一文字的标准是秦文，而秦文据传是由史籀大篆省改而来。所谓"史籀大篆"，是指收录在《史籀篇》中的文字，一般认为是周宣王时的史官籀编写的一部童蒙识字课本，已经散佚。实际上，小篆在战国末年就已基本定型，李斯等人应是对其作了一番整理和加工，使之更为定型化、标准化，并加以推广。小篆之所以成为正统文字，一方面得益于秦朝政府利用国家权力强制施行，另一方面也是汉字自身发展规律的必然结果。它在保存汉字构形理据的基础上，使汉字形体进一步简明化、系统化，最终取代六国文字而一统天下。目前所能见到的秦朝小篆可分文物和文献两类。文物上的秦朝小篆较少，较有代表性的为《泰山刻石》，据说为李斯手迹，是标准的小篆（见图1-16）。文献上的小篆主要见于东汉许慎的《说文解字》，这是保存小篆最系统的一部字书，共收录9353个小篆字，加上书中保存的一些籀文和六国古文，共计10516字，是我们释读古文字和查检小篆字形的重要工具书。

图 1-16 《泰山刻石》

小篆特点如下：一是字形长圆，整齐匀称。小篆字体象形性减弱，符号性增强，线条粗细均匀，分布均衡，字形整齐，大小统一，呈瘦长方形。二是形声字大量增加。所增形声字中，既有新造字，也有由原来的象形字、会意字等通过添加意符或音符的方式改造而来的。三是保留构形理据，系统严密。小篆对汉字形体作了系统规整，却并未破坏其构字理据，字形仍具有可解释性。就整个体系而言，象形字开始义化构字，形声字表意部件实现类化，体系逐渐完善，符合汉字发展的要求。四是字形固定，异构、异写字较少。大多数字的构件线条、构件位置都已确定，不能随意变动。小篆被称为"汉字发展史上第一次大规模的文字规范化运动"，为古文字过渡到今文字阶段奠定了坚实的基础。

（2）今文字阶段

① 隶书

隶书是起源于战国晚期、到汉代趋于成熟的一种新型字体，有秦隶和汉隶之分，秦隶又叫古隶，汉隶又叫今隶。由于小篆笔道回环圆转，形体复杂，书写速度较慢，而社会事务日渐增多，对快速书写的需求日益迫切，于是民间为了简便快捷书写，就将小篆的圆转笔道改为方折笔画，字形也加以省改，形成了一种俗字体。湖北云梦睡虎地出土的秦简文字就是篆文的简化，它继承和保留了篆文的某些写法和字形结构，但用笔普遍呈现平直方折的变化，正处于古、今文字的过渡阶段，是早期的秦隶。因此，秦隶实际上是篆文较草率的速写体，小篆虽为秦统一后的标准文字，但日常事务中隶书却得到了广泛应用。

汉隶承接秦隶而来，逐渐形成自己的独特风格，笔势飞扬舒展，笔画一波三折，字体扁方平整，布局稳重匀称，东汉中期的《史晨碑》就是汉隶的代表。隶书到东汉后期已达到成熟阶段，以东汉碑刻文字——《熹平石经》为代表，这种横平竖直、蚕头雁尾、左右对称的隶书如"八"之分，又叫八分或分书（见图1-17）。由篆变隶的字体交替从战国时期开始，一直延续到整个汉代，从文字学上来说，秦、汉属于同一文字阶段。

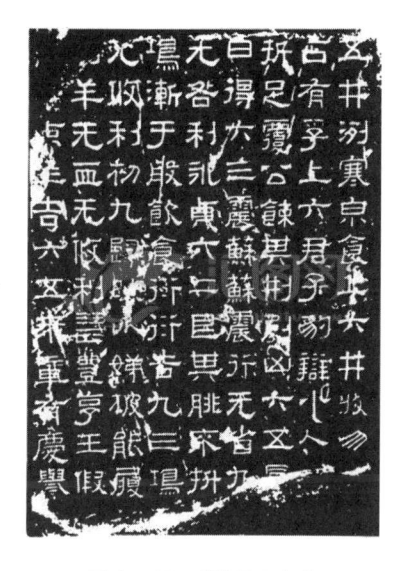

图1-17 《熹平石经》

成熟的隶书在结构和态势上已与小篆有了很大差异，其特点主要表现在以下几个方面：一是书写笔法上将小篆的线条改为点画，彻底实现了笔画化。此前的汉字是由一些圆转曲线构成，到了汉隶才形成真正意义上的笔画，这种变化也使汉字书写难度降低，书写速度大大提高。二是隶书对小篆结构加以简化，造成了大量偏旁合并、分化及省变的现象，使汉字的表意特征逐渐模糊。三是字体态势由长圆变为扁方，笔画向左右两侧取势，显得更为沉稳有力。从篆书到隶书的转变是汉字史上的一大飞跃，从此汉字完全失去了古文字阶段的象形意味，开始步入今文字阶段，文字学上称此次变化为"隶变"。

② 楷书

楷书本名真书或正书，后因其结构严谨，堪为楷模，故称楷书。楷书萌芽于东汉，流行于魏晋南北朝，完全成熟于隋唐，一直沿用至今，长盛不衰。隶书的蚕头雁尾和波势挑法仍然影响书写速度，楷书彻底摆脱了隶书的笔法，形成标准的笔画，书写起来更加方便。因此，楷书直接从汉隶发展而来，与汉隶的结构基本相同，只是略有简省，二者的区别主要体现在笔法和字体态势上。三国时期的钟繇被誉为楷书之祖，其作品《宣示表》《荐季直表》等可看作楷书的代表（见图1-18）。从楷书成熟直到现在的一千多年间，汉字再未产生新的字体，我们平常所说的"欧体""颜体""柳体""赵体"，只是楷书的不同书写风格，是书法意义上的字体，而不是文字学意义上的字体。

图 1-18 《宣示表》

楷书最大的特点是形体方正，笔画平直。它变隶书字体的扁方为正方，显得刚正典雅，端庄大方。同时，它在隶书基础上形成了现在的标准笔画，横笔由曲折上挑改为平直收锋，撇笔由弯曲朝上改为尖斜向下，钩笔由圆弯改为硬锋，此外还增加了一些基本笔画。因此，到楷书阶段，汉字基本笔画的标准样式已经定型。

③ 草书

草书是为了书写简便在隶书基础上演变而来的一种特殊字体，形成于汉代，分章草和今草。章草打破隶书的方整规矩，笔画省变，写法草率。但它保留了隶书的笔法形迹，且字字独立，故仍有章法可循，在汉魏之际最为盛行。章草以《急就章》为代表，相传为三国时皇象所书（见图1-19）。到汉末，章草进一步草化，上下字之间笔势牵连相通，有的甚至一笔书成，字形更是急剧简化，变化多端，不拘章法，称为今草。发展到唐代，笔法更加放纵，笔势连绵环绕，字形奇变百出，气势贯通，极尽错综变化之能事，难以识辨，称为狂草，以张旭、怀素的草书作品为代表（见图 1-20）。

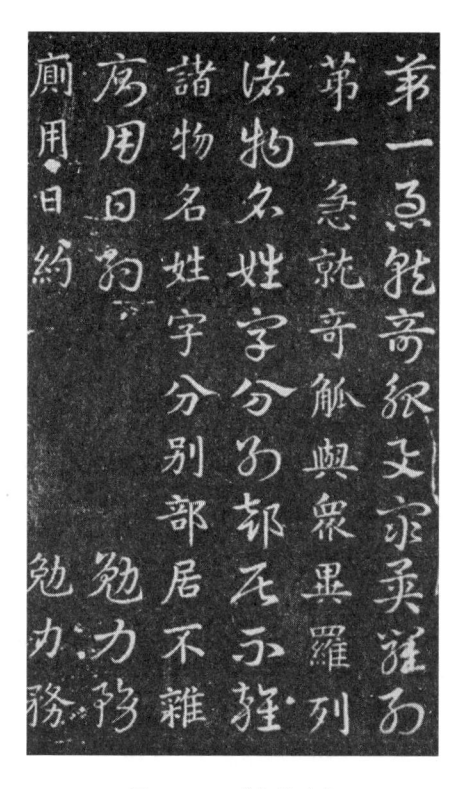

图 1-19 《急就章》

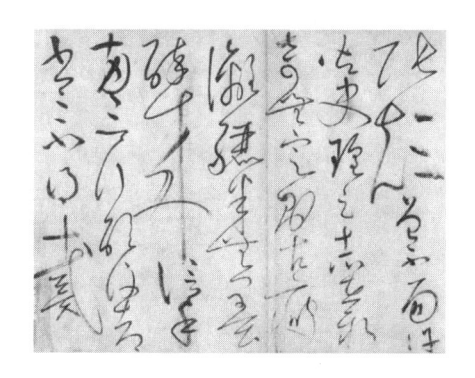

图 1-20 《自叙帖》

草书最大的特点是结构简省,笔画连绵。它删繁就简,只保存字的大概形态,偏旁部首也都做了简化和互借,笔意奔放不羁,字形变化繁多,不易辨认,因此,草书的审美价值远超实用价值。

④ 行书

行书是在楷书基础上发展而来的,字体介于楷书和草书之间,大约产生于东汉末年,到宋代达到顶峰,在各种书体中占据主流地位。行书产生的动因是弥补楷书书写速度慢和草书难以辨认的不足,因此,它既不像草书那样潦草,也不像楷书那样端正。楷书可分为行楷和行草两种:楷书写法多于草书写法的叫行楷,草书写法多于楷书写法的叫行草。行书因其书写快捷、流畅易识兼具实用性和艺术性,逐渐成为盛行的手写体。王羲之的《兰亭序》被誉为"天下第一行书"(见图 1-21)。

图 1-21 《兰亭序》

行书的主要特点是字体较为端正平稳,笔画之间适当牵连。每个字大小不一定相同,但总体错落有致,讲求平衡和谐。笔画之间留有相互连接、细若游丝的痕迹,既有实连也有意连,断连结合,顾盼呼应,轻重相宜,舒展流动。

从上述汉字形体的演变中我们可以看出,这种变化是积渐的,相邻的时代(或同时代)往往只是书写时有某些细微的差异,日积月累连续渐变,字形就发生了显著变化,对比两端,判若两字(见图 1-22),典型地反映了文字演变的继承性和交叉性。从后往前溯源,能找出各字体之间的承继关系，从前往后下探，又可以发现它们之间的差异，既万变不离其宗，又日新月异演进。因此，汉字字形的历史是继承与演变的统一，是社会需求和时代发展留在汉字上的烙印。另外，各个阶段的文字重合和并行现象屡见不鲜，汉字字形是在你中有我、我中有你的变化中发展前行的。

甲骨文	金文	小篆	隶书	楷书	草书	行书
虎	虎	虎	虎	虎	虎	虎
象	象	象	象	象	象	象
鹿	鹿	鹿	鹿	鹿	鹿	鹿
鸟	鸟	鸟	鳥	鳥	鸟	鸟

图1-22 汉字形体演变举例

由于汉字形体的演变最容易从保存的典籍中和视觉上发现，因此，我们在谈汉字演变时通常主要谈其形体的变化，事实上，汉字在发展过程中，字音和字义也在不断变化。明人陈第早就指出："盖时有古今，地有南北，字有更革，音有转移，亦势所必至。"从先秦两汉的上古汉语，到魏晋隋唐的中古汉语，再到宋元明清的近代汉语，字音一直都在变化。因此，后人朗读前人的诗词歌赋时常会发现，原本要求押韵规范的诗歌变得音韵不合，这就是字音发生变化的证据。我国自古就有关于字音的记录，特别是汉代以后产生的反切法与韵书，详细记录了汉字的字音，可惜这些记录只有关于声母、韵母、声调的框架体系，而无具体发音。民国时期，瑞典汉学家高本汉在中国古代音韵学研究成果的基础上，结合西方的历史语言学和比较语言学方法，利用现代汉语方言及周边东亚各国的汉字音，根据语音演变的规律，给古代汉字构拟出了具体的音值。从此，我们可以尝试推测某个汉字古代的读音了，但是这些读音只是现代学者根据语音演变规律和相关材料构拟出来的，各家观点并不完全一致。这些字音到今天大都已经发生变化，跟现代汉语普通话更是差异巨大，只有某些音类仍然保留着。

汉字字义的古今变化也是显而易见的。我国历代都有学者为典籍加注、加疏，就是因为字义发生了变化，需要对古人所作的书加以解释。很多典籍还没有后人为它所加的注疏字数多，就是因为随着时间的推移，字义不断变化，每累积到一定程度，就要对它加以解释。由此可见，汉字字义变化的程度非常大。汉字字义的演变也有一定规律，在变化过程中，字义可能扩大，也可能缩小，还可能转移。一个汉字最初的意义往往是单一的，随着社会发展和语言的变化，其引申的意义就会在汉字义项上体现出来。直到现在，一个汉字往往有多个义项，这些义项大多是由单一的本义经过引申、再引申产生的。假借也是造成字义变化的一种情况，有些字造出来后被借用去表示其他意义，而且还一借不还，结果，后人就只知道它的假借义而不知道其本义了。还有一种情况就是"习非成是"，也就是说错误的意义广泛流传，获得了越来越多人的认可，最终为社会所承认，这种字义的变化情况相对较少。

综上所述，汉字在漫长的发展过程中，其形、音、义三个方面都发生了很大的变化。另外，文字的使用和发展都带有社会性，每一个汉字字符的创造与改变一般都经过三个阶段：个人使用、社会通行和权威规范。汉字从个人使用到社会通行是自行发展，从社会通行到权威规范是人为要求。没有前一个阶段，汉字的社会性便要丧失，没有后一个阶段，汉字的规范化和严密性又难以实现。因此，汉字需要人为规范，且必须在尊重社会通行的基础上进行。掌握汉字发展趋势并因势利导，加以规范，汉字才具有社会性和科学性，才能被广大汉字使用者所接受，从而收到良好的社会流通效果。

2. 演变中的结构理论

（1）传统汉字结构理论

绝大多数现代汉字都是由古代汉字演变而来的，后出现的汉字往往是沿用古代汉字的构字原理而产生，因此，汉字在演变发展过程中形成了一套自己的结构理论，就是传统的"六书"：象形、指事、会意、形声、转注和假借。目前，多数研究汉字的人认为象形、指事、会意、形声是造字方法，假借、转注是用字方法。

许慎是中国古代系统研究汉字结构的第一人，"六书"就是他总结前人成果、分析汉字结构所归纳的，他在《说文解字·叙》中对"六书"理论作了阐释：

> 周礼八岁入小学，保氏教国子，先以六书。一曰指事。指事者，视而可识，察而见意，上、下是也。二曰象形。象形者，画成其物，随体诘诎，日、月是也。三曰形声。形声者，以事为名，取譬相成，江、河是也。四曰会意。会意者，比类合谊，以见指㧑，武、信是也。五曰转注。转注者，建类一首，同意相受，考、老是也。六曰假借。假借者，本无其字，依声托事，令、长是也。

"六书"是中国最早的汉字构成理论，是后人对古文字结构规则和使用方法的概括和归纳，并不是说汉字最初就是按照这些方法创造的。但是，"六书"理论形成以后，它又对后来产生的文字和汉字的发展演变起着重要的指导作用。下面对"六书"的具体内容稍加说明。

① 象形字

象形字就是根据事物的样子描画其形象和轮廓，如：

　　　　——雨：像天上降下雨滴

　　　　——龟：像乌龟侧面的形象

　　　　——羊：像羊头的形状

这种字是用线条画出某物的简要特征，有的是画事物的整体，如"龟"；有的是画事物的部分，如"羊"；有的是将与之相关的事物也画出来，如"雨"（上面的"一"表示"天"，也有的说表示"云"）。因为很多事物难以用几根线条画出来，即使能画出来也非常复杂，不符合文字符号作为书面交际工具的要求，所以用这种方法造出的字并不多。《说文解字》中象形字约占4%，这些字很多是今天的基本用字，只是为了便于书写，这类字不断简化、变形，失去了跟字义的联系，到现在大都已不再象形。

② 指事字

指事字是用抽象符号或在象形字基础上加一个简单符号来表达意

思，如：

　　◯——上：弧线上的短横表示"在上面"

　　大——亦：即"腋"字，两点的位置表示"腋窝"

　　日——甘：口内加一短横，表示"口中含有甘美的食物"

指事字分为两类：一类是由纯抽象符号构成，如"上、一"；另一类是由象形字加提示性符号构成，如"亦、甘"，后一类指事字占绝大多数。整体而言，用这种方法造的汉字也极少，在《说文解字》里约占1.1%，其中大多数由于主体部分到现在已不再象形，所以，也不能从字形上直接看出字义了。

③ 会意字

会意字是用两个或两个以上的独体字组合在一起，表达一个新的字义，如：

　　——步：人的两只脚掌一前一后，表示"步行"或"跨出一步"

　　——宿：人睡在屋里的席子上，表示"住宿"

　　——劣：由"少、力"组合起来表示"弱小无力"

会意字也分为两类：一类通过构字成分形象的组合来表意，叫"以形会意"，如"步、宿"；另一类通过构字成分意义的组合来表意，叫"以义会意"，如"劣、尖"。会意字一定是合体的，且其构成部分必然存在着某种联系，共同组成一个新的字，表达新的含义。这种造字方法在汉字形体变得不再象形以后，仍在少量应用，这一类字在《说文解字》里约占12.4%。

④ 形声字

形声字是由表示意义的形旁和表示读音的声旁组合而成的合体字，如：

　　把——形旁"扌"表示字义跟手有关，声旁"巴"提示字的读音
　　园——形旁"囗"表示围起来的建筑，声旁"元"提示字的读音
　　草——形旁"艹"表示字义跟草有关，声旁"早"提示字的读音

形声字有不少是在象形字、指事字、会意字基础上添加形旁或声旁转化而来，有些新字是根据一形一声的思路创造的。一般来说，形声字应当形旁和声旁俱全，如"把、园、草"；但也有的形声字形旁或声旁省去，如"亭"从高省，丁声；"夜"从夕，亦省声。形声系统形成后，汉字字形的表达方式发生了质的变化，字形不再与物象直接联系，而是凭借形、音、义已经结合了的基础构件来概括表意，同时，还增加了表音的构字成分。如"情"，形旁"心"形变为"忄"，已不像心脏之形，但"忄"与"心脏"义已形成固定的联系，仍具有表意的功能；声旁"青"能提示"情"的读音。由于形声字综合运用了字形表意和表音这两种手段，优势明显，因而数量急剧增长，很快成为汉字的主体。在《说文解字》中，形声字约占82%，占据了绝对优势。

⑤ 假借字

假借字是指本来没有这个字，借用另外一个发音相同或相近的字来表示，如：

　　我：本义指古代一种带齿的兵器，假借为第一人称代词
　　它：本义指蛇，假借为"其它"的"它"
　　然：本义指燃烧，假借为代词或连词

假借是借用已有的字来表达新的意义，所以不是造字方法，而是用字方法。但是，因为不少假借字"一借不还"，人们又新造一个字来表示它原来的意义，形成不少分化字，如"然"假借为代词或连词后，为了区分，又新造了"燃"字来表示"燃烧"。由于假借字借的媒介是读音，因此假借方法的运用，使得这一批汉字也无法从字形推知字义。

⑥ 转注字

转注字的意思是归于同一类的字，字义可以互相训释。由于许慎给转注所下的定义简单，《说文解字》中也未举出转注的字例，因而关于转注的定义，历来各家解说不一，莫衷一是。有的认为转注是同类意符的字互相解释，如"考、老"都属"老"部，两者可以互相解释；有的认为转注是意义相同而声韵相近的字，如"颠、顶"意义相同，声母相同，韵母相近；也有的认为只要意义相近能互相解释的就是转注字，如"更、改"都有"更正、改变"的意思，也是一组转注字。转注字也没

有创造新字，而是着眼于字与字之间的关系。

许慎的"六书"理论在全面分析小篆字形的基础上，归纳出了象形、指事、会意、形声、假借、转注六条造字原则和用字方法，将汉字隐含的条理和结构规律揭示出来，对汉字的科学研究作出了重要贡献。此后的古文字学家基本承袭了他的理论，其地位举足轻重。当然，我们也应看到，受主观和客观历史条件的限制，"六书"理论也存在一定的局限性。许慎把汉字的结构类型和用字方法放在一个层面来处理，其分类缺乏严密性。他虽然对"六书"进行了明确的解说，但分类较为粗疏，说解过于简略，字例也极为有限，因而，各类字之间界限模糊，后世对某些看法争论不休，更无法将每一个汉字在"六书"中一一对号入座。

（2）现代汉字结构理论

正因为传统"六书"理论暴露出了缺陷，加上汉字发展过程中形、音、义都发生了很多变化，因而，关于汉字结构理论也有了新的发展。现代汉字结构理论比较有影响的有以下几种。

① 唐兰的"三书说"

唐兰把汉字分为象形、象意和形声三大类，他认为形、意、声是文字的三方面，不归于形，必归于意，不归于意，必归于声。象形文字是"画出了一个物体，或一些惯用的记号，叫人一见就能认识这是什么"，大体指传统"六书"中表名词的象形字和指事字的一小部分。象意文字是"图画文字的主要部分，和象形同是上古时期的图画文字，不过象意文字，不能一见就明了，而是要人去想的"，大体指传统"六书"中的合体象形字、会意字和指事字的大部分。形声文字的特点是"有了音符，比较容易区别"，与传统"六书"中的形声字没有太大区别。

② 裘锡圭的"三书说"

裘锡圭认为汉字包括表意字、假借字和形声字，另外，还有一些记号字、半记号变体表音字、合音字和两声字不能纳入三书范畴，但是为数不多。而表意字又可分为六小类：抽象字、象物字、指事字、象物字的象事字、会意字、变体字，实际上包括传统"六书"中的象形字、指事字、会意字。假借字包括无本字的假借、本字后造的假借和有本字的假借三类。裘锡圭认为："表意字使用意符，也可以称为意符字。假借字使用音符，也可以称为表音字或音符字。形声字同时使用意符和音符，也可以称为半表音半表意字。"

③ 苏培成的"新六书"

苏培成以字符分析为基础，将汉字构字字符分为意符、音符和记号三类，这三类字符搭配使用，构成了现代汉字的六种结构，即独体表意字、会意字、形声字、半意符半记号字、半音符半记号字、记号字。独体表意字由一个意符构成，如"木、丫"；会意字由两个或两个以上的意符构成，如"吹、解"；形声字由意符和音符构成，意符表示字义，音符表示字的读音，还包括一些变化形式的多形一声字、省形字和省声字，如"洲、删"；半意符半记号字由一个意符和一个记号构成，如"吞、急"；半音符半记号字由音符和记号构成，如"球、华"；记号字由记号构成，分独体记号字和合体记号字，如"甘、青"。

④ 王宁的汉字构形学

王宁认为汉字的构形单位是构件，根据构件的功能可以分为四类：表形、表意、示音和标示，由此总结出汉字构形的 11 种模式：全功能零合成字，即由一个单独成字构件构成，无法再拆分；标形合成字，即由一个表形成字构件和标示构件组成；标意合成字，即由表意构件加标示构件组成；会形合成字，即由两个以上的表形构件组成；形意合成字，即由表意和表形构件组成；会意合成字，即由两个以上的表意构件组成；无音综合合成字，即由表形、表意和标示构件组成；标音合成字，即由示音构件和标示构件组成；形音合成字，即由表形构件和示音构件组成；意音合成字，即由表意构件和示音构件组成；有音综合合成字，即由多个表形、示音、表意、标示构件组成。

唐兰的"三书说"冲破了传统"六书"理论的限制，以新的眼光来研究汉字结构，是汉字学领域一次大胆的革命性新说。裘锡圭在传统"六书"基础上进行了补充和细化，根据字符性质，从动态角度对汉字的构成作了更细致的分类和透彻的说明。苏培成着眼于现代汉字字形的现状，对其内部结构进行了静态描写，揭示了现代汉字形体的组合规律。王宁以构形为中心，从系统论角度提出了描写汉字符号体系的具体操作模式和量化标准，对于规范汉字有重要的指导价值。现代汉字结构理论是对传统汉字研究的继承和创新,这些理论显现了现代汉字结构研究的特点和水平,代表了汉字研究的发展方向。当然,任何一种理论都具有相对性,不可能涵盖多元存在的文字现象,我们应该汲取其合理因素,不断发展、完善汉字理论研究。

3. 演变中的特殊现象

(1) 简化字

汉字形体的发展演变有简化也有繁化。汉字作为书写符号,一方面要求简单易写,另一方面又要求丰满易识,但越简化就越容易丢掉信息,给识别带来困难,追求信息量和区别度,又难免增加形体繁度,二者是矛盾的。汉字在矛盾中有机调节,如果不影响表意与区别,就不断省去多余的构件,以减少书写和记忆的负担;如果和其他字相混,就在原字上添加构件或突出特征加以区别,从而使字繁化。如甲骨文中的"车"最初字形复杂,车轮、车厢、车轭、车辕等齐全,后来有的省去车厢,有的省去车轭,有的省去车辕,继而发展到只保留两个甚至一个象征性的车轮(见图1-23)。又如"角"与"肉"古字字形相近(见图1-24),为了区别,就让角的上部延长,突出角的特征,以致后来像"人"形或"刀"形,最后变成现代的"角"字(见图1-25)。

图1-23 甲骨文中的"车"

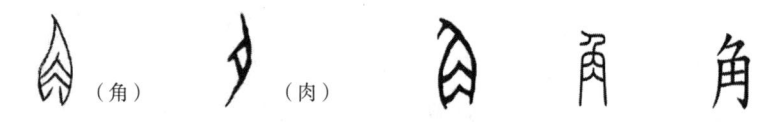

图1-24 甲骨文中的"角"和"肉"　　图1-25 "角"的字形演变

汉字的简化和繁化都是以原有字形为基础,并未打破原有字形的传统,因此它虽然显示了较大的变易,但仍然是一个字在发展中的继承与变异的统一。有时为了求得简易和区别,也有抛弃原有字形,另起炉灶创造新字的情况。如"尘"在籀文和小篆中都写作三只鹿奔跑激起尘土飞扬的情状，字形极为复杂，后来简化为一只鹿，写作"塵"，发展到现代用"尘"这个后起的会意字替代了（见图1-26）。

图1-26 "尘"的字形演变

虽然汉字发展过程中有繁化也有简化，但是就其总体发展趋势而言，还是以简化为主。汉字经历了"甲骨文—金文—小篆—隶书—楷书"的字体演变，每一次几乎都经历了一系列的省简，实际上就是一次系统的简化。汉字的简化自古就有，早在甲骨文时期就已经出现了简化的字体，魏晋以降，碑刻俗字层出不穷，简体汉字更是屡见不鲜。但我们这里所说的"简化字"，是指中华人民共和国成立后进行汉字改革所规定的简化汉字。1956年，国务院通过并公布了《汉字简化方案》，共有三个字表，包括515个简化字和54个可以类推的简化偏旁。1964年，中国文字改革委员会出版了《简化字总表》，也分为三个字表：第一表是352个不作简化偏旁用的简化字，第二表是132个可作简化偏旁用的简化字和14个简化偏旁，第三表是由表二类推得到的1754个简化字，三表共计2238字。1977年，国务院曾公布了《第二次汉字简化方案（草案）》，由于问题较多，不久便停止使用。1986年，为进一步规范社会用字，国家语言文字工作委员会重新发表了《简化字总表》，并对个别字作了调整。这些简化字是在继承汉字传统并兼顾实用的基础上加以简化的，其来源主要有以下几种。

① 古字，这些字或是重新起用古代的初文，或是选择形体简单的古字、古异体字或俗体字，直接用作今天的简化字。如：

从——從　　云——雲　　礼——禮
泪——淚　　乱——亂　　齐——齊

② 草书、行书楷化字，古人书写草书、行书时简省了很多字的形体和笔画，把这些字的轮廓和线条变成楷书的笔画和方正结构，就成了新的简化字。如：

车——車　　门——門　　当——當

为——爲　　会——會　　应——應

③ 新造字，专指新中国成立后所创造的一些新简化字。如：

毕——畢　　认——認　　厂——廠

农——農　　业——業　　积——積

有人对《简化字总表》中的汉字进行统计，发现80%以上的现行简化字是中华人民共和国成立以前就已经存在的，新中国成立以后新拟的简化字不足20%。因此，把现行简化字看作是20世纪50年代文字改革中少数人闭门造车的产物，这是一种误解。

汉字简化不是说简就简，随意进行，必须按照一定的原则和方法。20世纪50年代的汉字简化，总的原则是"约定俗成，稳步前进"，主要采用以下几种简化方法。

① 减省，减少或省略繁体字中的某些笔画或某个部件，如：

省一边：条——條　　乡——鄉

省两边：里——裏　　术——術

省一角：恳——懇　　启——啓

省内外：夺——奪　　开——開

② 改形，或改变原字的某一部分，或只保留原字的结构轮廓，或形体完全改变，如：

改部分：爷——爺　　础——礎

改轮廓：伞——傘　　齐——齊

改整体：别——彆　　头——頭

③ 合并，取同音字中笔画较简单的作为共用字保留，舍弃原来笔画繁复的字形，如：

几——幾　　只——隻　　发——發——髮

后——後　　姜——薑　　干——乾——幹

④ 类推，简化部分偏旁或构字部件，使具有这些部件的一系列字都得以简化，如：

偏旁简化：词——詞　　杨——楊

部件简化：紧——緊　　学——學

从汉字简化的来源和方法我们可以看出，汉字简化不是凭空想出来的，而是在研究、总结前人简化汉字的做法和经验基础上提出来的。中华人民共和国成立后《汉字简化方案》制订和推行的基本原则是正确的，也取得了良好的效果。简化最大的好处是减少了人们学习和使用汉字的困难。据研究，《汉字简化方案》中所收录的515个字，多数是宋元以来长期在社会上流行的简体字，这些字加上经过偏旁类推的简化字，总数达到2238个，占现行3500个常用字的一大半。简化后的汉字笔画数目大大减少，同音替代减少了不少常用字、通用字的字数，大大缓和了汉字繁难与学习、使用的矛盾，减轻了汉字学习和使用者的负担，有利于普及教育，在识字教学和书写方面具有明显优越性，对电脑用字的规范化、标准化以及汉字编码输入输出、汉字自动识别等都有重要意义。

当然汉字简化也存在一些弊端。由于简化过程中有一些操作方法存在不足之处，造成了认读和书写的某些困难。简化后有些字破坏了原有的理据，或是不合汉字构字体系的规律，学习时无法联想类推，给汉字学习带来了不便，如"鸡、劝、汉、戏、友"等字都含有"又"，却很难判断它的来历以及在这些字中的功能。简化产生了一些形体相近、容易混淆的字，如儿—几、风—凤、没—设、治—冶、抢—抢，等。有些字改变了原来的偏旁系统，使繁简对照关系变得复杂，如"盧"简化为"卢"，"顱"相应简化为"颅"，而"爐"却简化成了"炉"。

总体来说，汉字简化符合汉字历史发展演变的规律和人们社会生活的需求，是利大于弊的。但是，汉字作为日常交际工具，必须在一定时期内保持相对稳定，否则容易造成使用的混乱和不便。

（2）古今字

早期汉字字数较少，一个字往往兼表几个意义，这种一字多义现象给认读带来很多困难，后人为使汉字表意明确，另造新字分担古字意义，便形成了古今字。古今字是不同时代先后产生的记录同一个词的两种字形，先产生的叫古字，后产生的叫今字，两者构成一对古今字。"古"和"今"是相对而言的，正如段玉裁《说文解字注》所说："古今无定时，周为古则汉为今，汉为古则晋、宋为今，随时异用者，谓之古今字。"由于古今字有历史相承关系，二者在形、音、义上均有密切联系。

从字形上看，今字常以古字为原型，字形上有承袭关系。一般来说，有以下几种情况。

① 以古字为音符，另加意符构成今字，如暴—曝；

② 以古字为意符，另加音符构成今字，如自—鼻；

③ 改变古字意符，构成今字，如振—赈；

④ 改变古字音符，构成今字，如参—叁；

⑤ 对古字略加改造，构成今字，如大—太；

⑥ 完全脱离古字，另造今字，如亦—腋。

从字音上看，古今字大都在语音上相同或相近。今字一般以古字为音符，如北—背；或者以古字的音符为音符，如板—版；或者直接取古字相同或相近的音，如大—太。当然，由于历史和地域等原因，古今语音常会发生变化，但今天我们仍能从古今字的语音上看出其密切联系。

从字义上看，今字分担了古字的意义，因此，二者之间有必然的内在联系。这种联系又可分为以下三种情况。

① 今字分担古字本义，如：

益—溢："益"的本义是水从器皿中溢出，引申出"增加、更加、好处"等意义。由于引申义使用频繁，于是在"益"的基础上增加形旁"氵"，另造"溢"字表示本义。

队—坠："队"的本义是从高处掉落下来，后假借为"队列"的意思，于是，另造"坠"字表示本义。

② 今字分担古字引申义，如：

昏—婚："昏"是指日已西沉，本义就是"黄昏"的意思。因古代婚礼是在傍晚举行，又引申出"婚姻"的意思，于是，另造"婚"字表示其引申义。

解—懈："解"的甲骨文像双手执牛角之形，本义为"分解牛"，后引申为"解散、松开、松懈"等意义，于是，另造"懈"字表"松懈"义。

③ 今字分担古字假借义，如：

辟—避："辟"的本义是"法度"，后"躲避"义借用同音的"辟"

字，为了区别，后来另造"避"字表示假借义。

采—彩："采"本义是"采集"，后"彩色"义借用"采"来表示，于是另造"彩"字分担该假借义。

汉字一个字形表示多个意义，在节约字形的同时造成了表意模糊。通过分化将多种意义分解至不同的字形上，可以减轻字形的表意负担。当然，在发展演变过程中，汉字的分化与合并是交叉进行的，二者互相补充，以适应语言和社会的发展需要。

（3）异体字

异体字是指字形不同而音义完全相同的一组字，其中，流通最广的称为正体，其他称为异体，也叫重文、俗字、俗体、或体、别体等。正体和异体只是一个相对概念，区分的标准常因时代不同而发生变化。有的古属异体字，今属正字，如"肩、袖"在《说文解字》中属俗字，今天是正字；也有的古属正字，今属异体字，如《说文解字》中"筍、羣"是正字，今天是异体字。异体字是汉字演进和发展的记录，甲骨文和金文中就存在大量的异体字，因为文字之制出于众手，形体自然不可能整齐划一，同一个字产生两个或多个字形在所难免。

从异体字字形的差异来看，主要有以下几种情况：

① 造字方法不同，如伞—繖；
② 形旁选择不同，如唇—脣；
③ 声旁选择不同，如烟—煙；
④ 形旁声旁均不同，如迹—蹟；
⑤ 偏旁位置不同，如阔—濶；
⑥ 个别笔画不同，如冰—氷。

异体字的产生既有汉字本身的原因，也有外部因素的影响。汉字的造字方法、构字部件、组合方式不同，就有可能造出不同的字形。如泪—涙，前者是从目从水的会意字，后者是从水戾声的形声字；峰—峯，前者是左右结构，后者是上下结构；粮—糧，二者都是形声字，但是选用的声旁不同。造字思维存在差异，造出来的字自然就呈现多样化。另外，社会发展、政治干预、地域俗字、传写讹变也会形成一些异体字。如砲—炮，从石制到火药，反映的是社会生产力和科技的进步；昬—昏，上部的构件由"民"改为"氏"，是为了避唐太宗李世民的讳；岠一渠，是方言俗字和正字形成的异体；恩—思，"恩"讹为"思"后形成异体。如唐兰所说："中国文字由商周古文字到小篆，由小篆到隶书，由隶书到正书，新文字总是旧文字的简俗字。"总之，汉字在几千年的发展演变过程中，出现一点差异和变动是很正常的，表现了一种"同中有异，异中趋同"的共同民族心理，而这种民族心理也适应和促进了汉字的向前发展，使其成为超方言的文字，并成为民族和社会稳固的纽带。

但是，一字多形会增加学习和使用的负担，影响汉字职能的有效发挥。尤其个别字的异体数量惊人，如"灵"有45种写法，"龟"有42种写法，"华"有29种写法。这么多异体字极易造成信息传递错误和文字使用混乱，随着汉字使用范围的日益扩大，其规范化要求不断提高。因此，新中国成立初期，在简化汉字的同时，国家有关部门立即着手整理异体字，规范汉字的书写。1955年，文化部、中国文字改革委员会联合发布了《第一批异体字整理表》，列异体字810组，每组最少2字，最多6字，合计1865字，经过整理共精简了1055字。这次异体字的整理主要遵循从俗、从简的原则。从俗就是选择应用较广的字，废除较生僻的字，如"邨、氷"使用相对较少，就选"村、冰"为规范字；从简就是保留笔画较少的字，废除笔画较多的字，如"挂、你"字形相对简单，就废除了相对复杂的"掛、妳"。如果从俗和从简不能兼顾，或繁简相差无几，则以从俗为主，如"耻—恥、游—遊"均保留了较为通俗的前者。如果一组异体字有左右和上下两种结构，为了便于书写，一般选左右结构的字为规范字，如"略—畧、棋—棊"均保留了前者。只有少数几组因为群众习用，仍选上下结构作为规范字，如"拿—𢪹、幕—幙"以前者为规范字。从俗符合文字的社会性，从简符合文字发展的主要趋势。

历代对于异体字，并不是一概排斥、全盘否定，而是在规范、统一正字的前提下，对某些形之有理、约定俗成的异体字审慎地进行遴选和承认。汉字形体的多样性是文字发展的自然产物，汉字规范化是文字使用的社会要求，二者在矛盾的对立和统一中推动汉字向前发展。

（4）通假字

通假是古书上出现的临时借用现象。一个汉字记录某一个词，通常是固定的，但由于种种原因，有的人在写文章时，弃本字不用，临时借用一个音同或音近的字去通融替代，这种现象就叫通假。因此，通假字主要是指字形和字义不同，而音同或音近的一组字。据此，我们可以把通假字分为两大类：同音通假和近音通假。同音通假指借字的声、韵、调与本字完全相同，如"甚矣，汝之不惠"中的"惠"通"慧"；近音通假指本字和借字读音相近，如"距关，毋内诸侯，秦地可尽王也"中的"内"通"纳"。当然，这里说的音同或音近，都是针对古音而言，在现代汉语中读音不一定相同或相近。

从通假字与本字之间的关系来看，大致有以下几种形式。

① 单通（甲→乙）

一字通另一字，构成固定的通假关系，这是通假字的基本形式。如：

生→性

"君子生非异也，善假于物也。"

"辨五地之物生。"

上述两句中，"生"通"性"是固定的，"性"不能通"生"。

② 蘖通（甲→乙、丙……）

一字通另几字，如秧苗分蘖丛生一样。如：

蚤→早、爪

"旦日不可不蚤自来谢项王。"

"争利如蚤甲而丧其掌。"

上述两句中，"蚤"分别通"早"和"爪"。

③ 汇通（乙、丙……→甲）

几字通一字，如支流汇主流一样。如：

详、佯→佯

"行十余里，广详死。"

"齐王怪之，因不敢饮，佯醉去。"

上述两句中"详、佯"都通"佯"。

④ 互通（甲⇌乙）

甲字可通乙字，乙字也可通甲字。如：

辨⇌辩

"故略上报,不复一一自辨。"

"少尝苦曰苦,多尝苦曰甘,则必以此人为不知甘苦之辩矣。"

上述两句中"辨、辩"互为通假。

⑤ 递通（甲→乙→丙）

几字递相贯通。如：

泊→薄→迫

"夫礼者,忠信之泊也,而乱之首也。"

"邪薄入瓮牖,至于室庐。"

上述两句中,"泊"通"薄","薄"又通"迫","泊、薄、迫"连锁相通。

⑥ 交通

上述五种形式综合交错运用。如：

有 ⇄ 又 → 佑
        → 友

"愿于物之所以生,孰与有物之所以成？"

"是不有君也。"

"虽有槁暴,不复挺者,輮使之然也。"

"人之情虽桀跖,岂又肯为其所恶,贼其所好者哉！"

上述四句中,"有"通"佑、友、又","又"通"有",表现错综复杂而又乱中有序。

通假字产生的原因是多方面的,一般认为大体有两种情况:一是讹误,二是就简。写字人一时忘了本字,仓促间用一个读音相同或相近的字代替本字,就写了别字。或者写字人明明知道本字,因本字字形复杂,于是避繁就简,用笔画较少的同音或近音字代替。秦汉时代典籍中的通假字特别多,当时汉字规范化不严密,人们对同音借代字习以为常,加上没有印刷术,文献典籍全靠口传手抄,如果原书用通假字,抄本一般原样保存,辗转相抄之后,就由一人一时的临时借用变为习用。随着汉字规范化程度的加强,通假字才逐渐减少。有些通假字产生后仅限一时一地或某一著作,之后就很少使用了,而有的通假字则广泛流传，长期使用，这可能与作者或著作本身的地位和影响有关。

通假字是汉语在缺乏严格规范的情况下出现的一种历史现象，给后人阅读古代典籍造成了许多障碍，影响了书面语言的纯洁性，具有消极作用。但从另一角度来看，认真整理、研究通假字，可以为文字学、音韵学、训诂学等研究提供材料和启示。

（5）讹变字

在文字演变过程中，由于使用文字的人误解了某些字的形义关系，而使这些字或者某些部件发生了误写，造成字形错误，这种现象就叫讹变。这种非正常的变化和特殊的历史误会，使某些汉字脱离了正常的演变序列，造成古今字形联系上的中断，就无法解释其形体的构成和由来。

讹变现象早在甲骨文阶段就已出现，随着汉字的发展演变，年代越久远，越无法推知造字的依据，讹变也就更加普遍。汉字讹变可分为三种情况：意符讹变、音符讹变和整字讹变。

① 意符讹变

意符讹变就是把会意字或形声字的意符写成错误的形体，如：

有：金文中作 ，从肉从又，以手持肉形表"持有、拥有"之意。后笔画拉直，肉字字体直立，其写法与月字相近而混。

周：甲骨文作 ，表示田地周围，金文下加"口"旁，小篆误将"田"改为"用"，分析为"从用、口"。

② 音符讹变

音符讹变就是把形声字的音符写成错误的形体，如：

新：甲骨文作 ，从斤从木，辛声，本义是用斧子砍伐木材，是"薪"的本字，后辛、木连写讹变为"亲"旁。

思：小篆中作 ，从心从囟，囟亦声。后"囟"讹变为"田"。

③ 整字讹变

师：" "是"师"的本字，本是古代兵符的象形。后加" "表示兽尾制成的帽饰，篆文讹变为"从帀从自"。

蝉：甲骨文作 ，本是蝉的象形，小篆讹变为"从虫单声"的形声字。

引起讹变的原因也很复杂，主要包括以下几种情况。

① 形体相近而混淆

汉字构形系统中存在不少形似部件，容易出现形近相讹，尤其是形似部件的构义或读音与该字可以建立某种联系时，更易产生混淆。如"耻"在小篆中本来是"从心耳声"的形声字，"耳"和"耻"在上古同属"之"韵，读音相近，所以"耳"是声旁。汉代以后，"耳"和"耻"的读音产生了分化，人们已无法看出二者之间的语音联系，而人害羞时往往"面红耳赤"，进而"耳"转化为表意部件。"心"的形体在隶书中与"止"经常混同，而"止"和"耻"在上古、中古韵部是相同的，所以人们便误以为"耻"的构形是"从耳止声"，于是，把"恥"写成了"耻"。

② 误解字形而讹变

在发展过程中，有些汉字原有的形义关系日渐疏远，造字理据无法推知，于是，人们误解字形进而产生讹变。如"圣（聖）"甲骨文作𦕤，上部是"耳"，下部是"口"和"人"，表示聪明智慧的人。小篆将"口"和"人"讹变为"呈"，就变成了"从耳呈声"的形声字。

③ 省简造成讹变

汉字发展总体趋势是简化，在字体演变中不断省略、简化原有的形体，也会造成讹变。如"春"的古字是由"草、屯、日"三个部分组成。隶变后"草"和"屯"连写成"夫"，形体省简严重造成讹变。

此外，书写材料的改变、书写速度的快慢、汉字的辗转传抄等也会对汉字讹变产生影响。另外，外在的社会原因，如经济、政治、文化等因素，会影响讹变概率的高低。

讹变虽然是错误的变化，但这种变化如果符合汉字发展的总体趋势和要求，有可能会取代正体的地位，积非成是。讹变是汉字字形变化中的一种常见现象，也是造成汉字形义理据消失的一个重要原因。了解汉字的这种变化，对厘清汉字字形的发展脉络是有帮助的。

简化字、古今字、异体字、通假字、讹变字都是汉字学上的重要概念，虽然从这些术语的字面意思不难区别，但具体分辨时，却往往容易混淆。下面对几种不易区分的概念之间的差别稍作梳理。

古今字和异体字：古今字是一个历时的概念，今字分担了古字的某一个意义，字形和读音上也和古字有密切联系，产生后与古字并行不悖；而异体字是一个共时的概念，是在同一时期产生的音义完全相同、只有字形不同的一组字，大量的异体字会在使用中逐渐被淘汰。古今字只有部分意义相同，多数情况下古字可以替换今字，今字只能在它所分担的意义上代替古字，而异体字可以自由替换，不受任何限制。

古今字和通假字都有假借，但古今字是本无其字的假借，假借是为了分化字义，除了假借，引申也可产生古今字，古字与今字在字义上有继承关系，而通假字是本有其字的假借，它强调的是字音相同或相近，借字与本字字义无关。古今字是历史发展中的异时现象，用古字时，今字尚未产生，而通假字是历史共时现象，虽两字产生有先后，但用为通假之时，本字与借字并存。

异体字与通假字都是共时的概念，但通假字的本字与借字不一定有意义上的联系，只要音同或音近即可，而异体字一定音义全同。

通假和假借：通假是本有其字，借用另一个同音字来记录这个字，借用关系往往不固定。假借是本无其字，借用已有的同音字来记录新的意义，借用关系确定以后就基本固定下来了。

由于历代文字学家对上述概念的理解不尽相同，对同一现象的认识也存在某些差异，因此，我们的分析只是反映这些文字现象的主要特点，个别交叉重叠现象情况复杂，有待今后进一步深入研究，才能达成共识。

第三节　汉字的性质特点

一、汉字和汉语的关系

一方面，汉字是汉语的书面载体，在没有汉字的阶段，汉语可以用口语实现它作为社会交际工具的作用，如果没有汉语，汉字就没有产生的条件和存在的必要。从这个意义上说，汉语是第一性的，汉字是第二性的。因此，汉字必须适应汉语的特点，满足记录汉语的需求。另一方面，汉字一旦产生，它对汉语的使用和发展也具有不可忽视的作用。汉字使汉语超越时空限制，扩大了交际职能，而且它具有超方言的特点，有利于民族共同语的形成。同时，汉字记录的书面语言更加准确规范，促进了汉语的严密性。汉字作为汉语的视觉符号，对分辨汉语中的同音词、吸收古语词、方言词和外来词，都有非常重要的作用。因此，汉字与汉语是相互适应、相互依存、协调统一的。

1. 汉字与汉语的联系

汉字作为唯一流传至今且仍在使用的自源文字，是在记录汉语的实践中不断巩固和发展起来的。它与汉语关系的密切程度，非其他文字所及。具体来说，其联系表现在以下几个方面。

（1）汉字的音节性与汉语语音相统一

汉语语音音节界限分明，一个一个的语音片段，构成一个整体。汉字也是一字一音，字与字之间音节界限分明。绝大多数情况下，一个汉字记录一个音节，两者基本保持对应关系。汉语音节结构简单，因而存在大量的同音语素，容易造成歧义，汉字是语素文字，同音语素的形体不同，在书面语中可以借助不同的书面符号加以区分，使人一目了然。

（2）汉字的表意性与汉语词汇相协调

汉字造字模式由最初的直接摹拟物形，到较抽象的符号指事和合体会意，再到形声相谐，在坚持其表意特点的基础上不断改进和完善，以适应汉语词汇发展的需要。尤其是形声字使汉字字形兼具表音和表意的特点，既可以克服形音脱节带来的不便，又可以利用已有符号组合，减轻识记难度，为掌握新词带来便利。随着词汇由单音节向双音节发展，汉字不是通过增加符号数量而是借助已有符号按一定规律组合构成新词，既满足了词汇发展的需求，又尽可能减少了记忆的负担。此外，汉字字形表意的特点还隐含了其所记录的词义变化的信息，提供了追本溯源的线索，使词义的变化有迹可寻。

（3）汉字能够适应汉语语法特点

汉语是孤立语，词形很少变化，其语法手段主要依靠虚词和语序。汉语里起语法作用的常用虚词很多就是单个汉字构成的单音节词，如汉语动词可加"着、了、过"表示时态的变化，名词后可加"们"表示复数，这些语法特点都可以借助汉字有效表达。现代汉语词汇以双音节为主，汉字直接参与汉语构词，以古汉语单音节词为词根，按照一定的构词法就能满足词汇需要。

(4) 汉字沟通古今汉语，衔接共同语和方言

汉字不仅具有较强的古今一致性，还使汉语古今可通。古代汉字和现代汉字虽有一定区别，但其构形、构词、构句、记录语素的形式均未发生本质变化。对于历史上各个朝代的文学作品，现代汉语使用者在阅读和理解时不会出现较大困难。汉字还帮助汉语衔接了不同方言。我国地域辽阔，方言众多，但不管使用哪种方言，人们用汉字笔谈时都不会出现很大问题，这是因为汉字写下来都是一样的。因此，汉字具有贯古今、通南北的功能。

汉字在与汉语共同发展的过程中，不仅与汉语的各个要素相互适应，协调统一，而且通贯古今、沟通方言，使汉语能够绵延数千年，为汉语和中国文化的传播与发展作出了重大贡献。

2. 汉字与汉语的区别

汉字与汉语虽然相互依存，但汉语并不等同于汉字，二者不能混为一谈。其区别可以从以下几个方面来看。

(1) 二者是两种不同的系统

我们通常说，汉字是形、音、义的统一体。在这三要素中，音和义实际上是属于汉语的，是由于汉字记录汉语而从汉语语素那里移植来的，只有形才真正属于汉字。因此，汉字的构形系统与汉语的音义系统并不是同一个系统，汉字的音义要受到汉语的制约与推动，而字形可以不受语言制约，在发展中逐渐形成自身内在的构形规律。

(2) 二者是不同时期的产物

语言是一个民族的重要特征和标志，汉语就是伴随着汉民族的形成和发展而产生的，它是汉民族最重要的交际工具，而汉字只是辅助工具，是汉语发展到一定程度为弥补其不足而产生的记录符号，因而汉字的产生要比汉语晚得多。某一个汉字产生较早，并不意味着这个字所记录的词一定早于后起字所记录的词，二者不可一概而论。

(3) 汉字与汉语的词关系不一致

在汉语中，一个汉字并不是整齐地对应一个词，二者处于不平衡状态。在古代汉语中，虽然绝大多数情况下一个字记录的就是一个单音节

词，但书面上异字同词、异词同字现象并不乏见。在现代汉语中，绝大多数汉字对应的是一个语素，与词并不等同。因此，字和词是两个不同的概念。

总之，汉字和汉语既有联系又有区别，在理论上分清汉字与汉语本质上的不同，在实践中注意字与词的差异，都是非常重要的。

二、汉字的性质

汉字的性质是汉字学基本理论研究的核心，直接影响汉字理论的研究水平以及汉字的教学与应用。20世纪20年代，中国学者接受西方语言学关于文字体系划分的理论，开始关注汉字的性质。从那以后，有关汉字的性质问题就争论不断，尤其是20世纪80年代初期以后，汉字性质的讨论成了汉字学研究的热点。但是，由于研究者分析问题的角度不同、采用的标准不同，再加上汉字自身的复杂性，关于汉字性质的认识见仁见智，至今尚未得出比较一致的意见。有关汉字性质的论断，有代表性的观点主要有以下几种。

1. 表意文字说

最早对汉字性质做出明确论断的是现代语言学奠基者索绪尔，他在《普通语言学教程》中将世界上的文字分为两种体系："（1）表意体系。一个词只用一个符号表示，而这个符号却与词赖以构成的声音无关。这个符号和整个词发生关系，因此也就间接地和它所表达的观念发生关系。这种体系的典范例子就是汉字。（2）通常所说的'表音'体系。它的目的是要把词中一连串连续的声音模写出来。表音文字有时是音节的，有时是字母的，即以言语中不能再缩减的要素为基础的。"索绪尔从文字和它所记录的语言的关系来看文字的性质，把世界文字分为表音文字和表意文字两大类，为汉字性质的研究奠定了基础。

这种观点传入我国，对汉字性质的研究产生了重大影响。20世纪20年代沈兼士在北京大学讲授《文字形义学》时把世界上所用的文字总括为两类：一类是意符的文字，也称之为意字。另一类是音符的文字，也称之为音字。但是在他的分类里，汉字既有意字也有音字。20世纪40年代张世禄在《文字学与文法学》一文中也指出："中国现行的文字——汉字就是现今世界上表意文字的唯一代表。"此后，汉字是表意文字这一观点普遍为学者所接受。许多人主张汉字是表意文字，但不同的人所说的表意文字的含义并不相同。如梁东汉认为"方块汉字是表意体系的文字"，"符号表达个别的完整的词或者它的独立部分的文字体系叫做表意文字体系"。黄伯荣、廖序东主编的《现代汉语》说："汉字是表意体系的文字，同表音文字有本质的区别。汉字不是直接表示音位或音节的字母，而是用大量表意符号来记录汉语的词或语素，从而间接代表了词或语素的声音。"王宁说："汉字是表意文字，这样定性只是说，汉字是因义构形的，因此，它的形体直接带来的信息是意义，由义而知音。"

2. 语素文字说

20世纪50年代，赵元任提出汉字为语素文字，他认为："用一个文字单位写一个词素（引者注：现译为语素），中国文字是一个典型的最重要的例子。"后来一些学者接受了语素文字说，并对此予以补充。如吕叔湘指出："世界上的文字……按照文字代表语言的方式来分类，可以分为三类。一类是音素文字，一个字母代表一个音素（又叫作音位）。英语、法语等所用的拉丁字母（罗马字母），俄语、保加利亚语所用的斯拉夫字母，都是音素文字。第二类是音节文字，一个字母代表一个音节，就是辅音和元音的结合体。日语的字母（假名）、阿拉伯语的字母，都属于这一类。……第三类文字是语素文字，它的单位是字，不是字母，字是有意义的。汉字是这种文字的代表，也是唯一的代表。汉字以外的文字都只是形和音的结合，只有汉字是形、音、义三结合。"朱德熙说："文字是记录语言的。就汉字跟它所要记录的对象汉语之间的关系来看，汉字代表的是汉语里的语素。"他以"蛋糕"的"糕"、"膏药"的"膏"、"跳高"的"高"三个字为例，它们读音相同，意思不一样，是三个不同的语素，分别由三个不同的汉字表示，所以他也认为汉字是一种语素文字。苏培成在《现代汉字学纲要》中也明确提出："汉字的单字记录的是汉语的语素，所以汉字是语素文字，这是汉字的性质。"

3. 意符、音符、记号文字

裘锡圭在讨论汉字性质时，把汉字的字符分为三类：（1）意符，即跟文字所代表的词在意义上有联系的字符，如传统六书中的象形字、指事字、会意字、形声字的形旁。(2) 音符，即跟文字所代表的词在语音上有联系的字符，如假借字、形声字的声旁。(3) 记号，即跟文字所代表的词在语音和意义上都没有联系的字符，如古汉字的"五、六、七、八"等数目字、楷化后的"日"作为字符成为记号。根据以上三类字符的性质，裘锡圭认为汉字在象形程度较高的早期阶段基本上是使用意符和音符的一种文字体系，后来，随着字形、语音和字义等方面的变化，逐渐演变为使用意符、音符和记号的一种文字体系。

4. 意音文字

周有光在20世纪50年代提出，"用文字表达语言，有三种基本表达方法，就是表形、表意和表音"。他说"综合运用表意兼表音两种表达方法的文字，可以称为意音文字，汉字就是意音文字之一种"。他认为，汉字之所以属于意音文字，是因为汉字中一部分有表意功能，如"六书"中的会意字，另一部分有表音功能，如"六书"中的假借字，而形声字半边表意半边表音。

此外，还有布龙菲尔德的表词文字说、姚孝遂的表音文字说，等等。

以上关于汉字性质的观点，思考角度不同，得出的性质结论就不一样。索绪尔说汉字是表意文字，主要是将汉字和世界其他文字相提并论，是针对古代汉语中的汉字来谈汉字和它所记录的汉语之间的关系。语素文字说以吕叔湘为代表，将表音文字分出了音素文字和音节文字两类，是针对现代汉语中的汉字而言，其对应语言单位是语素。裘锡圭是从字符的性质去认识汉字的性质，周有光是从汉字字形与音义之间的关系来分析。

笔者认为，汉字的性质离不开它跟汉语的关系，汉字由古至今，从对应汉语中的单音节词发展为对应语素，从字形表意为主发展为兼具表意和表音双重功能，一直是适应着汉语的发展和变化的，即使现在很多汉字字形已变成抽象的记号，但其中积淀的表意与表音倾向仍有迹可循。因此，现代汉字是以表意为主的语素音节文字。

三、汉字的特点

文字性质和特点的关系是纲和目的关系，文字的性质是纲，特点是由性质派生出来的目。由于汉字的性质仍无统一的观点，因而，关于汉字的特点也是众说纷纭。总体来说，一个事物的特点应从其独有的个性和与其他事物的比较中得出，汉字的特点也应该是汉字区别于其他文字的独特之处。从这个角度出发，我们将汉字的特点归结如下。

1. 汉字是数量繁多、结构复杂的二维平面文字

汉字发展至今，数量繁多且不断增加。从历代有影响的字书来看，字种数从几千至几万不等，如果算上甲骨、钟鼎、玉石、简帛、货币等上面的文字以及各种讹体、异体，字种数更是难以计算。由于汉字历史积淀长，随着时代的推移，数量日益增多。据目前最全的汉字字库统计，有出处的汉字高达九万多个。就每个时期实际使用的汉字而言，其字数大约也有四五千个。目前，现代汉语常用字有3500个，通用字数量达到7000个，这个数量相对其他文字而言是相当大的。

另外，汉字形体结构复杂，结构单元众多且结构模式多样。汉字的构字单元包括笔画和部件，笔画又包括基本笔画和派生笔画，全部算起来有30余种，部件可以分若干级，即便末级部件也有200到600个不等。汉字的结构模式有独体也有合体，合体又可以分为上下结构、左右结构、包围结构等，每种结构还可以再细分至十几种。汉字用二维空间表现信息，二维平面可以通过横向和纵向两个坐标展开，这就使得各种构形元素的组合方式更为丰富。如"一 一 丨 丨"四个笔画，如果线性排列，只有六种组合形式，可是二维双向组合就有难以计数的组合形式，这给汉字的构形带来了极复杂的组合方式。拼音文字每个只有1—3笔，而汉字绝大多数有8—12个笔画，每种笔画在汉字的不同形体中往往还有若干变体，其长短、斜直及摆放位置的高低都有一定讲究，不能随意改变。在二维平面内，构形要素组成字符时，上下、左右、内外或者某一角都可以安排布局，每一类还可以进行更细致的划分，细微处也有许多不同，灵活性极强，并且要求都统一在一个方块空间之内，安排得匀称、和谐、稳定。复杂的结构一方面给汉字书写带来了诸多不便，

另一方面其提供的视觉信息量比较大，使人容易识别。根据现代心理学和信息科学的研究，汉字便于视觉辨认和接收，所以阅读速度远超其他文字。

2. 汉字字形携带着可供分析的意义信息

汉字字形最大的特点是根据所表达的意义来构形，因此，其形体总是携带着可供分析的意义信息。这些信息来自原初造字时造字者的主观意图，这种意图为使用的群体所公认后，便成为一种社会约定的可分析理据，与字形较稳定地结合在一起，使其带有表意的性质。越是早期的汉字，形体和意义之间关系就越密切、越明晰。如"目"最初就是一只眼睛的象形；"初"早期字形从刀从衣，表示用刀剪裁衣服是制衣的开始。从这两个字例可以看出，早期汉字构形单个形体是直观物象的描写，形体组合是反映事物之间直观联系的。

汉字在发展中，为了书写得快速逐渐简化，早期文字的象物性日益淡化，不再用直观的物象来反映词义。但是因为一批具有意义的基本字符已经形成，它们可以直接把意义信息带到字形里，如"日"已不像太阳，但在构字时仍然把"太阳"和与它有关的信息诸如"时间"、"明亮"等带入字形。如"晶、明、星……"中的"日"有"明亮"的意义，"晚、时、晨……"中的"日"有"时间"的意义，"旦、暮、旱……"中的"日"有"太阳"的意义。字符与构字部件象物性淡化后，由表形转化为表意，称为"义化"。义化以后构成的新字，仍保留着相关的物象。虽然有一小部分字因字体变化或构件无理变异而在视觉上完全失去了构义，但是汉字的形义关系比其他文字要密切得多，这是汉字的一个突出特点。

3. 汉字形、音之间关系疏离，同音字多

汉字见形知音的能力相对其他字母文字来说差得多，见到一个不认识的字，我们一般不知道它读什么音，这是因为汉字在造字之初就是以字形表意为主的。汉字中的象形字、指事字、会意字，其字形与读音毫无关系，纯属约定俗成。在后来的发展过程中，尽管运用了假借、形声等办法来解决汉字的表音问题，但音符不是固定的，而且古今语音也发

生了变化。一组同音字，使用的音符可以都不一样，如"迁、签、谦"，三个字读音相同，却用了三个完全不同的音符。同样是充当音符，一个部件可以表示若干个不同的音，如"筹、涛、铸"音符都是"寿"，却没有一个和音符读音相同，所以很多形声字无法根据音符读出字音。

汉语音节结构简单，整个音节的构成序列一般不超过四个成分，因而可供使用的音节符号数量不多，基本音节只有 400 多个，加上四个声调的变化也只有 1200 多个。而汉字数量庞大，一个汉字又对应一个音节，有限的音节落实到具体汉字上，势必造成大量同音字。有人初步统计，现代汉语 yi 音节的同音字有 177 个，ji 音节的有 163 个，yu 音节的有 139 个，ti 音节的有 133 个，xi 音节的有 130 个，zhi 音节的有 128 个，jian 音节的有 119 个，等等。这么多同音字，很容易造成别字，也会给交际带来麻烦。

4. 汉字构词能力强，字词之间关系密切

随着社会的发展，新事物不断涌现，为了描述新的事物，语言词汇也要相应增加。对其他语言来说，每增加一个新词，就必须要用一个新词形来记录它。但对汉语而言，汉字构词能力强，利用现有的汉字按照一定的规律组合成新词，就可以解决问题。如"电脑""激光"等新事物产生后都是由已有的汉字构成新词，所构成的词虽然是新的，但其中的字却是熟悉的，记忆负担相对较轻。有人研究过，3500 个常用汉字能够组成现代汉语所使用的 7 万个词，平均每个汉字能够参构合成词 20 个。

汉字既能单独充当词，又能作为构词成分与别的字组合成词，由于组字成词的决定性条件通常是字义之间能否相融相配生成词义，因此，合成词的词义与构字字义之间有相当密切的关系。现代汉语词汇中数量最多的就是合成词，合成词的基本类型有重叠式、联合式、偏正式、补充式、述宾式、主谓式、附加式等，这些合成词的意义大都可以通过构词的字义推理解释，掌握起来较为容易。所以王力说："要了解一个合成词的意义，单就这个词的整体去理解它还不够，还必须把这个词的构成部分（一般是两个字）拆开来分别解释，然后合起来解释其整体，才算是真正彻底理解这个词的意义了。"汉字参与构词的特点可以让我们

在学习词汇时借助已知的汉字和词汇结构，达到执简驭繁、事半功倍的效果。

5. 汉字具有超时空性且富含文化信息

古今汉字虽然形、音、义都发生了变化，但字形和字义的线索相对明晰，所以，稍有一点文化知识的人还能看懂部分古籍资料，便于继承文化遗产。汉语自古以来就存在较严重的方言分歧，导致交流困难，汉字具有一定的超方言性，可以充当不同方言之间的交际工具，能在一定程度上消除方言造成的隔阂。所以，和其他文字相比，汉字能在更大程度上克服时空的限制，几千年来忠实地履行着记载汉语的职责。

正因如此，在这漫长的承载过程中，汉字不仅记录保存了浩如烟海的文化典籍，其自身也蕴含了丰富的文化信息。从汉字产生、发展、演变的过程中，我们可以考察中国社会、经济、政治、教育等的发展情况，可以了解诸多文化现象、思维方式的来源和传统，了解由汉字衍生出来的应用文化，如对联、诗词、熟语、拆字、避讳、名号等。因此，汉字已超越了记载口头语言的纯书面符号的功能，它承载着汉民族的历史变迁，融入到了汉民族的文化生活当中。

第二章 汉字字形与对外汉字字形教学

汉字有形、音、义三个要素，三者之间相互关联，相互作用。清代段玉裁《广雅疏证序》说："小学有形有音有义，三者互相求，举一可得其二。有古形，有今形，有古音，有今音，有古义，有今义，六者互相求，举一可得其五。"又说造字"有义而后有音，有音而后有形。学者考字，因形而得其音，因音而得其义"。因此，汉字的形、音、义是一个整体，密不可分。本书将形、音、义分开来谈，是为了对汉字进行更细致的解析，实际上在探讨汉字形、音、义某一方面的时候，不可避免地会涉及另外两个方面，只是侧重点有所不同。

前面说过，汉字的音和义均源自汉语，只有形体要素才是它独有的。汉字跟别的文字最大的不同，就是其字形所起的作用不同。由于汉字属于表意文字系统，造字之初，字形反映的是语义，因而形义联系要比其他文字密切得多。随着社会的发展与变化，语言的音义也发生变化，但语义变化不直接影响字形，所以，汉字形体所折射出的语义与现代汉字所负载的语义已经有了很大差别，只有对汉字形体及其构成方式进行分析，才有可能捕捉到原始造义与现代汉字所记录的语义之间的联系。另外，汉字字形虽然与音义有关，但却具有其独特的构造规律和系统，这就决定了汉字既与汉语有密切关系，又与汉语有着本质的不同。因此，解析汉字，我们首先就从字形入手。

第一节 汉字字形解析

文字和语言不同，语言交际功能的实现主要依靠人们的听觉，而文字则依靠于人们的视觉。汉字在世界文字系统中独具特点，它直接揭示客观事物的意义特征，因而更注重形体上的区别，通过一个个文字形体的视觉差异把不同的表达对象清晰地区分出来。视觉差异越大，形体就越复杂，这是导致汉字字形繁杂纷乱的一个很重要的原因。但是，任何文字系统的符号都不是散乱的一团，而是一个相互关联、彼此牵制、具有内部规律的体系。汉字作为一种被社会共同使用的信息载体，也必定是以系统的形式存在的。它由一定的构形元素组成，这些元素按照一定的组合层次和组合模式，形成一个有序呈现的视觉符号体系。

汉字依其构成层次，由小到大可分为笔画、部件和整字三级构字单位。笔画是汉字的书写单位，部件是汉字的构形单位，整字是使用单位。在现代汉字中，只有极少数字三个层次结构单位是同一的，绝大多数汉字在不同层次上有多种变化组合，构成汉字形体的区别特征。

一、笔画

笔画是汉字字形的最小单位，一个笔画书写时需不间断地一次写成，从落笔到提笔的过程中写出的点或线就叫"一笔"或"一画"。每一个汉字都是由若干笔画组合搭建而成，笔画最少的汉字只有一笔，笔画多的汉字可达几十笔甚至上百笔，如2013年国务院颁布实施的《通用规范汉字表》中，笔画最少的是"一"和"乙"，笔画最多的是"龘"（36画）。GBK（汉字编码字符集）和Unicode（国际标准万国码字符集）中还有笔画数更多的汉字字符。

现代汉字的笔画是在长期书写实践中形成的，早期的汉字用线条构成字形，后来字形的形象性逐渐减弱，符号性逐渐增强，就要求构成字形的线条必须富有鲜明的特征，才能保证每个汉字字形有较大区别。因此，字形整体形象性的减弱和线条个性特征的加强，是笔画得以产生的基础。

1. 笔画种类

汉字的笔画有多少种？目前学界并未统一，所分的类别和名称也不尽相同。隶书以前的汉字线条弯曲盘旋，无笔画之说，隶书之后逐渐形成笔画，到楷书笔画才正式定型。传统的汉字基本笔画有八种，又称"永字八法"，用来说明汉字正楷书法的笔形和用笔方法。这八种笔画与现代汉字笔画的对应关系如图2-1所示。

侧—点	勒—横
努—竖	趯—钩
策—提	掠—撇
啄—短撇	磔—捺

图 2-1 永字八法

现代汉字一般将笔画分为基本笔画和派生笔画两大类。基本笔画是由简单的点或线构成，如"一、丨、丿、丶"等；派生笔画则由两个或两个以上基本笔画连结而成，如"乛、乚、亅、丁"等。至于基本笔画和派生笔画具体有多少种，各家分类存在差异，如胡裕树主编的《现代汉语》分为 8 种主要笔形和 25 种变化笔形，总计 33 种；张静贤的《现代汉语教程》分为 6 种基本笔形和 25 种派生笔形，总计 31 种；李大遂的《简明实用汉字学》分为 8 种基本笔画和 27 种变体笔画，总计 35 种；等等。分类的差异主要在于标准和着眼点不同，有的着眼于现代汉字笔画形状的成因，有的侧重笔画形状的静态描写，还有的兼顾了书法的笔画形态，这样分出来的类别自然有出入。

就基本笔画的分类而言，主要有五种说、六种说和八种说。如果把横钩、横折钩、横折弯钩等合并为钩，把横折、横撇、横折折等各种折笔合并为折，基本笔画可分为 8 类，分别是横、竖、撇、点、折、提、捺、钩。如果把折和钩算作派生笔画，基本笔画就只有 6 种：横、竖、撇、点、捺、提。如果把提归入横、捺归入点、钩归入折，基本笔画就只有 5 种：横、竖、撇、点、折。目前五种说相对应用较广，1965 年中华人民共和国文化部、中国文字改革委员会发布的《印刷通用汉字字形表》和1988年国家语言文字工作委员会、中华人民共和国新闻出版署发布的《现代汉语通用字表》就是将基本笔画分为横、竖、撇、点、折五种。其中，横笔包括长横、短横、横钩、横提等，竖笔包括长竖、短竖、竖钩等，撇笔包括竖撇、斜撇、平撇等，点笔包括左点、右点、捺等，折笔包括了横折、竖折、折钩、折撇等。在这种分类中，有一个争论的问题——竖钩归入竖还是归入折。把竖钩归入竖的理由是，竖下本来是没有钩的，是由楷法的笔势带出来的（如过去"木、禾"等字写成有钩无钩均可），所以无论有钩无钩，均应算作竖，但如果竖下的钩向右变成竖提就应归为折笔。把竖钩归入折的理由是，现代汉字字形只能以《印刷通用汉字字形表》为依据，不能以历史上出现过的字形为依据，从现代汉字来看，竖和竖钩是两种不同的笔形，如果合并，会给识字教学、工具书笔形排序等带来许多不便。而且同样是竖钩，向左的可以忽略不计，向右的归入折笔，也缺乏统一性。基本笔画尚且争论不断，派生笔画就更难统一了，所以关于现代汉字笔画的分类至今仍未达成一致。

每个笔画都有相应的命名，即笔画名称。关于汉字的笔画名称，由于缺少严格的统一规定，且有新旧名称的变化、全称和简称之别、各地习用称说的不同，因而命名也不一致，如"ㄋ"，新名称叫"横撇横撇"，旧名称叫"横折折撇"；"冂"，全称为"横折竖"，简称为"横折"；"⺀"，大部分地区叫"提"，也有的地方叫"挑"。目前关于汉字的笔画名称，主要采用描写式的称说法，相对较为直观形象，但也存在有些笔画名称称说复杂拗口的问题。常见的汉字笔画种类、名称及其例字如表2-1所示。

2. 笔形

笔画的基本形状就是笔形。汉字笔画由各种形状的点和线构成，掌握笔画主要就是学会辨认和书写笔形。笔形形状不同，即使笔画数目和笔画组合一样，也是不同的汉字，如"干—千、干—于、乒—乓"等。有时笔形长短的不同也会形成不同的汉字，如"土—士、未—末、甲—申"等。

表 2-1　汉字笔画名称表

序号	笔画	名称	例字	序号	笔画	名称	例字
1	丶	点	主	17	㇈	横折弯钩	九
2	一	横	三	18	㇌	横撇弯钩	郑
3	丨	竖	十	19	㇆	横折折折钩	奶
4	丿	撇	八	20	㇉	竖折折钩	与
5	乀	捺	人	21	㇄	竖弯	西
6	㇀	提	打	22	㇋	横折弯	没
7	𠃋	撇点	女	23	㇕	横折	口
8	㇗	竖提	长	24	㇄	竖折	山
9	㇊	横折提	语	25	㇜	撇折	云
10	亅	弯钩	了	26	㇇	横撇	水
11	亅	竖钩	小	27	㇅	横折折撇	及
12	㇌	竖弯钩	孔	28	㇍	竖折撇	专
13	㇂	斜钩	我	29	㇈	横斜钩	风
14	㇃	卧钩	心	30	㇅	竖折折	鼎
15	乛	横钩	写	31	㇎	横折折	凹
16	𠃌	横折钩	力	32	㇅	横折折折	凸

　　汉字字体有印刷体和手写体之分，这两类体式中汉字的笔形稍有区别。汉字印刷体主要有宋体、仿宋体、楷体和黑体四种，其中宋体和楷体最为常用，但二者在笔形上存在差异，宋体的笔形多直线，而楷体更接近手写体，笔形往往稍带弧度和斜度，有时甚至同一个字的同一笔画会出现笔形的不同，如"团"字的第二笔在宋体中是"𠃌（横折）"，而在楷体中则变为"𠃌（横折钩）"（见图 2-2）。汉字手写体主要有楷书和行书两种，我们通常说的笔画是针对楷书而言，在行书中，有时会将楷书中的两个或几个笔画连写，以提高书写速度和增强美感。

　　手写汉字时，笔形讲究一定的书写方法，同一个笔画出现在汉字的

团　　　团

图 2-2　宋体和楷体的"团"

不同位置和笔画组合中，书写时笔形有长短、粗细、曲直和倾斜度等细微变化。我们以常见的笔画为例加以说明。

横笔有长横和短横之分。长横下笔稍重，向右行笔过程中略轻，收笔略顿，如"一、下"等字的横笔；短横一般轻下笔，由轻到重收笔，其轻重变化可不拘一格，如"三、夫"等字的短横。不论长横、短横均应呈左低右高、流畅平稳之态。

竖笔有长竖和短竖之分，不论哪种竖笔，书写要直。长竖下笔稍重，从上往下行笔略轻，收笔轻尖为书法上的"悬针竖"，收笔重钝则为"垂露竖"，如"十、个"等字的竖笔。短竖则与垂露竖相同，只是笔画较短，粗壮有力，如"口、土"等字的竖笔。

撇笔有长撇和短撇之分，长撇根据倾斜度，可分为斜撇和竖撇，短撇则根据所处位置，倾斜度略有差异。斜撇下笔稍重，由重到轻向左下行笔，自然舒展，收笔出尖，如"人、友"等字的撇笔。竖撇下笔稍重，由重到轻向下行笔，行至三分之二处向左下撇出，收笔出尖，如"月、用"等字的撇笔。短撇写法与斜撇相同，只是笔形稍短。出现在字头时，笔态较平，类似短横，但运笔方向与短横相反，如"千、丢"等字的撇笔；出现在左上时，笔态较斜，类似斜撇，只是笔画较短，如"生、失"等字的短撇。

捺笔有斜捺和平捺之分。斜捺下笔较轻，向右下行笔，行至捺脚处重按笔，向右水平方向处轻收出尖，如"火、木"等字的捺笔。平捺写法与斜捺相同，只是笔态更平，带有波磔，如"边、建"等字的捺笔。

点笔也有长点和短点之分，根据方向的不同，短点又可分为左点和右点。左点下笔较轻，行笔略向左下，收笔重顿，如"小、怕"等字的左点。右点也轻下笔，行笔略向右下，重顿收笔，如"文、我"等字的点笔。长点是在右点基础上延长线条，如"不、对"等字的长点。

提笔下笔较重，由重到轻向右上行笔，收笔出尖，不同字提笔的角度和长短略有不同，如"地、江"等字的提笔。

钩笔和折笔只出现在派生笔画中，其笔形较为复杂多变，书写方向是关键。如竖钩是朝左上钩出（"手、字"），斜钩是朝右上钩出（"民、成"），竖弯钩是朝上钩出（"元、见"），横钩是朝左下钩出（"买、欠"），所有的钩笔都收笔出尖。钩笔和折笔常同时出现在一个笔画中，不仅要注意一笔写成，还要注意用笔的方向，如横折弯钩是朝右折笔钩出（"九、凡"），横折钩是朝左直接钩出（"习、句"），横折提是朝右直接钩出（"说、语"）。此外，横撇弯钩（"院、那"）、横折折折钩（"奶、仍"）、竖折撇（"专、传"）等笔画尤为复杂，要特别注意书写方向。

汉字笔形书写有一定的规约，但这种规约不是一成不变的，处在不同结构、不同组合中笔画的长短、粗细、距离是可以变化的，这种变化主要是为了使汉字整体结构布局合理和美观。

3. 笔画形变

笔画在具体的汉字中，有时会发生笔形的变化。笔画的形变分两种：一种是自由性变化，是指个别笔画在不同部件或整字组合中，为了使各部分协调匀称而发生形态上的细微变化。这种变化是相对自由的，没有严格的定规，而且无论怎么变化，仍然保持基本笔形不变。如"丶（捺）"在"木"和"认"中笔形的长短、倾斜度会略有区别，但都属于"斜捺"，即使每次写得稍有不同，也不算书写错误。另一种是限制性变化，是指个别笔画在整字中发生的笔形改变，即由甲笔形变成了乙笔形。这种变化有一定的规律可循，相对稳定，如果不变会认为是字形上的错误。如"林"左边"木"的最后一笔要由"丶（捺）"写成"丶（点）"，完全变成了另外一个笔画的笔形，如果不变会被认为是字形不正确。因此，尽管这两类变化都是由对美观的追求所驱动，主要取决于笔画所在的位置和配合关系，但它们的性质是不同的。

我们这里所说的笔画形变，是指第二种变化。这种形变和笔画所在部件的位置有关，在一批字中都要发生变化，规律明显，具体变化情况如下。

（1）横的形变

当含横笔的部件位于合体字的左边时，末笔的横变为提。如"攻、理、地、轮、勤、鲜、助、邱、到、野、敛、教、站、跟、特、武、最"等。因为横笔在汉字笔画中出现频率很高，所以这一类形变数量最多，左偏旁末笔为横的汉字基本都会发生同样的形变。但也有一些字，左偏旁末笔的横形变不明显或者不变，如"叶、明、眼、略"等字左边末笔的横一般不变。这样的左偏旁通常为包围结构，本身比较端正，形变后反而显得结构不稳。

（2）竖的形变

当含竖笔的部件位于合体字的左边或中间时，末笔的竖变为撇。如"判、翔、羚、辣、辨、辩、辫、邦、绑、帮"等。这一类形变数量较少，且左偏旁的末笔竖不一定都要发生形变，如"行、帐、博、岭、畅、韧、解"等字左边末笔的竖就不变。因此，竖笔的形变规律性相对较弱，形变可能和邻近笔画、部件的组合方式等有关。

（3）撇的形变

当含撇笔的部件位于合体字的下边时，起笔的撇变为竖。如"青、肯、前、消、能、愉、骨、谓、甫、涌"等。发生这一类形变的主要是含"月、用"部件的字，不过也有个别例外，如"霸、萌、赢、痛"等字中的"月、用"也是位于下部却不发生变化。另外要注意的是，"分、务"等字下边非起笔的撇仍保持不变。

（4）捺的形变

当含捺笔的部件位于合体字的左边时，末笔的捺变为点。如"从、观、灯、利、领、耕、郊、粉、额、剩"等。左偏旁末笔为捺的汉字也比较多，所以发生这一类形变的汉字数量不少。另外，如果一个汉字所含捺笔较多且位置邻近时，其中的一个或几个捺笔也要变成点，这在书法上叫"避重捺"。"避重捺"又可分为上边的捺避下边的捺、下边的捺避上边的捺、上下的捺避中间的捺三种情况，如"这"的右上是"文"，末笔为捺，左下半部"辶"最后一笔也是捺，就要把右上"文"的捺笔改为点；"秦"下边的"禾"末笔是捺，上半部分最后一笔也为捺，所以，下部"禾"的捺笔改为点；"餐"右上的"又"、中间的"人"、下部的"良"末笔都是捺，为了避免重复出现且位置接近的三个捺笔，就只保留了中间"人"的捺笔,而把上边"又"和下边"良"的捺都改成了点。类似的字还有"述、遂、送、奏、暴、黍、突、炎、膝"等。

(5) 点的形变

当含点笔的部件位于合体字的上边时,末笔的点变为捺。如"恭、基、举"等。虽然汉字中点笔出现在右上的机会比较多,但发生形变的点笔位置极为受限,需紧邻下边部件,所以这一类形变很少。

(6) 钩的形变

含钩笔的派生笔画较多,不同的钩笔有不同的形变。

① 横折钩变横折

当含横折钩的部件位于合体字的上边时,横折钩变为横折。如"褶、翠、翟、翼、耀、博、搏、膊、敷、傅、缚、勇"等("羽、甫、甬"中的横折钩)。也有一些字,如"架、要"等上边的横折钩仍不变。

② 横折弯钩变横折弯

当含横折弯钩的部件位于合体字的上边时,横折弯钩变为横折弯。如"朵、没、船、搬、铅、段、躲"等("几"中的横折弯钩)。

③ 横折弯钩变横折提

当含横折弯钩的部件位于合体字的左边或中间时,横折弯钩变为横折提。如"鸠、颓、微"等("九、几"中的横折弯钩)。

④ 竖钩变竖

当含竖钩的部件位于合体字的上边时,竖钩变为竖。如"尖、尘、哥、歌、弯、变"等("小、可、亦"中的竖钩)。

⑤ 竖钩变撇

当含竖钩的部件位于合体字的左边或中间时,竖钩变撇。如"拜、掰、湃"等("手"中的竖钩)。

⑥ 竖弯钩变竖提

当含竖弯钩的部件位于合体字的左边或中间时,竖弯钩变竖提。如"切、彻、窃、比、顷、顾、改、凯、顽、顿、剜、赞、辉、兢"等("七、乇、厄、己、元、屯、巳、先、光、克"中的竖弯钩)。

由于含钩笔的派生笔画本身出现频率不是很高,加上出现位置受限,所以每一类钩笔的形变数量不多,且多为同一部件出现在合体字相同位置所产生的形变。

总体而言，笔画的形变都是针对合体字而言，其形变受笔画所在部件的位置影响，位置不同，同一笔画的形变可能就会不一样。如：同样是竖钩，处在合体字上边变竖，处在合体字左边变撇。但不论如何变化，都是为了使汉字匀称、向心、内聚、美观。如"理"中的"王"末笔横变为提以后，整个字的左右两部分就结合得更加紧密，如果不发生形变，整个字会显得结构松散，甚至会被错认为两个字。

4. 笔画数

汉字笔画数多少不一，且差别很大。笔画数最少的汉字只有一笔，如前面所说的"一、乙"，笔画数最多的汉字呢？据研究，目前有据可查的笔画数最多的字是《集韵》中的léi字，由四个繁体的 雷 组成，一共152画；《汉语大字典》中收录的笔画数最多的字是 龖 （zhé），由四个繁体的"龙"字组成，一共64画；现在仍在使用的笔画数最多的字是 biáng（biáng），是指陕西关中的一种面食，一共56画。就现代汉字而言，几笔的字最多？收字量不同的字表有不同的答案。以《现代汉语通用字表》为统计对象，9笔的字最多，其次是10笔和11笔的字。大体来说，9—12笔的汉字是最多的。从汉字出现频率的统计来看，常用字一般笔画数较少，生僻字笔画数较多，因为汉字在演变和整理过程中，常用字是简化的重点。

识字教学、查检索引和计算机处理汉字都要用到笔画数。准确计算每个汉字的笔画数，需要两个条件：一是统计的对象必须是规范字形，已被废除的旧字形要排除在外；二是要遵守汉字书写的基本规则。都使用规范字形作为统计对象，笔画数目才会一致，如果算上一些废弃的旧字形和若干异体字，形体不一样，笔画数自然就不同。同时，要准确数出一个汉字的笔画数目，书写时必须遵循以下三点：一是在同一个笔画上，笔尖只能走一次，不能走回头路；二是横笔的走向只能从左到右，不能从右到左，竖笔、撇笔、捺笔的走向只能从上到下，不能从下到上；三是派生笔画是由两个或两个以上的基本笔画连接而成，书写时应注意中间不能断笔，计算笔画数时也只能算作一笔。遵照以上规则，一般字的笔画数都能准确地数出来。此外，正确掌握笔画数，还要注意这样几条规则：一是笔画与笔画在左上角相接时，分作两笔，如"厂、口、几"等。二是笔画与笔画在左下角相接时，全包围结构的字要分作两笔，如"回、四、田"等；不是全包围结构的字，连为一笔，如"山、画、区"等。三是笔画与笔画在右上角相接时，连作一笔，如"月、句、司"等。四是笔画与笔画在右下角相接时，分作两笔，如"自、由、省"等。

不同的笔画数是区别字形的重要条件之一，在学习汉字的过程中要特别注意区分因多一笔或少一笔而字形相似的字，如"理—埋、伐—代、气—乞、令—今"等。

5. 笔画组合关系

由于绝大多数汉字都不止一个笔画，多个笔画组合成字，笔画和笔画之间就必然存在不同的组合关系，也称"笔际关系"。现代汉字的二三十个笔画可以构成几百个部件、上万个汉字，依靠的就是笔画的不同组合。汉字笔画的组合方式比拼音字母要复杂得多，笔画在二维空间里的变化组合可以创造更多的汉字，有的字笔画完全相同，却因为不同的组合方式而构成不同的字，如"右—石、田—由、天—夫、力—刀、元—无、牛—午、史—央、井—开、大—丈、土—工—士、己—已—巳、人—八—入、目—且—旦"等。

汉字笔画的组合关系可以分为三种情况：一是相离关系，如"三、川、小"等，它们的笔画之间有或大或小的距离。二是相接关系，如"工、厂、几"等，前一笔和后一笔之间是相互连接的关系。相接还可细分为相切和连接两种情况，相切是指一个笔画的笔首或笔尾与另一个笔画的身段相接，如"人、刀、正"等，连接是指一个笔画的笔首或笔尾与另一个笔画的笔首或笔尾相接，如"厂、口、弓"等。三是相交关系，如"十、大、车"等，前一笔和后一笔都是相互交叉的关系。一个由若干笔画组成的汉字，其笔画的组合关系是多种多样的，如"土"，竖笔跟上面的横是相交关系，跟下面的横则是相接关系；又如"亏"第二个横笔和第一个横笔是相离关系，跟下边的竖折折钩则是相接关系。

另外，笔画组合时的对比关系不同，也会造成汉字形体的区别。如"庆—厌"是点的位置不同，"末—本"是横的位置不同，"士—土"是横的长短不同，"日—曰"是字的宽扁不同。

汉字就是综合运用笔画形状、笔画数和笔画组合关系这几种手段，构成了成千上万个形态各异的字形。书写时，把一种笔形写成另一种笔形、误增或误减笔画数、搞错笔画的组合关系，都有可能写出错字或别字。因此，准确掌握一个汉字的笔画数、每种笔画的形状和笔画之间的组合关系是认识汉字的关键。

6. 笔顺

汉字书写时笔画的走向和顺序叫作笔顺。笔顺包括两方面内容：一是单个笔画的书写走向，又称笔势，如横是从左向右写，竖是从上到下写；二是多个笔画书写的先后顺序，又称笔序，如"山"由三笔组成，它们的书写顺序是：丨、乚、丨。任何一种文字符号在书写时都存在书写顺序，因为人们都希望写得快速，写得美观。汉字笔画繁多，结构复杂，笔顺问题尤为突出，更显重要。

笔顺的作用主要体现在两个方面：首先是为了把字写快写好。书写过程是一个不断落笔、提笔的过程，提高书写速度的关键有两个：一是增加运笔的连贯性，书写时做到笔断意连；二是缩短前后两笔之间的距离。因此，只有笔顺合理，才能写得快。汉字是方块字，不管一个字有多少笔画和部件，都要均衡地分布在一个四四方方的框架里，写得方正、平稳，布局合理。还以"山"为例，它只有3笔，先写中间一竖，为整个字的布局确定了一条基准线，剩下两笔以基准线为参照，注意高度和宽度，就能使全字均衡地分布在一个方块平面上，显得平衡端庄、疏密得当。因此，只有笔顺得当，才能写得好。

其次是出于检索的需要。成千上万个汉字，为了便于查检，总要按一定的顺序排列，汉字常见的排序法有部首法、音序法、笔画法等。由于汉字结构复杂，单用一种方法往往还不能做到字有定位，需要辅之以别的方法。笔顺就是在检字法中常用的一种辅助方法，如《现代汉语词典》中单字条目按拼音字母次序排列，同音字按笔画数排列，笔画数相同的按起笔笔形横、竖、撇、点、折的顺序排列。如果不掌握笔顺，就很难确定哪是起笔。随着电脑处理汉字的应用越来越广，笔顺在汉字编码中成为一个重要的信息因素。

笔势在前面的笔形中已经谈到，这里主要来谈笔序，也就是常说的汉字笔顺规则。现代汉字的基本笔顺规则有七条，此外还有一些补充规则，具体如表2-2所示。

表2-2 汉字笔顺规则

基本规则	例字
一、先横后竖	一十，二干
二、先撇后捺	丿人，才木
三、从上到下	二亏，三干王
四、从左到右	孑孔，讠让
五、先外后里	几月，门问
六、先外后里再封口	冂月日，口田田
七、先中间后两边	亅小，丁力办
补充规定	
一、带点的字	
1. 点在正上及左右先写点	亠门，丷斗
2. 点在右上后写点	七弋，大犬
3. 点在里面后写点	匚瓦瓦，又叉
二、两面包围结构的字	
1. 右上包围结构，先外后里	丿勹勺，刁司
2. 左上包围结构，先外后里	广庆，户房
3. 左下包围结构，先里后外	斤近，聿建
三、三面包围结构的字	
1. 缺口朝上的，先里后外	二卡击，乂凶
2. 缺口朝下的，先外后里	丨门内，冂向
3. 缺口朝右的，先上后里再右下	一又区，一兀匹

虽然汉字书写有一套笔顺规则，但这套规则只是对笔顺作了一个粗略的指导，在实际操作中，有时会出现无所适从，甚至与规则冲突的现象，因此，有些汉字的笔顺仍然难以把握。汉字笔顺是隐性的，只有在书写中才能体现出来，使用者往往只关注字形的正误而忽略笔画的顺序，在实际书写中，大多数人会根据自己的理解进行推断。理解和推断不同，对同一个字的笔顺就会出现不一致现象。为了消除规范笔顺的模糊点，满足汉字研究、汉字教学、汉字信息处理和辞书编纂等方面的需要，国家语言文字工作委员会和新闻出版署于1997年联合发布了《现

代汉语通用字笔顺规范》(以下简称《规范》)。《规范》在《现代汉语通用字表》基础上,主要做了以下三个方面的工作:一是把隐性的规范笔顺变成显性的,列出了7000个通用字的跟随式笔顺;二是明确了一些易混字的笔顺;三是调整了"敝、脊"两个字的笔顺。《规范》是现行的汉字笔顺规范标准,教学、研究和其他应用中对某字的笔顺出现疑问或分歧时,都应以这一规范文件为准。

《规范》虽然对汉字笔顺作出了具体明确的规定,但是有些汉字具有相同的笔画和结构组合,其笔顺规定却不一致,因而,在学界仍存在争议。如"方、乃、及"三字,"方"的笔顺是点、横、横折钩、撇,"乃"的笔顺是横折折折钩、撇,"及"的笔顺是撇、横折折撇、捺。三字都含有撇笔和折笔的组合,"方、乃"是先写折笔再写撇笔,而"及"是先写撇笔再写折笔。又如"肃、渊"两字,"肃"的笔顺是横折、横、横、竖、撇、竖、撇、点,"渊"的笔顺是点、点、提、撇、点、撇、横、竖、撇、点、竖。二者都含有中间和两边的结构组合,"肃"字先写两边再写中间,而"渊"字则按从左至右的顺序写。还有个别字所处的位置不同,笔顺也会发生相应的改变。如"车"独立成字时的笔顺是横、撇折、横、竖,但当它作左偏旁时,笔顺就变为横、撇折、竖、提(横变为提)。类似这样不统一的例子还有不少,这导致汉字笔顺的繁难,并人为地造成了学习和记忆的负担。因此,有关汉字笔顺的研究还有待进一步完善,以不断提高汉字笔顺的规范化水平。

二、部件

1. 部件的概念

部件是由笔画组成的具有组配汉字功能的构字单位,它介于笔画和整字之间,也称"构件"。大多数部件是由若干笔画组合而成,充当构字单位,如"氵、宀、亻"等。有的部件就是一个字,如:构成"妈"的部件"女、马"都可以独立成字。有的部件就是一个笔画,如"乚"在"礼、扎、乱、乳、孔"等字中是由一个笔画构成的部件。还有的部件本身既是笔画又是整字,如"艺"下边的部件"乙"。从部件与笔画、整字三者之间的关系来看,大体可分为四种情况。

（1）部件等于笔画和整字，如"旦"中的"一"、"忆"中的"乙"既是一个笔画又独立成字，在"旦、忆"中充当部件；

（2）部件大于笔画、等于整字，如"会"中的"人"、"时"中的"日"不止一个笔画但又独立成字，在"会、时"中充当部件；

（3）部件等于笔画、小于整字，如"幻"中的"乛"、"礼"中的"乚"都只是一个笔画而不是字，在"幻、礼"中充当部件；

（4）部件大于笔画、小于整字，如"流"中的"氵"、"花"中的"艹"都不止一个笔画也不是一个字，在"流、花"中充当部件。

我们要注意区分部件、偏旁和部首这几个概念，不能随意混用。部件是现代汉字结构分析系统中的一个概念，是从汉字的构形规律出发，着眼于所有现代汉字的字形结构，主要用于中文信息处理领域的设计、管理、科学研究和出版等方面，也可供汉字教学参考。部件是从现代汉字形体出发，不局限于合体字，也可以是独体字。偏旁是传统汉字结构学说中的一个名称，只针对合体字而言，是合体字的组成部分。以前称合体字的左边部分为"偏"，右边部分为"旁"，现在合体字的左右、上下、内外部分都可以称偏旁。偏旁着眼于合体字组成部分的功能，指的是传统造字法中会意字和形声字的结构成分，在形声字中，表意的偏旁我们称为形旁，表音的偏旁我们称为声旁。部首是字典、辞书为了对汉字分类排列以供查检的标目，其着眼点是方便检索和查询汉字。许慎的《说文解字》把含有相同表意成分的字排列在一起，将9353个汉字分为540部，每部的第一个字就是部首。后来字典、辞书类的编排沿用这一做法，通过部首查找具体的汉字。大多数部首由表意的偏旁充当，如"磨"属"石"部，表音的偏旁很少用作部首，有些字不是合体字，分不出偏旁，就把起笔当作部首，如"下"归入"一"部。部件、偏旁和部首有的时候是重合的，有的时候又截然不同，如"唱"字左边的"口"既是部件，又是偏旁，也是部首，右边的"昌"是部件，也是偏旁，但不是部首，而且"昌"作为部件还可以继续进行形体的切分。因此，部件、偏旁和部首三者之间有一定的联系，但内涵并不相同，是三个不同的概念。

2. 部件的分类

按照不同的标准可以将部件分成不同的类型，常见的分类方法如下。

按部件笔画数的多少，可分为单笔部件和复笔部件。单笔部件指该部件只由一个笔画构成，如"一、乚"等，复笔部件由两个或两个以上的笔画构成，如"冫、东"等。

按部件能否独立成字，可分为成字部件和非成字部件。成字部件是指该部件本身就是一个独立的汉字，且能和其他部件组合成新的汉字，如"口、目"等。非成字部件是指该部件本身不是一个汉字，但能和其他部件组合成新的汉字，如"广、扌"等。

按部件的功能，可分为表意部件、表音部件和记号部件。表意部件是指在组字过程中有表意功能的部件，又称"意符"，如"江、河、湖、海"中的"氵"、"灯、炮、灿、烂"中的"火"等。表音部件是指组字过程中有表音功能的部件，又称"音符"，如"份、粉、芬、纷"中的"分"，"放、房、仿、芳"中的"方"等。汉字的意符、音符不是功能固定的一批符号，很多部件既可充当意符，也可充当音符，如"王"在"玩、理、瑜"等字中充当意符，在"旺、枉、汪"等字中充当音符。还有一些部件，在汉字形体发展变化中，逐渐与读音和意义都脱离了关系，变得既不表意也不表音，这样的部件就成了记号，如"叹、欢、观、鸡"中的"又"、"春、泰、秦、奉"中的"夫"等。

按部件构字的层次，还可分为基础部件和合成部件。基础部件是指不能再拆分的最小部件，也叫末级部件。合成部件是指由两个或多个基础部件构成，还可进一步拆分，如"想"中的"相"由"木、目"两个部件组合而成，在该字中是一个合成部件，"木、目、心"均不能再进行部件拆分，所以是末级部件。

3. 部件的名称

规定汉字部件的名称，对于称说汉字结构和识字教学，都能带来便利。如"宀"没有定名时，只能把它的笔画一个一个说出来，繁琐复杂，如果定名为"宝盖头"，既方便又形象。由于部件是汉字结构分析中一个相对较新的术语，加上部件数量众多，使用频率不一，因此，一直没有一个很全、很统一的部件名称规范。《现代汉语词典》的附录列举了一部分常见的汉字偏旁名称表，这些偏旁现在大多不能单独成字、不易称呼或者称呼很不一致。小学语文教学中，为了使教学称说便利，有些教材以汉字偏旁名称为依据，制定了部首名称表。对于识字教学来说，掌握这些偏旁和部首的名称，称说常用字已基本够用。因为这些偏旁、部首也可以充当部件，所以其名称也可以作为部件称说的参考。

2009 年，教育部、国家语言文字工作委员会联合发布了《现代常用字部件及部件名称规范》，该规范规定了现代常用字的部件拆分规则、部件及其名称，给出了《现代常用字部件表》和《常用成字部件表》。《现代常用字部件表》对现代汉语 3500 个常用汉字逐个进行部件切分、归纳与统计，分为 441 组共包括 514 个部件，《常用成字部件表》包括 311 个常用的成字部件。该规范在原有偏旁、部首名称的基础上，大大扩充了可称说的部件名称，并对部件名称的命名规则进行了具体说明，适用于汉字教学、辞书编纂等方面的汉字部件分析和解说，也可供汉字信息处理等参考。《现代常用字部件及部件名称规范》关于部件名称的命名规则如下。

（1）按读音命名

如果是成字部件，单音的直接按其读音命名，如"口"称"kǒu"；多音的选常用读音命名，如"石"称"shí"不称"dàn"；如果是较生僻的成字部件，选该部件常用的代表字命名，如"聿"称"律字边"。

（2）按笔画命名

如果是非成字单笔部件，按笔画名称命名，如"丨"称"竖"；如果是成字单笔部件，可以根据笔画命名，也可根据字音命名，如"乙"称"横折弯钩"或"乙"均可。

（3）按俗称命名

主要针对非成字部件而言，有通行的俗称即用俗称命名，如"扌"称"提手"；有多种俗称的，用含义明确、较为通行的俗称命名，如"纟"有"绞丝旁""绞丝""孪绞丝""乱绞丝"等多个俗称，选用"绞丝旁"命名。

（4）按部位命名

上下、上中下结构上部的部件称"×字头"，如"青"称"青字头"；上下、上中下结构下部的部件称"×字底"，如"廾"称"弄字底"；左右结构左部的部件称"×字旁"，如"阝"称"段字旁"；左右结构右部的部件称"×字边",如"尤"称"枕字边";包围结构外部的部件称"×字框",如"囗"称"围字框";包围结构中部的部件称"×字心",如"巛"称"巡字心";上中下结构或半包围结构中部的部件称"×字腰",如"龷"称"寒字腰";汉字四角部位的部件称"×(字)角",其中,左上角部件称"×左角",如"歺"称"餐左角",右上角部件称"×右角",如"勹"称"黎右角",右下角部件称"×下角",如"皿"称"临下角";由某字变形而来的部件,用本字加部件位置命名,如"爫"称"爪头";由某些部件省简而成的部件,以"×省"命名,如"表"中的"𧘇"称"衣省"。

《现代常用字部件及部件名称规范》初步解决了部件的命名问题,有人根据汉字部件的命名编成了 16 字口诀。

上"头"下"底"

左"旁"右"边"

内"心"外"框"

中"腰"四"角"

使用统一规范的部件名称,可以把一个结构复杂的汉字称说得既准确又清楚,如"赢"可以称说为:亡字头,口字腰,贝字底,左下月字角,右下凡字角。但该规范也遭到了一些学者的质疑,认为某些称说不够明确和严密,有些部件的命名方式也存在问题,还有待进一步讨论和修改。

4. 部件的切分

部件是按照一定的结构层次组合成整字的,同样,我们也可以根据汉字的组合层次逐层进行部件分解,这就是部件的切分。部件切分与识字教学、汉字规范化、标准化以及汉字信息处理都关系密切,如"培",如果按传统方法只能分成"土"和"音"两个偏旁,右边是个生僻单位,既不便称说,也不易记忆。如果几万汉字都这样切分,现代汉字的结构单位数量会极为庞大,如果进行部件切分,就可以切分成"土、立、口"三个部件,称说和记认都很方便,还可以减少汉字基本结构单位的数量,减少识字教学的困难。当然,在识字教学中,切分到哪一级部件，要根据学生的具体情况来定，如果学生已经掌握了一定量的部件，而且它们又在合成字中充当意符或音符，就可以直接按意符、音符切分，因为这些意符、音符参与构字时更具理据性，有利于教学。需要注意的是，汉字部件是在发展过程中逐渐形成的，现代汉字中相同的部件，原来可能是不同的构字单位，在形体演变过程中逐渐混同。如前面所说的"舂、泰、秦、奉"，现在的上半部分都是"夫"，而在古字中，四者均不一样。汉字经过长期演变，不少构字单位日渐趋同，基本结构单位的数量少了，不能独立成字的部件多了。因此，部件是汉字字形结构的枢纽，是认读、书写和机器处理的关键性单位。编码学家设计的种种汉字编码形码方案，都需要对汉字字形进行分解，也需要考虑如何确定基础部件和切分层次。

多数汉字较容易分解出若干个部件，但是所有汉字字形都要遵循一套既科学统一又方便明晰的原则来分解却很不容易。几十年来，中外汉字编码研究者根据自定的原则切分汉字，所得汉字部件数量差异较大，从100多到600多不等。造成差异的原因除了统计范围、字数不同和手工统计误差以外，主要是部件切分的原则不同。主要的分歧有以下几点：一是逐层切分还是一次切分，如"疑"，如果逐层切分，第一层先得"𠤎、定"两个部件，第二层再得"匕、矢、マ、疋"四个部件，共分6个部件；如果一次切分到底，则得出的部件只有"匕、矢、マ、疋"4个。二是依据字形切分还是兼顾字理，如"颖"，如果单纯依据现代字形来切分，则第一层切分出"𥝌、页"两个部件；如果兼顾字源理据，则第一层应切分出"禾"（形旁）和"顷（声旁）"两个部件。三是有些单笔画算部件还是不算部件，如"乚"，如果算部件，那"扎、孔、札、轧、礼、乱"等字就是多部件字，如果不算，就是单部件字。还有些单笔画在某些字中切分成了部件，某些字中又不切分，就会造成部件数目的变化。四是由多笔画相交、相接构成的字是单部件字还是多部件字，如"重、兼、妻"等字切还是不切也是造成分歧的原因。由于切分原则存在分歧，具体切分时就会有不同处理，如何科学地切分部件到目前为止仍是一个值得探讨的课题。

苏培成提出汉字部件的分析有两个原则：一是单纯字形原则，二是构字原则。由此形成目前国内汉字切分的两个主要标准，即：据形切分和据理切分。据形切分是立足于汉字的形体结构所作的切分，只考虑字形，不考虑构字理据。按照这个原则切分，一般先从有分隔沟的地方切起。分隔沟有长有短，切分时先切长分隔沟，后切短分隔沟，如"垫"，先分为"执、土"，再将"执"分为"扌、丸"。按分隔沟切分以后，如果所切部件是相接的合成部件，再从接点来切分，如"战"，先按分隔沟，切分为"占、戈"，再将"占"分为"卜、口"。如果一个字有两条等长的分隔沟，就一次三分，如："树"，一次切分为"木、又、寸"。这样切分对汉字的计算机输入十分有利，但在汉字教学中，由于这种分析缺乏理据性，会加重记忆的负担，不能充分发挥部件教学的优越性。据理切分则是依据汉字的理据和源流进行切分，切分时不但考虑字形，还考虑构字理据。如"树"，考虑到它的形声相配，可以先切分为"木、对"，再把"对"切分为"又、寸"。因此，单纯字形原则和构字原则切分出来的基础部件结果虽然一样，但切分层次会有所不同，如"旗"根据构字原则，第一层应切分为"㫃、其"，而根据单纯字形原则，第一层应切分为"方、其"。

　　目前，国内汉字教学主要采用据理切分的方法，但是由于汉字的形体结构在历史演变中发生了变化，尤其是汉字的简化，使切分工作变得更加困难。如何平衡二者的关系，是汉字切分的一个重要前提。对于据理切分和据形切分的矛盾，王宁主张"在汉字教学中，为强调形与义的关系，应依源归纳，再指出异化的发展脉络；而在信息处理中，则宜按形分别归纳，再在归入的同形部件中说明来源"。一般来说，我们在确定切分层次时，先采取构字原则，如果有些字已经看不出构字理据，就只能采取单纯字形原则切分。由于部件切分主要是针对现代汉字字形而言，有些字根据构字理据原本是合体字，但现代字形已变为独体字，就不能采用构字原则去切分了。

　　关于如何切分的问题，目前大家比较统一的观点是逐层切分，也就是说不把一个汉字一次性拆分成多个部件，而是分层次切分，这样可以明确了解这个汉字的结构层次，如"避"可以依次切分如图2-3所示：

　　　　这样逐层切分所得的部件，分别叫作一级部件（辶、辟）、二级部件（㞋、辛）、三级部件（尸、口、立、十）……不论有多少个层次或在哪个层次上，凡是不能再切分的部件统称为基础部件或末级部件（辶、

$$避 \begin{cases} 辶 \\ 辟 \begin{cases} 吕 \begin{cases} 尸 \\ 口 \end{cases} \\ 辛 \begin{cases} 立 \\ 十 \end{cases} \end{cases} \end{cases}$$

图 2-3 "避"的切分

尸、口、立、十)。确定末级部件主要遵循两条具体规则：一是切分下来的最小部分本身成字；二是虽不能成字，但有组配成其他字的能力，能作为其他字的构成部分。如"休"可以切分为"亻、木"两个基础部件，"亻"虽不成字，但它能和其他很多部件构成一系列单人旁的字，有组配能力，"木"本身成字，"亻、木"作为基础部件不能再拆分，再拆就只能分出笔画。由于汉字字形复杂，在确定末级部件时，还有一些特殊的切分规则，比较一致的观点主要有以下几条。

（1）除了成字的单笔画，其余单笔画都不能单独构成末级部件，要和其他构字成分一起才能构成部件。但有些整字中相离的单笔画是末级部件，如"豆"中的"一"，"引"中的"丨"，"乏"中的"丿"，"孔"中的"乚"，等等；如果单笔画是平行或内聚的，应将平行或内聚的单笔画组合看作一个末级部件，如"二、三、川、冫、氵、讠、彡"等均视为一个部件，不再拆分。

（2）相交关系的笔画组合不能再分，视为一个末级部件，如"十、力、丰、册、串、事"，等等；以相交关系的笔画组合为核心，和单笔画相接或相离，仍视作一个末级部件，也不再拆分，如"干、土、天、生、重、寸、义、太、书、主"，等等。

（3）封闭的笔画组合是一个末级部件，如"口、凹、凸"，等等；封闭的笔画组合内有相接的笔画也视为一个末级部件，如"日、白、四"，等等；封闭的笔画组合内有相离的笔画，视作合成部件，可以进一步拆分，如"回、因、团、圆、国"，等等。

（4）拆分后各部分均为非成字部件或均不再构成其他汉字的，即使相离或相接，也视作一个末级部件，不再拆分，如"非、隶"，等等。

（5）因为构字造成独体字部件相离的，拆分后仍将相离部分合一，保留独体字的原形，如"裹"拆分为"衣、果"，"乘"拆分为"禾、北"，等等。

近年来，汉字部件研究不断取得新的成果。1997 年，国家语言文字工作委员会发布《信息处理用 GB.13000.1 字符集·汉字部件规范》，根据汉字的构形规律、现行汉字的发展现实和历史承袭性，依照"从形出发、尊重理据、立足现代、参考历史"的原则，对 20902 个汉字逐个切分、归纳和统计，列出了 560 个末级部件。该规范主要用于中文信息处理，对汉字键盘输入方法具有规范作用，也可供汉字教学参考。总之，我们在切分汉字部件时，应当考虑以下几点：一是要尽可能参照造字法进行有理据的切分；二是要照顾不同的需要、不同的对象，如识字教学和计算机处理就应该采取不同的切分方法；三是要尽量减少部件的数量，特别是那些形体特异、构字率低的生僻部件；四是要力求切分原则和规则的简易、一贯，便于大多数人掌握。

三、整字

整字是指一个独立的汉字。笔画和部件只是汉字体系中的构字单位，整字是使用单位。

1. 整字的分类

根据末级部件的数量，现代汉字整字可以分为单部件字和多部件字两类。由一个末级部件构成的字是单部件字，如"大、田、万"等；由两个或两个以上末级部件组合而成的字是多部件字，如"教、语、轻"等。由于汉字部件切分的原则和方法存在分歧，现代汉字单部件字和多部件字的区分标准也不尽一致。从总体数目看，首先是由三个部件组成的汉字最多，约占 40.32%，其次是由两个部件组成的字，约占 34.04%，再次是由四个部件组成的字，约占 16.39%。从来源看，单部件字多数来自古代的象形字和指事字，少数来自古代的会意字和形声字，还有的是繁体简化后由多部件字变成了单部件字。多部件字多来自古代的会意字和形声字，也有少数由单部件字演变而来。

单部件字按其部件的功能可分为意符字和记号字两类。意符字由单独一个意符构成，从字形上就可推知意义，如"凸"是高出周围的意思,"丫"是分叉的意思,这类字在现代汉字中极少。记号字由单独一个记号构成,从现代汉字字形上既不知道读音,也看不出意义。这些字有的来自古代的象形字,如"水",甲骨文写作"㊀",像水流的样子,现在的字形已看不出水流之形。有的来自古代的指事字,如"刃",小篆写作"㊀",在刀上加点,表示刀锋所在,现在也很难由字形联想到字义。有的来自古代的假借字,如"而",小篆写作"㊀",像脸上的胡子,假借为连词后,现在的字形跟字音、字义都联系不上了。有的来自古代的形声字,如"年",小篆写作"㊀",是"从禾千声"的形声字,现在的字形已看不出原来的音符和意符。还有的是多部件的简化形体,如"乐",甲骨文写作"㊀",本是乐器的象形,现在的简化字形也看不出字音、字义的信息。

多部件字按其部件功能的组合可分为合成意符字、意符音符字、半意符半记号字、半音符半记号字、合成记号字五类。合成意符字由两个或两个以上意符构成,组合表意。如"析",从木从斤,"木"和"斤"意义组合起来,表示用斧子劈开木头。意符音符字由意符和音符构成,从意符可以大致了解字义,从音符可以大致读出字音。如"住",从意符"亻"可以大致推断字义与人或人的活动有关,从音符"主"可以得出字音与"主"相同或相近。半意符半记号字由意符和记号构成,这类字大多是古代的形声字,由于声旁在现代汉字中已失去表音功能,变成了记号。如"急"的意符是"心",表示字义和心理活动有关,"刍"的读音和"急"相去甚远,成了记号。半音符半记号字由音符和记号构成,这类字大多也是古代的形声字,由于形旁在现代字形中失去了表意作用,变成了记号。如"球"的音符是"求",表示字音和"求"相同或相近,"王"现在的意思和"球"相去甚远,成了记号。合成记号字由既不表意又不表音的若干记号组合而成。这类字有的从古代的象形字演变而来,如"鱼",甲骨文写作"㊀",现在的构字部件没有一个能表示跟"鱼"相关的字音或字义。有的原来是形声字,现在的字形旁和声旁都失去了作用,变成了记号。如"特"本义是"雄性的牛",原本"牜"是形旁,"寺"是声旁,现在的字义指"特殊的、不平常的",字音读 tè,原来的形旁和声旁都变成了记号。还有的是简化形体,如

"雜"简化为"杂"后,"九、朩"都成了记号。

2. 整字的组合方式

许慎《说文解字·叙》中说:"仓颉之初作书,盖依类象形,故谓之文。其后形声相益,即谓之字。文者,物象之本;字者,言孳乳而浸多也。"后人逐渐简化归纳为"独体为文,合体为字",因而,通常把汉字整字分为独体字和合体字两大类。独体的整字一般就是指我们说的单部件字,由笔画组合而成,但有时也存在特例,如"云",我们通常把它看作是一个独体字,但从部件切分来看,它还可以切分成"二、厶",是一个多部件字,这取决于部件切分的原则。合体字由部件组合而成,就是多部件字。笔画的组合关系前文已述,这里主要来谈合体字的组合方式。

现代汉字多数由两个或两个以上部件组合而成,这就带来部件组合方式问题。若干个部件放置在一个方框之内,既要考虑到阅读的明晰、书写的顺当,又要注意到字形整体结构的美观。在长期书写实践中,方块汉字形成了若干种基本的间架结构。合体字的结构类型具体可分为以下几类。

(1) 左右结构(含左中右结构)

休 树 楼 飘 撑 撬 慢 缀 搬 掰

(2) 上下结构(含上中下结构)

思 想 霜 蕊 蟹 崮 岗 翼 器 孽

(3) 包围结构

上左包围结构:庆 尼 屡 屏

上右包围结构:勺 虱 甸 匐

左下包围结构:廷 毯 迦 邂

左上右包围结构:风 周 网 阔

上左下包围结构:区 匿 瓯

左下右包围结构:凶 函

全包围结构:国 圆

(4) 特殊结构

森 乘 爽 巫

以上4大类共10小类结构方式,包含了现代汉字的基本组合形式,每一个例字又是每种结构类型的代表,如果算上一些生僻字,结构类型还会更多。在这些结构类型中,左右结构的字占现代汉字的绝大多数。据统计,《汉字信息字典》中有7785个字,首先是左右结构的字最多,共5055个,占64.93%,其次是上下结构的字,共1643个,占21.11%。该统计表明,掌握了左右结构和上下结构汉字的写法就等于学会了绝大多数汉字的间架结构。汉字不同组合方式中的部件,在书写时所占空间和比例是不一样的,如左右结构的字,笔画少的部件所占空间要略小一些,笔画多的要略大一些;同一个部件在左右结构中瘦长一些,在上下结构中扁平一些,形态也有所区别。只有这样,写出来的汉字才协调、匀称、紧凑、美观。

此外,汉字部件的组合方式还包括部件的置向和相对位置等。置向是指部件放置的方向,如"认"中的"人"是正面放置,"何"中的"人"是侧面放置。有些部件不完全相同,其置向却完全相反,如"雪"下面的部件是向左开口,"虐"下面的部件却开口朝右。另外,部件摆放的相对位置也是构成字间差异的重要特征,如"口、阝、木"等部件在汉字中的位置就极其多变。

3. 整字的字形规范

我国历来重视汉字的书写规范,《汉书·艺文志》说:"吏民上书,字或不正,辄举劾。"说明当时就对汉字书写规范要求严格。现代汉字字形、字音、字义都要符合正字法的规定,在使用过程中遵循一定的规范性法则,受正字法的制约和引导。我们这里只谈字形规范,主要包括以下四个方面的具体要求。

(1) 不使用错别字

错别字是错字和别字的总称。错字是指无中生有的字,把字的笔画、部件或字形结构弄错,写出了不存在的字;别字是指张冠李戴的字,也就是把甲字写成了乙字。错字主要来源于书写的失误,别字来源于选字的失误,二者都妨碍人们准确表达思想,影响书面交际,以致造成误解。

（2）不随意使用繁体字

现行汉字的正字是规范的简化字，以 1986 年颁布的《简化字总表》为标准，1977 年公布的第二批简化字已被废除，在公共场合应停止使用。一般场合，应使用规范的简化字，特殊场合如古籍整理、书法创作、海外或外籍人士题字等除外。另外，不能乱造简化字，如把"豆腐"的"腐"随意简写为"付"，把"大白菜"的"菜"写成"艹"，就是生造简化字，写出了错别字。也不能乱用繁体字，简化字和繁体字之间并不是简单的一对一关系，如简化字"发"有两个繁体字，一个是"发财"的"發"，另一个是"头发"的"髮"，如果将"恭喜发财"的"發"写成"髮"就错了，因为这两个字在繁体字系统中是完全不同的字。

（3）不使用淘汰的异体字

凡是《第一批异体字整理表》中淘汰的异体字，都属于不规范字，没有特殊需要不应在社会书面交际中使用。

（4）不使用旧字形

新旧字形以 1964 年公布的《汉字印刷通用汉字字形表》为准。这个字表不仅是印刷体的字形规范，也是手写体的字形规范。汉字使用者都应该使用规范的字形。

第二节　外国学生汉字字形习得存在的问题

汉字字形和世界上占绝大多数的字母文字差别很大，一个汉字单位包含着大量信息——笔形、笔顺、笔画数、组合方式、空间位置……这些信息内部也是相互关联的，有时一个要素的偏误会引起连锁反应。外国学生学习汉字，往往无法全部顾及这些信息，所以普遍反映汉字难认、难写、难记，各种偏误层出不穷。汉字字形习得的问题大多可以从书写上反映出来，外国学生的书写错误可分为成系统的偏误和不成系统的失误，二者之间不是非此即彼的关系，有时很难截然分开。我们这里主要分析那些相对数量较多、有规律呈现的偏误，归纳外国学生汉字偏误的类型、原因以及习得规律，以帮助其预测和避免偏误，深化认识，指导教师教学。

一、笔画偏误

1. 笔形偏误

(1) 用母语近似笔形代替

如：工—*Z（用字母Z代替）

的—*的（用字母S代替"的"右边撇和横折钩的组合）

着—*着（用字母V代替"着"上边的点和短撇的组合）

个—*个（用向上的箭头↑代替）

了—*3（用数字3代替）

麻—*麻（最后一笔用日文的汉字笔形代替）

外国学生初学汉字，由于对汉字笔画知识掌握不多，笔形不熟悉，会习惯性地用自己母语中形体类似的笔形或符号去替代，或是将汉字中几个笔形的结合写成母语中近似的字母或数字，这类偏误多见于非汉字文化圈学生。日本和韩国的汉字中有一些未简化字的笔形和中国汉字有细微差别，日韩学生容易忽视，出现代替错误。另外，汉字中有不少钩笔，从视觉上看，往往在一个笔形中不太明显，很容易使学习者忽略掉，而直接用大多数文字中含有的横线、竖线或斜线代替。汉字中还有不少折笔，多带有角度，而大多数文字中弧线较多，外国学生也容易用弯曲的弧线代替折笔。这类偏误多发生于汉字初学者，主要原因是对汉字笔形知识掌握不足。

(2) 汉字近似笔形混淆

如：刚—*刚（横折钩与横折提相混）

电—*电（竖弯钩与竖提相混）

乌—*乌（短撇与点相混）

升—*开（平撇与横相混）

网—*网（横折钩与横斜钩相混）

船—*船（横折弯与横折相混）

从视觉上看，汉字中有许多笔形非常相似，如短横和平撇、横和横钩、点和短撇，等等。但在实际书写中，这些笔形或书写的方向不同，或置向存在区别，或细节上有差异。外国学生往往容易忽略这些细微之处，将一些近似笔形混淆。如果这些近似笔形所组成的字在形体轮廓或笔画组合上又极为接近，就更容易造成混乱。

（3）笔画形变产生失误

如：孩—*孑亥（"孩"左边的"子"横未形变为提）

地—*地（"地"左边的"土"横未形变为提）

尖—*尖（"尖"上边的"小"竖钩未形变为竖）

送—*送（"送"中的"关"捺未形变为点）

改—*改（"改"左边的"己"竖弯钩未形变为竖提）

青—*青（"青"下边的"月"撇未形变为竖）

前面我们说过，为了汉字整体结构的匀称、方正、紧凑和内聚，有的笔画进入到合体字中的特定位置，笔形要发生相应的变化，这种变化往往是较细微的差别，如果外国学生没有掌握形变的规律或忽略了细节，就容易产生此类偏误。

（4）断笔或连笔偏误

如：友—*友（撇分解成了点和撇）

假—*假（中间的竖断裂，上面变成了"口"）

啤—*啤（右边的撇分解成了竖和撇）

等—*笀（下边的"寺"竖和竖钩连笔）

去—*去（中间的竖和撇折连写）

先—*先（中间的竖和撇连写）

汉字中有些笔画较长，外国学生容易断笔写成两个相似的笔画组合，有些基本笔画的组合又形似某些派生笔画，容易造成连笔书写。而且，有些差异仅仅是笔画的断、连区别，如"市—巿、夂—夊"等。外国学生搞不清哪些该断，哪些该连，就会产生断笔或连笔偏误。

2. 笔向偏误

(1) 动态书写笔画方向有误

如：口—*口（将竖、横折、横组合一笔写成）

出—*出（将竖折和竖组合一笔写成）

雪—*雪（将横折和横组合一笔写成）

弓—*弓（将横折、横、竖折折钩组合一笔写成）

同—*同（将竖和横折钩组合一笔写成）

每—*每（将竖折和横折钩组合一笔写成）

汉字笔画书写时有一定的运笔方向，如横笔绝不会从右往左推，竖笔绝不会从下往上推。如果没有掌握每个笔画的书写走向，或是将某些相接的笔画组合一笔写成，就容易产生笔向偏误。但是，这类偏误只有在动态书写中才能发现，写成以后很难看出，或只是觉得整个字的美观度要差一些。

(2) 动态书写产生镜像偏误

如：巧—*玒（右边的竖折折钩镜像书写）

诉—*诉（右边的点镜像书写）

毛—*手（竖弯钩镜像书写）

力—*九（横折钩镜像书写）

几—*几（撇和横折钩的组合镜像书写）

于—*于（竖钩镜像书写）

镜像书写是指书写时出现笔画或整个字形的左右颠倒，像照在镜子里一样。汉字中有些笔画本身构成镜像现象，如横折钩和横折提、竖钩和竖提唯一的区别就是钩笔的方向左右相反。加上汉字中折笔和钩笔的派生笔画较多，书写复杂，形似笔画也多，更容易造成镜像书写偏误。还有的笔画书写方向本身就变化多端，如：点可以朝左下，可以朝右下，还可以朝正下，取决于它在汉字中的具体位置。外国学生没有字感，很容易忽略这些细枝末节。

3. 笔际关系偏误

（1）组合关系偏误

如：天—*夫（相接关系写成相交关系）

　　生—*𠂉（相交关系写成相接关系）

　　趴—*趴（相离关系写成相接关系）

　　放—*放（相接关系中的相切写成连接）

　　司—*司（一个笔画写成相接的两个笔画）

　　角—*角（相交关系写成相接关系）

前面我们讲过，汉字的笔画组合有相交、相接、相离三种不同的关系，组合关系不同可能变成另一个字，也可能写出错字。该相交的写成相接，或者该与这个笔画相交的写成与另一个笔画相交，类似的情况都会产生此类偏误。汉字笔画的组合关系复杂，细节之处又有诸多微小的变化，对外国学生来说本就复杂，加上不熟悉这种文字形态，极易产生偏误。

（2）位置关系偏误

如：士—*土（横的长短位置有误）

　　为—*办（两个点笔的位置有误）

　　咸—*咸（横笔和"口"的上下位置有误）

　　或—*或（"口"和提笔的上下位置有误）

　　业—*业（点笔和撇笔的位置有误）

　　们—*们（点笔的位置偏离）

汉字笔画在方框结构中出现的位置极其灵活，上边、下边、左边、右边、里边、外边、某一角……几乎所有的方块平面位置都可以分布。有些字仅仅因为笔画位置关系的不同就变成了另外一个字；有些笔画在不同汉字中和相同部件有多种位置关系，容易混淆；还有的笔画和其他笔画的位置关系相对稳定，如果发生偏离就感觉别扭。外国学生缺乏字感，如果将某一个字笔画的位置特征代入其他字，或者把位置不同而形体相似的字混淆，就容易产生偏误。

4. 笔画数偏误

（1）增加笔画

如：步—＊步（右边增加一点）

　　万—＊方（上边增加一点）

　　今—＊令（下边增加一点）

　　试—＊试（右边增加一撇）

　　画—＊画（上边增加一点）

　　息—＊息（上边增加一点）

（2）减少笔画

如：所—＊所（少写最后一笔的竖）

　　流—＊流（少写右边中间的点）

　　血—＊皿（少写上边的短撇）

　　美—＊美"（少写一横）

　　间—＊问（少写中间一横）

　　很—＊很（少写最后一笔的短撇）

外国学生笔画增减的偏误，有的跟母语学习者有相似之处，有的又有不同，随意性较大，有的甚至增加或减少多个笔画。一方面是由于学习者对汉字笔画的认知不够精确，另一方面是因为汉字中有不少因笔画增减而不同的形近字。还有些减少的笔画是因为它在整个汉字的结构中处于相对不够突显的位置，这类偏误常发生在汉字学习的初级阶段。

现有研究大多表明，外国学生刚开始识别汉字时，其加工方式都是自上而下的整字加工，往往仅限于浅层次的视觉特征，还不能对汉字的内部特征进行精细加工，因而对所学汉字字形处于一种模糊的认知状态，对于具体笔形、笔画数、笔形差异及笔画之间的组合关系等很容易产生偏误。而汉字笔画与笔画之间不同的形态和关系对字形具有区别作用，不同笔画有的形态差异较大，有的仅仅是一些细节的区别。大部分外国学生在识别、记忆汉字时采用整体模糊记忆策略，对汉字笔画中的细微信息没有予以关注，所以，其记忆的字形与正确字形经常有出入，导致偏误产生。

　　字母体系的文字，其书写形态为线性书写，笔形多呈圆转弧线的特征，线条的长短不起区分字形的作用，且大部分字母只需一笔即可写成。汉字是方块字，由不同形状的笔画在平面上通过不同的二维关系组合而成。汉字的正确书写需要同时具备多个条件，如笔形的长短曲折、笔画之间的组合关系、笔画书写位置的选择等。大多数外国学生由于习惯母语文字的书写体系，对汉字的笔画形态、组合关系等因素缺乏全面的认识，经常出现书写上用母语文字笔形代替、随意改换笔画形态、笔画组合关系不当等偏误。因此，母语文字的负迁移和缺乏汉字构形意识是外国学生产生汉字字形偏误的重要原因。

　　另外，外国学生学习汉字大多通过观察书本上的字形和教师课堂板书仿写获得，这两种仿写途径也存在一些问题。书本上的字形采用印刷体，其中又以宋体出现居多，汉字印刷体的字形与生活中的手写体并不完全一致，如宋体"氵"的末笔为了美观，加入了类似书法的笔体，"辶"的第二笔改换成了直笔（见图2-4）。外国学生如果按照观察到的印刷字体仿写，在书写时就容易产生偏误，把"氵"的末笔写成"√"，"辶"的第二笔丢失折笔信息。大多数教师在课堂书写汉字时，有时为了书写速度，有时因为个人书写习惯，并不会完全按照标准去写，如果出现稍许偏差，并不构成错误，一般不会引起注意。但外国学生缺乏汉字基本认知，如果将老师的偏差加以夸张，就可能演变成错误。

图2-4　"氵、辶"的宋体印刷体

　　总体来说，外国学生的笔画偏误种类较多，有些偏误和母语习得者类似，是人类共同的认知心理造成的，有些偏误为外国学生所独有，且呈现出一定的随意性和偶发性。

二、部件偏误

1. 部件的改换

（1）形近改换

如：来＊住（往）　　眼＊晴（睛）　　＊抻（种）花

　　道＊埋（理）　　介＊绍（绍）　　＊昨（昨）天

　　＊冠（冠）军　　建＊筑（筑）　　＊当（当）然

　　＊吃（吃）饭　　＊邢（那）儿　　发＊辰（展）

汉字里有大量形近部件，有的因笔画增减而形近，如"氵—冫、土—王、口—日、尸—户、厂—广、大—犬、日—目、衤—礻、戈—弋、木—本、冖—宀、宀—穴"，等等。有的因笔画长短、曲折与否、组合类似而形近，如"土—士、贝—见、目—月、禾—未、扌—才"，等等。特别是一些常用意符，虽然彼此在意义上没有什么联系，但由于形体相似，外国学生在书写中往往换用。这类偏误的实例颇多，表面上是笔画的增减或变形，实质上反映的是外国学生对这些意符的表意功能或者表示的义类不清楚。此类偏误多产生于初级水平的外国学习者，以汉语为母语的启蒙阶段小学生也极易出现，因此，它反映的是人类共同的认知心理。

（2）意近改换

如：寒＊泠（冷）　　＊叽（讥）笑　　＊欤（饮）食

　　＊蓝（篮）球　　＊跳（逃）跑　　＊迁（赶）快

　　＊敲（敲）门　　＊宎（突）然　　＊科（料）理

　　＊闱（围）墙　　＊灯（矿）产　　＊扏（切）开

汉字中有些意符所表示的义类往往较为接近，但是用不同的符号来表示，学习者容易发生混同而改换。因为汉字意符所表示的只是概括的义类，所以有些意符义类相近，如"走—辶—足、艹—竹、口—讠、饣—米、氵—冫"，等等。这类偏误中的意符，有的只是意义相近，形体差异较大，有的不仅意义接近，形体也相似，就更容易混淆了。此类偏误说明外国学生对汉字的形义结构和意符特点已经有了一定的认知，并拥有了较好的推理能力，但是又存在认知不足的问题。因而，此类偏误多产生于中级汉语水平的外国学习者。

(3) 类化改换

如：批*抨（评）　　*沌（纯）洁　　牛*奶（奶）

提*搞（高）　　*晾（傍）晚　　女*姓（性）

*坏（环）境　　*惊（凉）快　　*趴（爬）山

草*苹（坪）　　我*倍（陪）他们　　一*饨（顿）午饭

这类偏误是受上下文的影响，一个词或短语中的某个字改换了部件，主要以意符的改换居多。这种影响多来自词或短语内的前后字，也有隔字产生影响的，如果脱离了上下文，外国学习者一般就不会产生此类偏误，研究人员也很难分析其成因。但有时这种偏误并不依靠上下文而是产生于已经内化的语言知识，如将"借机"写成"措机"、"偷东西"写成"揄东西"、"梳头"写成"抗头"、"爬山"写成"趴山"、"祝贺"写成"说贺"，等等。这些偏误都是学习者根据提手旁表示手的动作、足字旁与行走有关、言字旁与言语有关等类推出来的，说明学习者已经有了较强的汉字类推能力。这种不依靠上下文而依靠某些原形特征换用意符的现象称为隐性易旁类化，由上下文影响而产生的换用意符的现象称为显性易旁类化。因类推而产生的同化现象古已有之，是汉字史上大量异体字产生的重要途径，这说明外国学生根据意符特征类推的认知心理和母语习得者是一致的。

(4) 音符改换

如：电*彰（影）　　*趐（题）目　　*化（代）表

*椒（树）叶　　*犠（牺）牲　　遭*迂（遇）

*琓（玩）笑　　*项（现）在　　治*疔（疗）

音符改换就是将形声字中的声旁改换成了其他部件，从而写成错字或别字，是书写者由音及形而不得其形的表现，一般改换的是同音、近音或形似的部件。从外国学生的语料来看，改换音符的偏误较为少见，被改换的部件大多数是意符。万业馨认为，意符和音符的换用之所以存在较大差异，一方面是因为形声字意符的构字能力比音符强，且数量大大低于音符的数量，这就使得意符的类推性和能产性远高于音符。汉字的这一特点为外国学习者所重视并内化，就容易出现改换意符的偏误。另一方面是因为汉语中存在大量的同音、近音字，这为汉字的同音替代提供了方便，导致学习者容易用音符相同而意符不同的同音、近音字替换。因此，从外国学生的部件改换偏误来看，虽存在音符改换现象，但以意符改换现象居多。

（5）杂糅改换

如：该—*诋　　那—*那
　　她—*妆　　起—*赵
　　服—*胜　　明—*白
　　如—*娌　　额—*页头

所谓杂糅，就是两个汉字的相关部件整合在一起，造出了一个不存在的汉字。通常是把经常放在一起使用的两个汉字，各取一部分放在一起，也就是把词拆合成字。杂糅现象反映外国学生对汉字字词有了一定的认识，但又没有完全掌握好组合成词的各个汉字的形态，因而把词中的汉字形态混杂在一起。这一偏误从侧面反映了外国学生对汉字的识记依赖于词语信息，习惯在一定的语境中记忆汉字。另外，外国学生的母语大都是使用一串字母表达一个词，他们习惯了在一个书写单位内完成词义的表达，将这一做法不恰当地迁移到汉字的书写中，就会产生此类偏误。

（6）繁化或异体改换

如：游—*遊　　赖—*頼
　　钱—*錢　　验—*驗
　　训—*訓　　结—*結
　　书—*書　　异—*異

有些日韩和东南亚华裔学生有汉字背景，但他们使用的汉字，有的是不属于规范汉字的繁体字或异体字，有的是跟我国现行汉字有区别的他国汉字字符，这些字往往某个部件甚至整字与我们的规范汉字有所区别，既不是传统意义上的别字，也很难说是错字，但是，我国一般情况下都不会使用。还有的学习者写出来的汉字是受本国繁体字影响而局部采用繁体、局部采用简体，变成一个非繁非简的字。

2. 部件的增损

（1）增加部件

如：*撑（掌）握　　*技（支）持　　*极（及）格
　　*榡子（桌）　　*诰（告）诉　　认*讹（为）
　　搬*挠（完）了　　*漩（旅）游　　*悘（怎）么
　　*诤（争）论　　*葫（胡）萝卜　　太*泙（平）洋

这类偏误主要是受上下文的影响而给某个字增加意符，和类化改换一样，大多是受词或短语内前后字的影响。有时一个词内的两个字也会因学习者的着眼点不同而产生不同的类化偏误，如将"告诉"写成"诰诉"或"告哳"，前者因"诉"而给"告"增加了意符，后者因"告"而给"诉"改换了意符。增加意符的类化也可能不依靠上下文，而是产生于已经内化的语言知识，因此，也可以分为显性增旁类化和隐性增旁类化两种。

（2）减损部件

如：习*贯（惯）　　*力（历）史　　城*保（堡）
　　*比（毕）业　　导*至（致）　　*气（汽）车
　　懂*（懂）得　　*几（机）会　　*总（聪）明
　　京*居（剧）　　友*宜（谊）　　*其（期）末

这类偏误主要是在书写过程中丢失意符而产生的，又以别字居多，常用同音字、近音字或形近字代替，是学习者知其音而混淆其形所致，最易发生在听写练习中。与字形完全不同的同音替代的别字现象相比，这类偏误的学习者认知水平明显要高一些，而且汉语母语者也常会发生。有时也会发生减损部件后不成字的情况，这种情况往往是由于本字具有较复杂的层次结构。

3. 部件的变形与变位

（1）母语迁移变形

如：蓝—*蓝（"皿"写成横置的字母"B"）

队—*Bㄥ（"阝"写成字母"B"或"β"）

笑—*KK夭（"⺮"写成字母"KK"）

哭—*哭（"口"写成"○"）

叫—*ㄖy（"丩"写成手写体的字母"y"）

让—*i上（"讠"写成手写体的字母"i"）

邮—*由P（"阝"写成字母"P"）

空—*Z（"工"写成字母"Z"）

这类偏误和笔画偏误中的用母语近似笔形代替相似，就是用学习者母语字体中的类似字母或符号代替汉字中的部件或笔画组合，也是由母语字体为原型产生的类推同化现象。这种源于母语负迁移的偏误多产生于汉字初学者，也可能因"化石化"而出自中高级水平的学习者，不过后者出现频率要低得多。

（2）部件镜像变位

如：邮—*阝由　　　院—*完阝

　　和—*咊　　　　加—*叻

　　期—*朠　　　　须—*页彡

　　触—*虫角　　　较—*交车

部件镜像变位是将左右结构的汉字部件调换位置而产生的偏误，与部件在构字时所占据位置的灵活性密切相关。这类变位的部件常在汉字合体字中可左可右，因位置不固定常常成为镜像变位的诱因。如"阝、口"等部件用于左边构字与用于右边构字的频率相差无几，所以，外国学生产生部件忽左忽右的镜像变位偏误也就不难理解，而一些在汉字中位置较为固定的部件产生这类偏误的情况就相对少一些。

(3) 部件布局错位

如：爬—*爬　　　随—*遀
　　临—*岾　　　帮—*帮
　　嗓—*叒　　　够—*姁
　　感—*感　　　范—*范

此类偏误和镜像变位有些类似，多是学生类推部件位置所致。汉字部件中有些部件经常出现在合体字的某一侧，但它们作为次级部件有时也会出现在别的位置。外国学生习惯了该部件的常见位置，当遇见部件位置特殊的汉字时，便下意识地将这些部件从次级部件位置中提取出来放在常见位置上。而构字部件在汉字中都有特定的布局安排，如果半包围结构写成了左右结构、左右结构写成了上下结构等，就会写成错字。加上有些相同部件的组合存在多种布局，可以组成多个不同的汉字，如"杏—呆、杲—杳、旭—旮—旯、晰—暂、含—吟、怡—怠"，等等，更容易导致学习者结构布局偏误。从部件错位情况来看，外国学生混淆上下结构、左右结构、半包围结构的偏误情况较多，尤其是由多个部件、几种组合方式组成的汉字，极易产生部件位置的错位。

(4) 部件分散

如：玩—*王元　　　街—*彳行
　　名—*夕口　　　给—*纟合
　　炼—*火东　　　先—*先
　　出—*山　　　　药—*艹约

汉字部件的组合不仅要求一定的结构关系，还要求部件书写位置准确无误，形态协调，分布均匀。部件在固定的方形空间内不是任意组合而成，而是遵循一定的规则，书写时无论字体、字号如何变化，都要保持笔画、部件及整字位置有稳定的结构形态，否则就会造成歪歪扭扭、结构散乱甚至字形偏误等现象。外国学生汉字结构意识淡薄，书写时有的部件过大，有的偏小，分布呈现歪斜状态或局部偏离，各部件之间的间隔也掌握得不够好，书写时部件位置偏离较远，就很容易造成字形分散。

汉字字形是一个复杂的系统，每个汉字都是笔画、部件、结构三者的有机结合，其中任意一处出现问题，都会导致整字偏误。因此，严格来说，上述偏误都属于整字偏误的范畴，而且，有些偏误不是单一的，而是多种偏误综合在一起的。在整字偏误中，还有些偏误字例和上述偏误类型有所不同，这里加以补充说明。如"来—伞、厅—斤、乐—牙、东—车"，等等，主要是一些形近的独体字混淆产生别字，有时也会出现形近的错字。又如"年领（龄）、朋有（友）、文话（化）、零（凌）晨、兵马用（俑）、工（公）司、像（想）去、对不气（起）"，等等，主要是一些音近字混淆产生别字，而且音近字偏误会随着汉语水平的提高而增多。一般来说，随着汉字学习的深入，外国学生的错字会越来越少，别字则会呈增长趋势。别字大部分是因为字形或字音相近造成的，少数别字是无意中造成的"假别字"，如一位初级水平的外国学生将"女朋友"写成"爻朋友"，根据其汉语水平及学习状况，这个阶段是不太可能知道"爻"这个字的，所以其本质仍是错字。

从上述汉字笔画和部件的偏误情况来看，外国学生字形偏误的原因主要可以归结为以下三点：一是对汉字字形的认知不足而导致形态混淆、笔画数目增损、改换变位等；二是受母语的负迁移影响而导致笔形或部件发生替代；三是受类推影响产生同化而发生各类改换。总之，字形是外国学生汉字学习的难点。

第三节　对外汉字字形教学

一、笔画的教学

汉字字形从笔画到部件再到整字是一个逐层组合的过程，书写过程更是如此，因而，对外汉字字形教学首先要从笔画教起。绝大多数外国学生刚接触汉字时，认为汉字就像由若干线条组成的一幅画，形态复杂，无从下笔，所以，外国学生学汉字，要像中国的小学生一样，从一笔一画开始学。只有一开始就树立正确的笔画观念，才能帮助他们建立新的文字理念，形成新的文字习惯。

1. 加强笔形对比，注重书写示范和操练

（1）比较汉字笔形与其他文字笔形的区别

任何文字都是靠点和线构成的视觉符号，每个符号又可以分解成若干种笔形。现代汉字笔形跟世界上其他文字笔形相比，有其突出的特点。汉字笔形多为直线，如横、竖、提等，折笔和钩笔也大都是两条或几条直线的联结，仍以直线为主，只有点、撇、捺和部分派生笔画的手写体略有小的弧度。因此，汉字笔形以直线为主，很少用弧线。张静贤曾对《印刷通用汉字字形表》6196个汉字中出现的65535个笔画的笔形及其出现频率进行了统计，具体情况如表2-3所示。

表2-3 《印刷通用汉字字形表》中笔画出现频率统计表

笔画总数	65535	
笔画名称	出现次数	所占比例
横	18143	27.68%
竖	11535	17.60%
撇	10454	15.95%
点	8929	13.62%
横折	4362	6.66%
捺	1945	2.97%

可见，汉字笔形中，横笔和竖笔出现的频率最高，而横和竖都是直线。字母文字则迥然不同，主要是弧线。因此，在汉字学习的初始阶段，就要让外国学生建立汉字的笔形观，改弧线为直线，改圆形为方形，改斜线为撇捺，化圆点为锋点。要从汉字笔画的独有特征出发，加以认知和操练，而不能只从视觉形态的相似性上去模仿。另外，汉字笔形的配置也和字母文字有很大区别。每种笔形在汉字的不同位置和组合中往往有若干变体，其长短、斜直及摆放位置的高低都有一定讲究，不能随意改变。因此，每个汉字实际上可以看作是若干笔形搭建的一个巧妙空间造型。外国学生初学汉字，常常不知道如何将这些笔画有序叠加、镶接、串联，尤其是折笔和相接笔画的书写让他们倍感困难。因此，必须将汉字拆解成一个一个的笔画，在方框之中一笔一画地展示每个笔形的书写、笔画的位置以及笔画间的组合方式。

（2）加强相似笔形之间的对比

汉字中有些笔画的笔形非常相似（见表2-4），往往只在细微处稍有差异，容易使人在视觉上忽略这个细节。如竖和竖钩，后者只是竖钩收笔处有一个小小的折钩，与竖的长线条相比毫不起眼。因此，对于这些在视觉层面相似的笔形，要着重展示它们之间的区别，在教学和练习中将其放在一起以凸显两者之间的差异，使学生能清晰地观察到两种笔形之间的细微差别。尤其当这些笔形出现在相似的位置或笔画组合中时，更要特别强调指出。另外，还要注意外国学生写出不存在的相似笔形。刚开始学习汉字的外国学生往往只对汉字的形体轮廓有一个模糊的认知，容易把汉字看成随意性较大的图画，只关注大体的形似而忽略细节的差别，认为笔画的长短、弯直、平斜、疏密略有不同不会造成什么影响。实际上，汉字笔形中任何一个微小的点或线都是笔画的组成部分，都有特定的区别特征，缺少任何一根小的线条或者方向不对，都会产生笔形的错误。汉字中有些字结构类型和笔画组合方式都极为相似，只是某些笔形不一致，如"朵—杂、车—东、毛—手、兴—光"，等等。对于这些笔画组合近似的形近字，在教学中要多加辨析，突出细节，使外国学生了解汉字笔画构形的区别特征。

表2-4 汉字常见近似笔形

近似笔形		近似笔形	
丿	丨	㇀	丿
𠃍	乛	乙	乙
㇀	一	㇉	㇆
乛	乛	ㄣ	ㄣ
ㄴ	乙	乙	乙
㇏	㇏	㇏	ㄴ
亅	亅	亅	亅
㇇	㇇	㇈	㇈
㇉	㇉	丿	乛

（3）重视笔形的手写操练

由于汉字字形复杂，外国学生往往不愿动笔书写，有些汉语教师也认为书写浪费教学时间，只要认识字形就行，因而，手写操练一直是对外汉字教学的薄弱环节。实际上，外国学生本身就缺乏汉字构字意识，如果不动笔书写，对汉字字形就会一直处在一种模糊的认知状态，容易忽略笔形的细节和笔画组合关系，导致笔画偏误的产生。因此，手写操练是对外汉字教学的必要环节，只能加强不能忽视。书写教学可以采用多种方式，教师可以在田字格或米字格中示范书写，让外国学生直观地感受每一个笔画的书写方向和用笔方法，也可以利用多媒体软件，清晰地展示笔画的书写过程和组合形式，对于易错易混的笔形还可以通过颜色突出等方式加以强调。外国学生刚开始练习时，可以在田字格或米字格中练习笔形的运笔方式和位置布局，格子中的横线、竖线、斜线可以起到类似于坐标的作用，帮助外国学生建立起汉字的空间思维。手写操练的过程，也是汉字在学生脑海里构建的过程，能起到加深印象、巩固笔形的作用。外国学生刚开始接触汉字，往往不了解笔形书写的运笔轻重、连笔位置、书写方向等，只是简单地对笔画进行形状上的描摹，因而，在书写过程中，教师要特别留意外国学生的书写习惯，发现笔形书写的问题，及时纠正，否则不良书写习惯一旦僵化，将会影响部件及整字的学习。只有通过反复练习，才能达到自主控制书写的目的，并最终形成字感。

2. 掌握基本笔顺，快速、准确书写汉字

（1）注意单个笔画笔向的差别

每种文字的笔形都有一定的书写走向，不同文字有时书写走向还很不一样。如英文字母书写时不少笔形可以呈 360 度旋转，阿拉伯文是自右向左书写。因此，外国学习者母语笔形如果和汉字差异较大，就很容易出现倒笔画现象或者将汉字中几个笔画的组合一笔写成。在教学中，教师应该清晰展示每一个笔画的书写走向，笔画与笔画之间的断和连要分明。为防止学生遗忘，可以在书面笔画上用箭头标注笔画的书写走向（见图 2-5）。单个汉字笔画的笔向要特别关注两种情况：一是同一个笔画在不同汉字中的走向差异。如撇笔中的斜撇是从中间逐渐向左下行笔，而竖撇则前三分之二是由上往下行笔，类似竖的走向，后三分之一才向左下撇出，类似斜撇的写法。二是要注意相似笔形笔向的不同。如短撇处于一个字的字头时，笔态很平，而短横在书写中往往呈左低右高

之势，二者只是笔向不同，如果写成后笔锋不明显，有时很难看出二者的区别。每种笔形都有特定的写法，写法偏离超过一定的限度时，就会产生笔形偏误，如"天"第一笔的短横抬得太高就会与"夭"相混，所以，这类相似笔形要特别注意书写时笔向的不同。外国学生往往只关注书写的结果，写法随意，有时会出现逆笔书写。因此，教师要多多关注外国学生的动态书写过程。

图 2-5　笔画书写走向

（2）注意多个笔画书写的次序

绝大多数汉字由多个笔画组成，笔画之间书写存在先后顺序。这个顺序关系到书写的最短路线和整字结构布局，影响到书写速度、字体美观和字形准确。因此，科学的笔顺规则是快速、准确、美观书写汉字的基础。教师在笔顺的教学中，一方面要通过分步书写汉字、强调书写顺序等方式进行笔顺规则的讲解，也可以借助笔顺动态演示软件，清晰展示书写的先后顺序。另一方面要在日常书写检查中仔细观察，通过分析作业中笔画的衔接点，推断外国学生笔顺书写是否正确，以便及时纠正。当然，我们也应看到，汉字的复杂性使笔顺规则本身具有模糊性，对外国学生的笔顺教学也不应过于严格和苛求。对于一般的汉字书写行为，把字写得均衡规范，遵循基本的笔顺规则即可。对于一些笔画复杂、结构特殊的汉字，书写时不必强求笔顺的绝对正确，只要写着顺手，写出来的字形正确、端正即可。

3. 辨析笔画组合细节，留意空间位置

相同的笔画组合，笔画之间接触关系不同，可能写出不同的汉字，如同样是撇笔和捺笔的组合，相接时是"人"，相离时是"八"。不少形近字就是由相同笔画之间笔际关系不同造成的，如"夫—天、己—已、刀—力"，等等。汉字中，相交和相接关系占大多数，也最容易混淆，可以通过一些具体字例，重点讲解，让外国学生明白这两种组合关系的不同。另外，相交和相接的笔画组合关系还存在连接点位置的不同，所以还要对这两类组合关系中的笔画书写位置作出分析。一般而言，相接关系的笔画以中间相接（如"天"）和左相接（如"白"）居多，相交关系以中间相交（如"十"）居多，如果有特殊连接的字则需及时提醒外国学生注意书写位置。此外，笔画之间的长短、上下和里外关系不同，也会形成不同的汉字，如"未—末、主—玉、太—犬"，等等。尤其是点笔的分布位置极为灵活多变，因此，点笔与其他笔画组合时，更要强调其位置关系。

4. 注意笔画数，不能随意增减

每个汉字都是由固定的笔画数构成，不能增加也不能减少。汉字系统中存在不少笔画增减而不同的形似字，如"体—休、失—夫、令—今、竟—竞、丸—九"，等等。在外国学生的汉字偏误中，点笔和横笔的增减最为严重。点笔在汉字中位置灵活，书写方向也多变，视觉上又较为微小，有不少笔画组合极为相似的汉字有点和无点的情况都存在，外国学生书写时本就容易忽略，加之一些部件或者笔画组的干扰（如"宀—冖、亠—一、氵—冫"，等等），经常会发生点笔增减现象。而横笔在汉字中出现频率最高，经常有多个横笔平行排列但数目不一的情况（如"拜、真、县"，等等），外国学生在观察这些字时感到"眼花缭乱"，容易错误增减。在教学中应该对点笔和横笔的教学予以关注，特别是对那些依靠点笔区别的易混部件和笔画组合进行详细的讲解，对带有多个横笔平行排列的汉字，要及时提醒外国学生注意其横笔的数目。在教学中，教师可以边写边数出汉字的笔画数，以加深外国学生对汉字笔画数的认识，对于一些容易丢失的笔画加以凸显和提醒。

二、部件的教学

部件是汉字识别的基本单位，且在参与造字时具备一定的功能，因此，部件教学在汉字字形教学中占有重要地位。

1. 归纳讲解汉字部件的组合关系和搭配规律

大多数汉字由两个或两个以上的部件组成，部件和部件之间有一定的组合关系，如上下结构、左右结构、包围结构，等等。前面我们归纳的汉字部件组合结构模式虽然只有四大类，但每种组合模式里面又包含了大量的派生模式，如果再加上同一部件在不同汉字中书写位置的不固定以及部件变形等因素，掌握汉字结构并不是一件容易的事。外国学生的汉字部件偏误，有一些就是由于遗忘构字部件或部件组合方式错误所致。在教学中可以借助组合法和拆分法，为学生演示汉字部件组合和切分的过程，使学生明白汉字部件在整字中的地位和组配方式。组合法就是将构字部件一个个罗列出来，然后逐步演示其组合成整字的过程。拆分法则正好相反，通过展示一个整字，然后分析整字中的部件，将每个构字部件由大到小或者按照一定顺序罗列出来。我们也可以利用平面方块结构图形表示汉字部件的结构模式，使学生借助示意图逐渐形成汉字书写结构的直观空间形象（见表2-5）。在借助组合法和拆分法分析整字过程中，如果某一部件在整字中具有一定的功能，可以在介绍部件组合规则时对部件功能稍加解释，达到有意义识记汉字的目的。

表2-5 汉字结构图示

字型	图示	字例
左右型		汉湖 封结
上下型		字莫 花华
杂合型		国凶 进司 乘果

汉字部件组合构字时还有一个很重要的特点，就是部件之间距离以及大小的控制会影响到整个字的结构和美观。许多外国学生写出的汉字结构分离，这说明他们一方面未能形成部件和整字的区分意识，另一方面对组合汉字时部件的大小以及部件之间的距离缺乏控制。因此，教师要说明部件一旦进入汉字组字阶段，就是整字的一个个"零件"，书写距离不能过大。初学者可以使用专用的汉字练习本或者方格稿纸，以达到在空间上限制书写的目的。在有限的空间内完成部件的组合和整字的

书写，可以避免产生部件独立成字的现象。

另外，部件和部件之间有一定的搭配关系，如"口"和"木"可以组成"杏"和"呆"，但"士"和"心"只能组成"志"而不能组成"竺"。对外国学生来说，他们很难在部件与部件的组合上找到易于理解的规律，但如果从正字法规则的角度来看，不少汉字部件的组合是有规律可循的。如"士"和"心"不能组成"竺"，是因为"心"这个部件通常不能出现在上下结构字的上部。因此，在教学中，教师如果能将汉字部件的合法位置、部件与部件之间组合的规则等归纳、介绍给学生，就不容易产生部件改换等方面的偏误。

2. 强调汉字部件特点和构字能力强的部件

外国学生书写的汉字部件，有时会出现一些非汉字成分，这些成分往往来自学生的母语、拉丁字母、数字或者其他未知符号。所以，对外汉字字形教学中，首先要给学生讲明汉字部件本身的特点，对那些与其他文字形态类似的部件要加强对比，提前预测偏误，发现偏误及时纠正。只有明确汉字部件的书写特点，才能依据汉字规则书写，避免非汉字成分的介入。外国学生的汉字学习很大程度上是通过模仿教师书写获得的，教师在学生起步阶段板书汉字时，要书写规范，尽量避免行书，以免学生片面模仿，产生非汉字成分。

汉字的组成部件数量有限，且常用部件较为集中。有人对《汉字等级大纲》中的 2905 个汉字进行部件切分，得出 515 个基础部件，其中，甲级字中含 385 个基础部件，约占《汉字等级大纲》中汉字基础部件的 75%，也就是说，学完全部甲级字，就已经学习了 75% 的部件，而且从部件的平均构字能力来看，甲级字基础部件的平均构字能力远远高于其他等级的新部件。可见甲级字部件不仅数量上占绝对优势，而且构字能力强。这些复现率高、构字能力强的部件要作为汉字教学的重点，在教学中，如果我们发现某一部件在已学的汉字中接触过，可以进行相应的提示和对比，使学生对该部件的形体、出现位置和作用逐步加深了解。

3. 辨析形似部件，防止增损和错位

汉字系统中存在着大量的形似部件（见表 2-6），这些部件或只有

笔画数的差异，或只是某一笔形的差别，对母语学习者而言都需仔细分辨，对没有字感的外国学生来说更是容易误写误用，所以，需要在教学中特别提出来加以辨析，重视二者之间的细微差别。外国学生产生的不少形似部件偏误都和笔画书写偏误有关，因此，要在最开始的笔画教学阶段就注意正确书写，打下良好基础。对于非笔画书写造成的形似部件混淆，在教学中，一方面要结合部件意义进行讲解，借助意义功能认识它们的差别，另一方面应对形似部件进行有意识的对比，发现形似部件偏误，及时提醒和纠正。

表 2-6　易混淆部件组

贝—见	月—目	丷—ﾂ	冫—氵
阝—卩	丩—卩	宀—冖	氵—讠
月—冃	七—匕	扌—寸	月—日
力—刀	辶—廴	女—又	戈—戋
大—木	夂—夊	攵—欠	弋—戈
米—木	夂—久	夂—女	氐—氏
木—朩	车—东	东—乐	朩—小
禾—木	酉—西	朩—木	西—酉
犬—大	广—厂	矛—子	水—氺
龙—尤	八—儿	マ—ㄆ	户—尸
失—矢	九—几	冖—宀	亠—宀
亻—彳	几—儿	冖—一	正—止
田—田	口—日	王—壬	王—主
井—开	开—廾	干—十	力—刀
九—丸	土—士	王—丰	礻—衤
日—田	且—目	天—夭	八—人
未—末	未—朱	未—夫	日—曰
幺—么	幺—纟	艹—卄	扌—才
夕—歹	歺—歹	钅—刂	寸—才

汉字系统是一个庞大的字符集，其方块形体限制了汉字的构造，一个汉字与另一个汉字只能靠笔画、部件、长短、位置、结构等来加以区别，这就给汉字造成了纷繁复杂的局面。不少独立成字的部件或笔画组合相近，或仅有笔画数区别，或位置关系略有差异，或形态结构相似，不易分辨。常见的易混淆情况有：

笔画增减：白—自，免—兔

长短不一：未—末、士—土

交接相混：力—刀、己—已

笔形差异：贝—见、千—干

位置相异：办—为、庄—压

结构不同：处—外、找—我

外国学生感知汉字细微差别的能力较弱，遇到形似部件常产生笔画增减、笔形混淆、部件替换、位置移动等偏误，必须强化字形对比。每学完一组易混淆成字部件，最好就能加以比较，让学生自己找出其区别，并意识到笔画多少、长短差别、部件异同、位置变换等都是汉字重要的区别特征。

4. 注意汉字部件在不同位置的形变

在部件组合成字的过程中，有限的平面方格内各部件之间形成了一种制约和平衡作用，它导致组成部件的笔画大小和方向在不同位置上呈现出某种相应的变化，有时甚至是部件形体或笔画类型的改变。因此，不同结构位置上的部件形体和组成部件的笔画是一个变量。据统计，在7000个通用汉字中，部件"口"可以出现在59个不同的位置上，"木"可以出现在34个不同位置上。我们以参与构字的部件"木"为例，组成"林、森"的五个"木"笔画长短、类型和方向各有不同，"村、休、床、困、亲"中的"木"也不尽一致，"林、麓"中"木"的形体差别更为明显。如果把以上各字的"木"从甲字换到乙字中，各字原有的张力系统就会被破坏，美观度也会打折扣。又如"心"作为部件可以出现在合体字的左边和下边，出现在左边时，形变为"忄"（如"慢"），出现在下边时，有的仍写作"心"（如"念"），有的变为"小"（如"慕"）。不同位置上的部件和组成部件的笔画在张力作用下会呈现一定的形变规律，外国学生对此不明了，就容易造成整字方块结构的变异和扭曲。

前面我们说过汉字形变有自由性形变和限制性形变两种情况：限制性形变是汉字内部固有的变形规则（如部件"火、木"等的形变），这种形变有一定规律，非变不可，否则会产生偏误；自由性形变是外在的美观性形变，即不同部件在不同汉字中为了美观的需要，其整体大小、笔画长短等作出相应的改变（如"口"在"哭、舍"中的变形），这种形变没有严格要求，只要不超出正常范围都不算错。针对限制性形变，在教学中应结合具体字例进行讲解，注意纠正学生书写出错。而针对自由性形变，初级阶段可以降低要求，随着学生汉语水平的提高，可以结合汉字书写的美观性要求，鼓励学生恰当运用形变，把字写好。

三、整字的教学

汉字整字按结构可以分为独体字和合体字两类。从来源上说，独体字多为象形字和指事字，不少独体字可以充当合体字的构字部件。合体字多为会意字和形声字，是由部件按照一定的层次组合而成。

1. 独体字教学着重其使用频率和构字能力

从学习心理来说，先易后难，先简单后复杂，更容易掌握学习的内容。相对于合体字，独体字大都字形简单一些，从心理学的角度看，最好先学独体字，再学合体字。但由于汉字在现代汉语中大都不能独立运用，只能充当构词语素，如果不能马上学以致用，先学的独体字就很容易遗忘，加上外国学生学习汉字之前缺乏听说基础，因此，以是否常用为原则决定汉字学习的顺序，更适合对外汉字教学。

就独体字而言，如果本身就很常用，当然先教这个常用的独体字，再教由这些常用独体字构成的合体字。另外，常用的独体字我们还要进一步思考它是独立成词还是只能充当构词语素？如果是独立常用词，可以先教其独立常用词的意义和用法；如果只是构词语素，就将其放在由它构成的常用词中进行意义和用法的讲解。如"大"这个字很常用，又可以独立成词，就可以先教其独立成词时的形、音、义和用法，以后接触到"尖、因、达、庆"等含"大"的合体字时，可以借助已学的"大"来讲解字形，还可以寻找这些合体字和"大"之间的关系。又如"中"也很常用，但它通常是作为构词语素出现在"中国、中间"等常用词中，就可以借助这些常用词来学习这个常用字，学了若干个以后再归纳"中"在这些词中的意义和用法。学习了"中"，还可以通过它来分析"种、钟、肿、忠、衷"等诸多含"中"部件的合体字的字形和读音。总之，使用频率越高、构字能力越强的独体字越要先教。

不常用的独体字，我们就要思考它可以构成哪些常用的合体字？在构成这些常用合体字时，是表意还是表音？出现的位置是否有规律？是否需要发生形变？如"牛"这个字，本身独立成词，但可能外国学生最早是在常用词"牛奶"中接触到这个汉字，那就可以在"牛奶"这个词中先让学生掌握"牛"的读音和字形，学了"牛奶、牛肉"等常用词之后，再讲解"牛"的基本意义以及它和这些词之间的意义关联。此外，"牛"字还可以作为构字部件进入到一些合体字中，如"特、件、解、物、牵"，等等，我们可以在学习了一批含"牛"部件的汉字以后，再引导学生归纳这些字中"牛"出现的位置有哪些？不同位置上形体有无变化？它跟所组成的合体字是意义上有联系还是读音上有联系？还是音义都无联系？又如"王"这个字，外国学生可能首先接触的是其作为中国人一个常用的姓，然后才逐渐接触到"君主"等含义。"王"作为构字部件可以组成很多常用字，出现位置也较为灵活，如"玩、弄、旺、望、环、珍、班、玻"，等等。同样，也是先以常用为第一准则，先教常用的字和词，再根据其出现的情况进行分类归纳。总之，对于不常用的独体字，先教由这个独体字构成的常用合体字，学习了若干个包含该独体字的合体字以后，再归纳该独体字在这些合体字中的位置、意义、读音等方面的规律，加深理解。

2. 合体字教学着重其结构特点和形义关系

（1）注意区分形声字形旁和声旁

汉字只有形声字才兼具表意和表音部件，表意部件即为形旁，表音部件即为声旁，但形声字形旁和声旁位置不是固定的，其组合方式有如下几种：

左形右声：清、妈、慢

右形左声：功、飘、助

上形下声：简、菜、芳

下形上声：志、姿、袋

外形内声：圆、裹、固

内形外声：闻、问、辩

声居一角：远、赶、房

形居一角：旭、修、载

我们要充分利用形声字形旁和声旁的布局形式，让学生了解其结构特点和规律。如"照"的构字部件较多，结构也较为复杂，外国学生往往把握不好其结构特点，将上下结构误解为左右结构。如果我们能让学生明白这个汉字的声旁是"昭"，形旁是"灬"，就不容易写成左右结构了。另外，形声字中有不少形近字，它们的声旁相同，形旁也相似。如果我们能讲解清楚这些形似字的形声结构特点，并利用形旁的别义作用加以区分，就不容易弄错了。如"脸—睑"，声旁都是"佥"，形旁"月—目"极为相似，如果学生能弄清楚"月"作为形旁出现在一个字的左边时意思跟肉有关，"目"作为形旁意思跟眼睛有关，就能清楚地理解二者字义和字形的差别了。外国学生掌握了一定量的形声字后，就可以用这些形声字的字例进行归纳，了解形声字形旁和声旁的位置，并根据形声字的意义和读音判断哪是形旁哪是声旁，总结哪些形声字形旁和声旁在相同的位置，进而逐渐掌握汉字的结构特点和构字理据，也能更好地利用这些规律学习、推理新的汉字。

要注意的是，形声字形旁和声旁不是固定的，很多偏旁在这个形声字里充当形旁，到另外一个形声字里又充当声旁，要注意区分。如"彡"在"衫、杉、参"中充当声旁，读音都与"shan"相近，它也能在"影、彰、彩、彤"中充当形旁，意思大多和文采有关；"隹"在"谁、维、推、锥、椎、唯、惟"等字中充当声旁，读音都与"wei"相近，也能在"雀、集、隼、焦、雇"等字中充当形旁，意思大都跟鸟类有关；"方"在"房、放、仿、坊、芳、访、肪、纺、防、妨、彷、旁"等字中充当声旁，韵母都为"ang"，在"旗、施、旅、旋、族、旌"等字中充当形旁的一部分，意思大多跟旗帜有关。对于这些既能表音又能表意的偏旁，教师要及时归纳讲解，提醒学生注意区分清楚。

（2）总结形声字形旁义类和常见位置

形声字形旁具有一定的意义，相对数量少且构字率高，所以在形声字教学中应该抓住形旁表意的特点，让学生能够借助形旁表示的意义来记忆汉字。如"刂"意义大多跟刀有关，"忄"意义大多跟心理活动有关，"疒"意义大多跟疾病有关，等等。介绍这些形旁所表示的义类，既可以归纳已学相同形旁的形声字意义的相关性，又可以借此推理含有该形旁的新学形声字的含义，尤其要抓住那些构字能力强的形旁。利用形旁之间的意义差别，还能有效区分形似部件，如"氵"意义大多跟水有关，而"冫"意义大多跟冰有关；"亻"意义大多跟人有关，而"彳"意义大多跟道路有关，等等。但是应该注意到，形旁只能表示较为粗疏的义类，无法准确表意，因此形旁所代表的意义和整字意义并不完全相同，而且由于形体演变，形旁意义甚至会和整字不一致。我们既要注意形旁的规律性，又不能夸大其作用，避免以偏概全。

另外，很多形旁在形声字中出现的位置具有一定的稳定性。据统计，7000个通用汉字中形声字有八种类型结构，其中左形右声占67.39%，上形下声占10.58%，其他类型均在7%以下。可见，形旁位置相对固定，归纳其位置特点对于学习者了解、判断形声字的音、义会有很大帮助，也有助于克服部件错位的偏误。对于那些在形声字中出现位置固定的形旁，教学中教师讲解这些形旁的位置可以帮助学生正确书写汉字，但是对于形旁位置灵活的汉字，要防止规则泛化带来新的偏误。有的形旁位置不同，所表示的义类也不同，要加以区别。如"阝"出现在字的左边时，意义大多跟山有关（"阳、险、降、阵"，等等）；出现在字的右边时，意义大多跟城邑有关（"郊、都、郑、郎"，等等）。此外，除了讲授形旁的常见位置，还应借助部件拆分法分析它是哪一级部件，如"型号"的"型"，先要拆分成"刑"和"土"两级部件，然后指出"刂"是位于"开"的右侧、"土"的上面，而不是整个字的右边，所以，"刂"是和"开"一起组合成为"型"的声旁，而不是充当整个字的形旁。这样逐层拆分讲解就可以使学生对汉字合体字组合层级体系有一个清晰的了解，同时使其明白某一部件的位置不是绝对的，不一定总是充当形旁。

（3）充分利用形声字声旁的表音特点

汉字和其他字母文字相比，字形表音能力较差，但是汉字中形声字占绝大多数，形声字使用音符做声旁，因而具有一定的表音功能。由于形声字很多读音都发生了变化，其声旁表音能力相对较弱，这导致对外汉字教学重意符轻音符。虽然声旁的表音能力不完全可靠，但也不是随意的，所以在教学中，仍应尽可能利用相关规律来展开教学。

声旁与形声字的读音存在多种对应关系，在教学中需区别对待。如果声旁与形声字的声母、韵母、声调完全一致，这是最为理想的表音情况，可以直接由声旁推断形声字读音，但这种准确表音的声旁数量较少且不是很能产。还有一种情况，就是声旁与形声字读音相近，如果算上这些近似表音的声旁，汉字形声字中大约有一半以上是具有表音能力的。有的声旁在不同的形声字中充当音符时，可以表示几种不同读音，如"且"在"姐、趄、苴"中表"ie"的音，在"组、阻、租、祖、诅、俎、助"中表"u"的音。这一类声旁也具有表音功能，但要注意它提示的是哪个读音。还有的声旁与形声字读音完全不同，按理来说不能表音，但仍具有提示读音的作用。如"丑"的读音是"chou"，由它构成的形声字"妞、扭、钮、纽、杻"等都读"niu"；"瓜"的读音是"gua"，由它构成的形声字"狐、弧、孤"等韵母都为"u"；等等。综上所述，虽然形声字中准确表音的声旁较少，但是如果将具有表音能力的声旁都充分利用起来，就能提高学生对表音线索的认识，在实践中有一定的价值。当然，选择声旁教学，既要考虑该声旁的能产性，也要考虑所构形声字的频率级别。如果一个声旁在常用字范围内有相当的能产性，就可以归纳讲解该声旁的表音功能。

（4）形义线索明晰的汉字可适当溯源分析

汉字形义关系相对其他文字而言要密切得多，是一个充满理据的文字系统。虽然汉字在发展过程中形、音、义都发生了变化，但从发展线索来说，不少字仍可以找出形、音、义之间的内在联系。以会意字为例，会意字一般由两个或两个以上的意符组合成一个新的意义，形义关系结合得较为紧密。在教学中，抓住字形和字义之间的联系来讲解，可以加深学生对有关汉字的理解。如"看"上面是"手"字的变形，下面是"目"，合起来的意思是"将手放于眼睛上方遮光远望"，这样解释不仅很容易理解字义，还能形义结合，印象更加深刻。

有些字形演变和字义发展线索较为明确，我们也可以借助古字形追踪溯源，适当讲解。如"即"和"既"读音相近，字形也有部分相同，很容易混淆。古字形有助于帮助学生理清这两个字的形义差别。"即"的古字形是，像一个人跪坐在盛放食物的器皿前准备就餐，表示"开始"的意思，如"立即"。"既"的古字形是，像一个人跪坐在盛放食物的器皿前扭过头去，表示已经吃完，有"已经完成、结束"的意思，如"既然"。结合古字形不仅便于讲清这两个字的形义差别，还能激发学生汉字学习的兴趣。对形义关系明晰的象形字、指事字，都可适当采用这种方式讲解，让外国学生体会汉字字形表意的特点。

　　但是，借助古字形演变讲解汉字形义特点要注意，并不是所有的汉字都适合跟外国学生讲古字形，尤其对于初级阶段的学生。字源的讲解要有针对性，大体应符合以下几个条件：一是要有浓厚的象形意味，所象之形为人所共知的自然景物或客观现象；二是要具有人类文明共识的特点，所做的说解符合人类社会共同的认知逻辑和价值观；三是古今字义保持一致，或字义引申发展脉络清晰，易于理解；四是字体的古今演变有迹可循，稍作梳理即可明晰其中的发展线索；五是要照顾到不同学生的年龄、理解能力、汉语水平和文化背景等。总之，不能过分渲染，本末倒置。我们要掌握的是现代汉字，古代汉字经历隶变、繁体简化等演进到现在，已大幅度失去了以形示意的功能，母语是汉语的人如果不是专业需要尚且不可能、也没必要了解每个汉字的本源，何况是学习基础汉语的外国学生。因此，古字形只有能简单有效地帮助理解现代汉字字形和字义时，才可以适当作些溯源分析，而不能花太多时间和精力去做文字学知识的宣讲。

　　汉字是汉语的书写单位，体现这个书写单位的是汉字的字形系统，字形在信息的储存、区分和提取中起着重要作用。而世界上绝大多数表音文字和汉字在形体上差别较大，导致字形成为外国学生汉字学习的最大难点。教师应该从基本笔画开始，帮助外国学生树立全新的文字意识，强调具有区别特征的形态细节，加强读写训练，利用汉字结构特点和构形规律，逐步建立对汉字字形的理性认识。

第三章　汉字字音与对外汉字字音教学

第一节　汉字字音解析

单个汉字字音并不复杂，其困难主要在于无法通过形体直接读出字音。汉字最初的造字意图是通过字形记录一定的意义，其次才考虑表达读音，因而，汉字字音很难从字形上看出来。汉字的读音随着时代的发展经历了许多变化，只是这种变化没法在视觉上体现出来，所以相对字形而言，没有那样受关注。传统音韵学虽然运用直音、读若、反切等方法给汉字注音，编写韵书记录字音，但注音采用的仍是不表音的汉字，记录的也只是大概的音类而不是具体音值，加上汉字读音的变化，我们无法知道古代的某个汉字实际读音是怎样的，也无法知道古今读音的差异具体有多大。汉字中具有表音成分的形声字虽占汉字总数的80%以上，但在实际应用中，利用形声结构规律去认字很容易读错。因此，正确掌握汉字的读音并不是一件容易的事，有很多复杂的因素需要认真研究。

一、字音与字形

1. 字形与音节的关系

汉字既是字形、字音、字义的统一体，又是整字、音节、语素三者的结合。从字形与音节的对应关系来看，主要包括以下三种情况。

（1）一字一音节

不同文字记录语音的单位不一定相同。表音文字大多是用一个字母来记录一个音素，如：英文用"university" 10个音素记录了5个音节，表示"大学"的意思，而汉语绝大多数都是用一个汉字对应一个音节，

"大学"就用"dàxué"两个音节来对应这两个汉字，而且音节之间界限分明。

（2）一字多音节

汉语里也有用一个汉字记录两个或两个以上音节的情况，如："瓩"记录的是"qiānwǎ"这两个音节，"吋"记录的是"yīngcùn"这两个音节，"圕"记录的是"túshūguǎn"这三个音节。这些字都记录了多个音节，又称复音字。但这些复音字后来在汉字整理时逐渐规范了，中国文字改革委员会和国家标准计量总局于1977年发布了《部分计量单位名称统一用字表》，将"瓩、吋、浬"等这些表示计量单位的复音字都淘汰掉了，改用"千瓦、英寸、海里"等来记录，而"圕"这样在民间流行的俗字只在部分人手写时使用，始终没有进入到规范汉字的范畴。因此，经过统一规范整理后，这些汉字仍然回归到了一字一音节的大家庭。

（3）一音节多字

现代汉语中还有少量用两个汉字记录一个音节的现象。如："画儿"记录的是"huàr"这一个音节，"尖儿"记录的是"jiānr"这一个音节，等等。这类音节在汉语中称为儿化音节，是将虚语素"儿"的读音附着在前面实词音节上，并在其音节末尾附加一个表示卷舌动作的"r"。这个r本身不构成一个独立完整的音节，而是和前面音节合在一起表示一个音节，书面上仍用一个独立的汉字"儿"表示，因此，构成了一音节多字现象。

总体而言，就汉字和音节的关系来看，一字一音节是常态。

2. 字形的表音功能

汉字与字母文字不同，英文中碰到一个不认识的单词，如clout，可能不知道它是什么意思，但一看到这个单词，就能读出［klaʊt］的音，所以，有人说字母文字是"形入心通"，看到字形就知道它的读音。而汉字不同，很多字光凭字形不能准确读出字音，这跟文字最初的造字意图和发展方向不同有关。总体而言，汉字字形表音功能较弱。其原因主要包括以下几个方面。

（1）有些字字形不提供字音信息

现代汉字中约有20%的汉字，只有意符没有音符，有的甚至只是既不表音又不表意的记号,如"鸟"是个象形字,它的字形就是一只鸟的形象;"采"是个会意字,它的字形是一个人伸手去摘果子的形象。这样的字字形本身不提供任何字音的信息,必须一个一个学习,建立起字形和字音之间的联系后才能读出音来。

(2) 形声字声旁表音功能有限

现代汉字中还有 80% 左右的字是形声字,形声字有表示读音的声旁,但是其声旁表音功能很有限,其原因又可以归结为以下几点。

一是字形发展变化导致声旁发生了改变。汉字有 4000 多年的历史,在漫长的历史发展过程中,有的声旁消失了,如"更",小篆字形为"霎",原本具有表音声旁"丙",但现代汉字中"更"已变为独体字,看不出"丙"这个声旁了。有的声旁变形了,如"唐",小篆写作"啇",是从口庚声的形声字,在现代汉字字形中,上半部分变成了一个既不表音也不表意的记号。还有的声旁不全了,如"盘",原本写作"盤",也是个典型的形声字,声旁为"般",字形简化后,只保留了声旁的左半部分"舟",因此,也看不出它的表音信息了。

二是现代汉字声旁不是专职的。前面已说过,很多部件既可以在一部分字中充当表音部件,又可以在另一部分字中充当表意部件,如"土"在"吐、肚、杜、牡"等字中是声旁,在"坡、址、垫、庄"等字中又是形旁。当我们遇到一个新的形声字,尤其是形声关系不太明晰的字时,不专职的声旁很难让我们判断出它是表音还是表意。

三是不同声旁可以记录同一个音节。大多数声旁本身就是一个字,而汉字一音节多字现象是常态,因此,不少声旁字读音相同,字形不同。如"溪、吸、锡、惜、稀、嘻、熄、晰、汐、牺"都读"xi",而它们的声旁分别是"奚、及、易、昔、希、喜、息、析、夕、西",声旁均不相同,记录的却是同一个读音。

四是同一个声旁可记录不同音节。有的声旁在表音过程中,可以表示不止一个读音。如"路、洛、烙、格、略、客"的声旁都是"各",组成的形声字却分别读作"lu、luo、lao、ge、lüe、ke",读音各不相同。像这样的字,即使判断出它的声旁,也无法正确读出它所组成的形声字的读音。

汉字形声字声旁的这些特点极大地限制了它表音功能的发挥,因此，即使汉字具有表音成分，也不一定能准确而有效地提示读音。

3. 字音和字形的关系

（1）一字多音

绝大多数现代汉字只有一个读音，也就是单音字，但也有10%左右的字不止一个读音，也就是多音字。多音字是指一个汉字字形记录了两个或两个以上的读音，而且这些多音字，往往又是常用字，需要根据语境才能确定它读哪一个音，如"长沙"的"长"读cháng，"长大"的"长"读zhǎng，等等。

多音字可以分为两类：一类是多音多义字。多音多义字就是不同读音记录的是不同的字义。如"还"读hái时，作副词用，表示"仍然，再，更加，尚且"等意义；读huán时，作动词用，表示"归还，回报"等意义。读音不同，意义也不一样。据统计，在《现代汉字常用字表》的3500个常用字中，多音多义字有405个，占总数的11.6%。语言中增加了新的语义，文字就要相应地造一个新字来记录，但字数太多不便于学习和应用，需要尽量控制，不造新字就只能让原有的字增加负担。把新增加的语义放在已有的字形上，并通过改变读音来加以区别，就成了多音多义字。多音多义字有几个主要的来源：一是由于词义引申而产生的多音多义字，也就是本义和引申义用同一个字，如果读音变得不同，就成了多音多义字。如"背"，指"脊背、后背"时读bèi，引申指"用脊背驮"时读bēi。二是由于词义分化而产生的多音多义字，也就是原本只有一个读音，后来在演变中读音发生分化，意义也分化了。如"没"，分化为méi（没有）和mò（沉没）两个读音。三是由于音变构词而产生的多音多义字，也就是古代就有多个读音，且有共同来源，通过音变构词分化而来。如"扫"读sǎo表示"打扫"，读sào表示"扫帚"。四是由于形体借用而产生的多音多义字，也就是原本为两个不同的字，因简化等原因合用为同一个字形，但读音不同。如"只"读zhǐ时表示"仅只"，用作"隻"的简化字时读zhī。五是由于记写音译词、方言词而产生的多音多义字。如"卡"，"关卡"读qiǎ，"卡片"（card）读kǎ；"弄"，"玩弄"读nòng，"弄堂"读lòng。六是由于文白异读而产生的多音多义字。如"剥"，文读bō（剥削），白读bāo（剥花生)。

另一类是多音同义字,也叫异读字。如"熟悉"的"熟"可以读 shú,也可以读 shóu,读音不同,意思一样。也就是说,异读字虽然也有几个读音,但记录的是相同字义。造成异读的原因,有的是因为同时保留了书面语和口语的读法,有的是因为保留了方言的读音。为了促进汉语语音规范化,推广普通话,国家语言文字工作委员会、国家教育委员会和广播电视部于1985年联合发布了《普通话异读词审音表》,对异读词进行了整理,多数异读字已统一为一种读音,也有少数字仍保留了多个读音。

从经济的角度看,多音字节省了造字数量,但同时也带来了一字异读的麻烦,特别是有些字读音多达四五种,如"和"在"和平"中读 hé,在"和诗"中读 hè,在"和面"中读 huó,在"和药"中读 huò,在"和牌"中读 hú;"差"在"差不多"中读 chà,在"差别"中读 chā,在"出差"中读 chāi,在"参差"中读 cī;等等。像这样的多音字较为复杂,说话或阅读时必须根据语境或上下文来确定读音。

(2) 一音多形

汉语普通话只有400多个音节,加上4个声调的变化,能够拼合的全部加起来也只有1200多个音节,但是汉字有上万个,通用汉字也有7000个,这就势必造成一个音节必须负载多个字形的现象。如"yī"这个音节就有"一、衣、依、医、伊"等多个汉字。这些字虽然读音相同,但是字形和字义都不一样,不能相互替换,因此,同一个音节在汉语中用多个字形来记录是常态。

一音多形也就是同音字现象,它也可以分为两类:一类是同形同音异义字,即字形和字音都相同,只有字义不同。如"花"既可以作名词(鲜花),也可以作动词(花钱),二者字形和读音完全一样,但是意义不同。同形同音异义字是用相同字形记录不同字义,并且字义之间没有联系,这类字总体数量不多。另一类是同音异形异义字,即读音相同,而字形和字义不同的字。这类字数量很多,如"jī"这个音节就同时记录了"几、机、鸡、积、击、箕、激、圾、肌、基、畸、饥"等若干个字。赵元任曾以该音节创造了一篇同音(这里只指声韵相同)奇文《饥鸡集矶记》:

唧唧鸡，鸡唧唧。几鸡挤挤集机脊。机极疾，鸡饥极，鸡冀己技击及鲫。机既济蓟蕺，鸡计疾机激几鲫。机疾极，鲫极悸，急急挤集矶级际。继即鲫迹极寂寂。继即几鸡既饥即唧唧。

这虽然是赵先生带点玩笑而硬造的极端例子，但说明汉语中同音字很多是不争的事实。有人以《现代汉语通用字表》为统计对象，发现7000个汉字不计声调共记录了405个音节，但音节和字形之间的分配关系并不均衡。其中，有15个音节只拥有1个字形，没有同音字，分别是：么、佛、能、您、暧、俩、给、谁、日、贼、森、僧、嗲、耨。而有的音节却拥有118个字形，分别是ji和yi。

同音字在汉语中可以作为加强语言表现力的一种手法，如过年时人们倒贴"福"字是一种普遍的民俗现象，因为"倒"与"到"同音，表示"福到了"。还有很多歇后语也是利用同音现象，如"孔夫子搬家——净是书（输）"，"书"和"输"同音。在汉语中，同音字作为一种特殊的语言现象，从古至今在社会生活各个领域被广泛运用，使用恰当能显示出汉语的魅力，产生耐人寻味的表达效果。同音字数量虽多，但现代汉语朝双音节方向发展，因此同音词并不多，我们一般可以借助构词环境区分同音字。如果是同音词，出现的语言环境又相同，那么听、说过程中也会出现一些交际困难，如"致癌—治癌""越剧—粤剧""期中—期终"，等等。这类障碍在阅读中一般不会产生混淆，因为写下来后字形不同，一目了然。但在书写时，同音字容易误用，产生别字，如把"遗失启事"写成"遗失启示"，把"再接再厉"写成"再接再励"，等等。

（3）方音有异

汉字字音还存在一种特殊情况，就是方音的差别。中国幅员辽阔，产生了很多地域方言，这些方言在语音上的差异相当大，甚至有"十里不同音"的说法。如"热"在各地汉语方言中，声母有读鼻音的，有读边音的，有读卷舌的，有读擦音、塞擦音的，还有读零声母的，读音各不一样。但是，不论这个字在口语中发音有多不同，书面语上却是统一的，也就是说，是用同一个字形记录不同的方音。因此，说不同方言的人，虽然用各自的方音去表达，但并不影响他们对汉字和书面语的共同理解。随着普通话的推广，方言语音也正在逐渐朝普通话方向靠拢。

总之，汉字字形不与语音发生必然联系，即使某一字符具有提示读音的成分，也不是固定不变地表示该读音，字符与语音之间并非一对一的关系，这是汉字音符表音功能先天存在的缺陷，如"欲、浴、裕、俗"都是由"谷"充当声旁，可是跟"谷（gǔ）"的读音均不同，且分成两组不同的读音，无法由音符"谷"推知上述两组形声字的读音。因此，我们只能通过识记并建立字形和字音之间的联系，或者借助形声字声旁有限的表音功能，尽量寻找其表音规律。

二、字音与字义

1. 音符的表意性

汉字本身表音特点就不突出，一般很少有人论及字音与字义之间的关系，但关于形声字中音符的表意性，实际上古人早就关注过。许慎在《说文解字》中分析文字的构成时提出了"亦声字"，这些"亦声字"都是会意兼形声，也就是声旁既表音又表意，如"娶"，从女从取，取亦声。这说明许慎在归纳字的分类时已开始有了从音符来研究字义的意识。其后，刘熙在《释名》中谈道："山夹水曰涧。涧，间也。言在两山之间也。水草交曰湄。湄，眉也。临水如眉临目也。注沟曰浍。浍，会也。水沟之所聚会也。"对声旁表意这一现象作出了明确解释。后来，沈括在《梦溪笔谈》中记载："王圣美治字学，演其义为右文。古之字书，皆从左文。凡字其类在左，其义在右。如木类，其左皆从木。所谓右文者，如戋，小也。水之小者曰浅，金之小者曰钱，歹而小者曰残，贝之小者曰贱，如此之类，皆以戋为义也。"这就是说，凡从"戋"声的字都有小的意义在内，"戋"在表音同时还兼表意功能。这种认为形声字音符有表意作用，并从音符探求字义的学说称为"右文说"，因为古人认为音符位置大都以居右为主。以右文说为代表，体现出人们对音符另一性质的认识，即音符除了示音以外，还具有表意作用。

今人对汉字字音与字义的关系也有论及。裘锡圭在《文字学概要》中提到："如果在某个字上加注意符分化出一个字来表示这个字的引申义，分化出来的字一般都是形声兼会意字，有义的声旁主要指的就是这种字的声旁。……例如，辆，车的单位，因古代的车用两轮而得名"。郭沫若在《金文丛考》中谈道："余意巠盖经之初字也。观其字形，……均象织机之纵线形。从糸作之经，字之稍后起者"。而以巠为音符的字多有"直"的意思，"经"为直的丝线，"颈"为直的脖子，"径"为直的小路，"茎"为直的植物主干。类似的例子还可以找出一些，如"危"，《说文·危部》中解释为"危，在高而惧也"。以"危"作声旁的"桅"，从木危声，危兼表意，表示高，桅杆的特点就是高，因而，音符和字义之间也有一定的关联，等等。这些字例似乎都说明字音和字义之间也存在或多或少的联系。

右文说启发了人们对汉字字音有义现象的研究，古代汉语以单音节词为主，字和词基本保持一致，文字孳乳很大程度上就反映出词语的分化规律。部分形声字中声旁是它原有的字根，后来才增加形旁分化出新的形声字，因此，同声旁的形声字记录的往往是由同一语源派生的孳乳字，可以系联在一起。右文说打破了汉字研究一直以来"以形索义"的局面，丰富了训诂学的理念，后人通过该学说发现了汉字的谐声系统，再根据这些谐声字确定了不少古音现象。但右文说的局限性也很明显：把所有形声字的声旁都归为"右文"，认为声旁皆表意，这是不符合汉字事实的。不少声旁在字体结构中位置并不居右，声旁表意存在多种情况且不是绝对的，有些字依据右文说也无法解释。由于右文说以偏概全，把声旁表意的作用绝对化，所以受到了大多数学者的批判。

2. 字音对字义的影响

就现代汉字而言，字音和字义之间是什么关系？字音是否对汉字的意义提取过程起作用？目前，已经有人在这方面进行了一些积极的探索，但研究还很薄弱，观点也有出入。

现有研究主要有两种观点：一种观点认为，阅读时汉字意义的通达途径是形—音—义。如 Perfetti 等人提出，汉语和英语一样，语音在词汇语义的通达中起主要作用。他们认为，汉语读者没有语音就不能激活语义，在汉语阅读中语音是自动激活的，语义的通达要通过语音的中介作用。不少研究都支持汉字识别中存在语音自动激活现象。如：张厚粲、舒华对汉字读音过程中的音似和形似启动效应进行探讨，发现音似启动效应显著，表明汉语读者的心理词典结构中存在着语音联结通路。谭力海、彭聃龄也通过实验发现,熟悉的中文字词的语音特征能得到自动激活。另一种观点认为,语音信息在汉语熟练读者的字词识别中不起作用,汉字识别存在一条由形直接到义的通路,不必经过语音的中介。如周晓林根据汉字作为表意文字的特点以及有关汉语字词识别的实验证据,提出了一个汉语字词表征结构和激活模型。他假设每个词在心理词典中至少有字形、语义和语音三种表征,这些表征相互联结,一种表征的激活会扩散到其他相关的表征上。他认为汉语视觉词汇的意义是由字形信息直接激活的,而且一旦字形表征被激活之后,与之相关的语义信息和语音信息都会得到激活,即汉字识别的通路主要是由形直接到义,而不是形—音—义。语音在词汇通达的初期不起作用,语音激活对语义和字形激活所起的作用是非常微弱的。这个观点也得到一些实验证据的支持,一些具有语音加工缺陷的脑损伤病人在理解视觉汉字时仍正确无误,表明获得汉字字义不一定需要汉字语音。从上述两种观点来看,语音在汉语书面语字词识别中的作用问题,尚未得到一致结论,还需进一步研究,而且上述研究都是探讨汉语作为母语的认知加工过程。

  第二语言学习的大量研究证实,语言知识和元语言知识的不同层面及其相应的加工过程,可以从母语迁移到第二语言中,包括口语和书面语的产生和理解。诸多研究也表明,不同母语背景的第二语言学习者,在进行词汇判断时利用语音线索的程度是不同的,有拼音文字背景的学习者对语音线索的依赖多于有表意文字背景的学习者。如江新通过实验证明,不同母语背景的学习者对于汉字拼音和意义之间的关系是不同的,有汉字背景的学习者知道汉字读音和知道汉字意义,二者之间不会产生密切联系,而有拼音文字背景的学习者知道汉字读音和知道汉字意义,二者会产生密切联系。也就是说,外国学生学习汉字,其加工策略受母语文字加工策略的影响,并且会把这种策略迁移到第二语言的文字加工中。母语是拼音文字的学习者,在加工其母语单词时,首先通过视觉输入的信息获得语音信息,再由语音表征激活语义表征,因而,语音编码是衔接形义的主要通路。他们在学习汉字时,也会习惯性地采用由音及义的习得模式,如果他们不知道一个字的读音往往就意味着他们也不知道这个字的意义,因而字音对其汉字意义的学习记忆是非常重要的。

三、字音与音符

汉字中的形声字具有表音成分的音符,这也是形声字在汉字主体中取得优势的根本原因。但是,由于音符的使用没有一定的标准,同一个音有时使用两种以上的音符,而不同的音又往往使用同一个音符,这就使得音符的使用存在交叉混乱现象。同时,形声字在形成和发展过程中,受时间和地域因素的影响,音符的表音性也受损严重。从时间上看,上古时期的语音随着时间流逝自然发生变化,上古时期产生的形声字也许音符与整字读音一致,但发展到现代则变得不完全相同了。因此,古今语音的演变使得音符损耗了部分或全部表音功能。从地域上看,我国幅员辽阔,由此形成的方言差异自古至今一直存在。形声字的产生并非出自同一地域,不同地域方音的差异使得人们在选择音符时也会不一样,这也会对音符表音度造成影响。因此,汉字形声字音符与整字读音一致的比率不是太高。

1. 音符的界定

苏培成从现代汉字的内部结构出发,认为汉字的基本构字单位是字符,根据字符和整字的音义关系,可以分为意符、音符和记号三类。其中,和整字在读音上有联系的是音符,这里说的在读音上有联系,既包括声韵调完全相同的,也包括声韵调中部分相同或相近的,还包括在一系列字中提示相同读音的,如"洋、佯"中的"羊","把、爸"中的"巴","读、犊"中的"卖"都属于音符的范畴。汉字中只有形声字才具有标示读音功能的音符,也称作"声符"或"声旁"。

汉字的音符与拼音文字的记音符号有本质的区别。拼音文字的音符是专职的,所使用的字母数量相当少,而汉字的音符则是借用本来有音有义的形符来充当的。从理论上说,每一个汉字都可以充当音符,实际上用作音符的字,数量也较大。据统计,汉字可用作形声字音符的大约有1000个。不少汉字既可以充当意符,又可以充当音符,有的还可以在同一个字中兼作音符和意符。因为汉字的音符是由以表意为基本功能的形符借用过来的,其读音并不与以它为音符的字的语音演变同步发展,因而,其表音功能是不健全的,大多数形声字都跟其音符不完全同音，而且有些彼此之间差异还很大。而拼音文字的记音符号则随语音的变化而变化，它们专职记音，可以且必须适应语音演变，两者之间有很大的不同。

2. 音符的来源

汉字造字之初主要以形表意，是没有音符的地位的，那么形声字中的音符是如何由表意符号转化为表音标识的呢？其来源主要有以下几种情况。

（1）新增意符分化而成的音符

汉字中有大量形声字是在已有文字基础上增加意符而形成的，如"辟"假借为"躲避"义，为了明确该假借义，在"辟"的基础上增加意符"辶"造了一个新的形声字"避"，原有的假借字"辟"就成了"避"的音符。此外，还有为明确引申义而增加意符的，如"取—娶"；为明确本义增加意符的，如"止—趾"；等等。

（2）为表意字加注的音符

由于形声字既能示义又能标音，显示出巨大的优越性，于是在一些表意字上加注音符就成为形声字滋生的一条主要途径。如在象形字"艸"的基础上加"早"作"草"，"早"就成了"草"的音符。类似的例子还有"齿、弹、裘"，等等。

（3）表意字字形部分改换成的音符

有的形声字是通过把表意字字形的一部分改换成音符而形成的，如"何"的甲骨文写作 ，像人肩荷一物，是"负荷"的"荷"的本字。后来荷物的人形简化为一般的"人"旁，所荷之物改成形近的"可"，就成了"从人可声"的形声字。类似的例子还有"羞、弦、耻"，等等。

（4）改换形声字偏旁而成的音符

有些后起的形声字，是在原有形声字基础上改换偏旁而成的，特别是在简化字中，这种现象比较多。如"驚"本是"从马敬声"的形声字，字形简化为"惊"后，音符就由"敬"变为"京"了。类似的例子还有"肤、灯、础"，等等。

由于音符具有标音作用，所以绝大多数音符本身都成字，但由于隶变、简化等原因，汉字的字形发生了很大变化，有不少字源上原本是形声字的汉字已经失去了构字理据，其音符已不成字，如"急"的音符本是"及"，"存"的音符本是"才"，等等。像这一类的字，有的认为现已不属于形声字范畴，所以这类不成字音符也就不被看作是音符了。

3. 音符的表音度

人们在碰到不认识的字时，常常会"念半边"，这样一种潜意识的认读规则，实际上也反映出人们对汉字音符表音的基本认识。然而，在实践中"读半边"的做法也容易出错，所以关于汉字音符表音度的问题一直受到研究者关注。从目前关于音符表音度的研究情况来看，各家研究结果并不一致。叶楚强对《新华字典》（1962年版）中7504个形声字及其音符进行了统计分析，得出现代汉字中形声字音符的准确表音率为23.6%。周有光采用"不论四声，只论声母和韵母"的标准，也对《新华字典》（1971年版）中含音符的所有正字进行了统计，得出声旁有效表音率为39%。李燕、康加深以《现代汉语通用字表》中的5496个现代形声字为研究范围，得出音符的总体表音率是66.04%。从以上音符表音率的统计来看，各家所得结果差距颇大，因为研究对象不同，对形声字和音符的界定不同，对表音度认定的标准不同，都会影响到音符表音率的计算。总体而言，音符的表音度不是很高，我们既要利用音符表音的特点系联部分形声字，又不能简单地用类推法依音符直接求整字读音。

前面在谈及汉字字形的表音功能时，已谈到了现代汉字形声字声旁表音功能有限的原因。实际上，即使在造字初期，汉字音符的表音功能也是不太健全的。首先，在选择音符时，可能受条件限制，无法做到音符与整字读音完全相同。因为要替一个汉字找到另一个完全相同的已有汉字有时并不容易，或者虽有却属于生僻字或结构繁难的字，为了避免选用生僻或繁复的字，有时不得不在语音上降低要求，只要音近即可。也就是说，有些字从一开始，音符的读音就和整字不完全相同。其次，古今语音的演变造成或扩大了音符与整字读音的差异。有些分化字是为表示母字的引申义、假借义等而造的，在这些字产生之前，语音就可能已发生细微的变化，记录新词的分化字时当然就不一定完全同音。有些字本来跟音符完全同音，但由于两者的语音演变速度或方向不一样，现在看来读音也不相同了。那些跟音符本来就有细微差别的，通过语音演变可能使差异更加扩大了。总之，一个形声字在产生之时与音符的关系便存在两种可能：一是音同，二是音近。音同者在以后的发展使用过程中也可能出现两种情况：一是保持原有读音不变，二是发生历史音变。因此，形声字在造字时本身音符的选择和语音系统的变化，使得音符表音的准确性受到了极大的影响。

4. 音符与整字的关系

音符表音功能的强弱直接决定了汉字的表音程度，那么，音符与整字的读音之间究竟有哪几种关系呢？关于这个问题，学界一直存在从严还是从宽的争议，大体而言，可以分为以下三种情况。

（1）音符准确表音

音符准确表音，即音符跟整字的读音在声、韵、调上完全相同。如"气—汽，包—胞，止—址"，等等。这些字只要知道它的音符读音，就能读出整字的读音。但要注意的是，一个音符在这个字中准确表音，并不意味着以它作音符的字都和它读音相同，如"包"在"胞"中准确表音，在"饱、抱、刨"等字中却不能准确表音。像这样只能在部分字中准确表音的音符，我们称之为半表音音符。有人以《现代汉字形声字字汇》为统计对象，统计出形声字能够靠音符准确表音的字数占形声字总数的26.3%，即只有1/4左右的形声字能够靠音符准确表音。

（2）音符近似表音

音符近似表音主要和韵母有关，因为汉字音节是以韵母的发音尤其是以韵腹和韵尾的发音为关键。根据音符韵母的情况，近似表音主要又可以分为以下几种情况。

①音符与字音的声母、韵母相同，声调不同

如：交—饺

古—故

北—背

②音符与字音的声母相同，韵母相近，声调或同或异

如：先—选

令—邻

　　它—驼

③音符与字音的韵母相同，声母不同，声调或同或异

如：见—现

　　齐—挤

　　无—抚

以上三种近似表音的情况中，第二种情况相对较为复杂：有时声母相同，韵母差异较大，但如果很明显能看出是形声字，只是音符或形声字的读音在语音发展过程中发生了一些变化，这样的字我们仍归入这一类情况；有时即使声母不同，只要韵母相近，我们也归入这一类。另外，根据声调的相同与否，近似表音的情况还可以再细分。

（3）音符不表音

这部分字，音符与字音的读音原本相同或相近，后来由于语音的发展变化，差异变得很大，因而音符已经完全失去了原有的表音功能。

如：寺—特

　　斥—诉

　　者—都

前面我们谈过，能够准确表音的音符，它们的构字能力往往很低，绝大多数只能组成 1—3 个形声字。所以，尽管音符在形声字中具有表音功能，还是不能盲目相信音符的表音能力。

第二节　外国学生汉字字音习得存在的问题

一、字音发音的偏误

在对外汉语教学中，准确地听辨汉语语音并能正确发音，是许多外国学生首当其冲的难关。按传统的音节分析方法，汉语的音节结构可以分成声母、韵母、声调三个部分，且大体上一个音节对应一个汉字。因此，汉字字音发音的偏误，我们就分别从声、韵、调来谈。由于语言千

差万别，不同母语者在学习汉字字音过程中所面临的困难和出现的偏误各有不同，这里，我们只选择外国学生学习汉语普通话出现的典型性、普遍性偏误加以说明。

1. 声母的偏误

（1）送气音与不送气音难以区分

汉语声母有一个突出的特点，就是有几组成对出现的送气音和不送气音，如 b—p、d—t、g—k、z—c、zh—ch、j—q。送气音发音时气流较强，不送气音发音时气流较弱。上述六组声母中，各组之间发音部位完全相同，发音方法上只有送气与否的区别，但这些音构成不同的音位，有区别意义的作用。很多外国学生学习送气音比较困难，因为他们的母语里有的没有送气音，有的虽有送气音，但不具备区别意义的作用。如日本学生将"兔子跑了"说成"肚子饱了"就是"t（兔）—d（肚）""p（跑）—b（饱）"之间没有区分。一般来说，外国学生将送气音发成不送气音的现象较为普遍，或者发送气音时送气感不够强，送气段时长不足导致发音不准确。

（2）舌尖后音普遍发音不准

舌尖后音 zh—ch—sh—r 是汉语中一组较特殊的音，其他语言里很少见到，但有不少语言中存在发音较为类似的音。因此，很多外国学生容易用母语中近似的音来代替汉语舌尖后音的发音。如英语国家的学生常常将"老师"叫成"老 she"（英文中"她"的发音）"老丝"或"老西"，这实际上是把［ʂ］［ʃ］［s］［ɕ］这几个音混淆了。［ʂ］是舌尖—齿龈后清擦音，［ʃ］是舌叶—齿龈后清擦音，［s］是舌尖—齿背清擦音，［ɕ］是舌面—硬腭清擦音，四个音的发音位置是不同的。发音部位弄错，发音就不准确，听感上也存在差异。还有一种情况是外国学生容易将汉语中的舌尖前音 z—c—s 和舌尖后音 zh—ch—sh 相混。这两组音前者发音时是舌尖抵齿龈，后者是舌尖抵硬腭前部，发音部位也是不同的，但是由于舌尖平伸比后缩上抵更接近自然状态，因而，学生很容易将舌尖后音 zh—ch—sh 发成舌尖前音 z—c—s。

（3）唇齿音与双唇音、舌根音相混

汉语中的唇齿音 f 发音时，是下唇内侧轻轻接触上齿形成的擦音，外国学生发音时牙齿多贴在下唇中间，或者咬住下唇，发音时就极不自然，有时还会容易和双唇音相混，如"饭"发成"盼"或"半"。汉语中的舌根音 h 发音时，是舌根贴近软腭形成的擦音，不少语言中有和它类似的喉音，但喉音发音时位置更低，如果外国学生用母语中的喉擦音代替汉语中的舌根擦音，听感上也会产生差异。另外，汉语中的舌根音 h 与合口呼韵母相拼时口型变圆，容易产生唇齿之间的摩擦，也会导致外国学生舌根音 h 的发音听起来有点像唇齿音 f。

（4）浊擦音 r、边音 l 和闪音 r 相混

外国学生浊擦音 r 和边音 l 的相混常表现在："肉"读得像"漏"，"热"读得像"乐"。实际上，r 和 l 的发音部位和发音方法都不相同：r 发音时舌尖指向硬腭前部，有时摩擦不明显，接近半元音状态；l 发音时舌尖抵住齿背和齿龈交界处，舌两侧边缘与上齿之间留有空隙，气流从舌两边的空隙通过。英语国家的学生常将 r 发得靠前且带有圆唇动作，或发成舌叶音［ʒ］。有的语言中还有闪音 r，发音时舌尖在硬腭前部轻弹一下，听感上和边音 l 有点相似，只是发音位置稍微靠后一点，所以也容易混淆。

（5）舌面音、舌尖前音和舌叶音相混

很多语言里都没有汉语的舌面音 j—q—x，这组音发音时舌尖要抵住下齿背，舌面前部和硬腭前部构成阻碍。但是舌尖往前伸或者往上翘是更常见的发音状态，因而这组音发音时，很多外国学生就容易把它们发成舌尖前音 z—c—s，带上舌尖部位的阻碍，发音部位明显靠前，如外国学生"鸡—资""西—思"不分往往是普遍现象。有的受母语中舌叶音的影响，带上舌叶色彩，发得有点接近［tʃ］［tʃʰ］［ʃ］或浊的［dʒ］［dʒʰ］［ʒ］。

（6）清音浊化

印欧语言中不少都存在清浊对立的现象，以英语为例，by—spy、die—stay、guy—sky 这三组英文单词中，前者 b［b］、d［d］、g［g］都是浊音，后者 p［p］、t［t］、k［k］都是清音。浊音发音时声带振动，听上去比较低沉。汉语中的声母 b、d、g 虽然写得和英语中的浊音一样，但实际发音是清音，有些欧美学生望符生音，把汉语中的这几个清音声母发得跟英文中的浊音 b、d、g 一样，听感上有些"重"。而且声母的浊化会使整个汉字声调的发音受到影响，如"爸"听上去有点像"把"。

2. 韵母的偏误

（1）前后鼻音不分

汉语中有 16 个带鼻音的韵母，这 16 个鼻韵母又可以分为带 n 的前鼻韵母和带 ng 的后鼻韵母两组。这两类韵母发音上比较接近，但是又存在对立，即在汉语中具有区别意义的作用，很多中国人也不易区分，外国学生更容易混淆。有些外国学生发不好前鼻音，舌头习惯后缩或者由于阻碍面过大，舌面抵到了硬腭甚至软腭，这样一来，n 和 ng 共振腔的形状几乎就没有什么不同了，发的前鼻音接近后鼻音。有些外国学生发不好后鼻音，这又可以分为两种情况：一种情况是发音部位靠前，接近舌面—硬腭的位置，介于前后鼻音之间；另一种情况是将后鼻音 ng 中的 g 发成除阻的辅音 g。就汉语的 n、ng 而言，n 发音的主要部位是上齿龈和舌尖，发音时舌前部与上齿龈闭合，封闭口腔通路，同时，软腭和小舌下降，打开鼻腔通路，气流从鼻腔通过，口形由开到合。ng 虽然用两个字母表示，却只是一个辅音，其主要发音部位是舌根和软腭，发音时舌面后部抬高，与软腭构成阻碍，口形保持元音口形不变。所以二者舌位不同，口形也不同。另外，对外国学生而言，要分清楚汉字中某个字是前鼻韵母 n 还是后鼻韵母 ng 本身也是难点，需要明确知道汉字的正确读音。

（2）单韵母松紧、圆唇不足

对汉语的单韵母而言，开口度和唇形是影响发音的重要因素。舌位的高低和前后直接影响口腔的形状和开口度的大小，进而影响到元音音色，一般来说，后、高元音舌头状态相对紧张，前、低元音舌头状态相对放松。如单韵母 e 发音时，舌头要往后缩，处于相对紧张的状态，如果舌位松弛就很容易发成前元音，而且这个音在其他语言中也很少见，外国学生不熟悉该舌位，发起来就更感困难。唇形的圆展会直接导致音色的差异，变成完全不同的音。如很多外国学生母语中没有圆唇元音 ü，当他们展唇发这个音或者圆唇度不够时，就会发成类似 i 的音，而 i 和 ü 在汉语里是具有区别作用的两个不同的单韵母。加上汉语里的单韵母也采用拉丁字母记录，实际发音却和外国学生母语中相同字母的读音不一样，如果望符生音，也容易发生偏误。

(3)复韵母动程不足

汉语韵母中绝大多数是复韵母,复韵母由两个或两个以上的元音组成。复韵母中的各个组成元音,其舌位和唇形都是不同的,且在韵母中所起的作用和所占比例也不相等。其中,舌位较低的元音作用大一些,通常充当韵腹,也就是主要元音。主要元音的音质要圆润、响亮,时长相对较长。另外,复韵母的发音要领是舌位的滑动,即从一个元音慢慢滑向另一个元音,中间是没有任何停顿的,这种音素间的滑动过渡要自然、平滑,而不是突变。而且在这个过程中开口度、舌位、唇形都要发生变化。外国学生发音时往往容易产生音素间的断层,唇形的滑动和舌位的位移又体现得不太明显,因而容易产生偏误。

(4)介音残缺或多余

汉语中的复韵母根据主要元音位置的不同可以分为前响复韵母、中响复韵母和后响复韵母。中响复韵母和后响复韵母的主要元音都不在开头,因而最前面的元音都是发音时长较短、声音不太响亮的介音(也就是韵头)。外国学生往往容易忽略掉这个又短又不清晰的介音,造成介音残缺。而前响复韵母是开头的元音发音响亮,时长最长,没有介音,如果增加过渡的元音,就会产生多余的介音。

(5)卷舌不到位

汉语中有一个特殊的卷舌元音 er,它实际上是一个复合韵母,发音时并不是一开始就卷舌,而是在发出[ə]后,舌尖往后缩,然后再翘起,而且舌尖翘起时不能碰到上腭,口形由略开到略合。外国学生发这个音时,有时会受到母语中近似音的影响,舌尖轻轻往上腭一弹就离开,发成了闪音。另外,这个元音只能自成音节,不和声母相拼,单发时还相对容易,难的是和其他音节结合形成儿化韵,出现在不同的韵尾后,儿化韵的读音也不尽相同,外国学生掌握起来相当困难。

3. 声调的偏误

就汉语语音而言,声调是外国学生普遍感到困难的地方,因为汉语是一种声调语言,而世界上大多数使用比较广泛的语言都是非声调语言。汉语声调具有区别意义的作用,如"dǎ(打)"和"dà(大)"是不一样的。声调一旦发生偏误,就会难以理解甚至产生误解,因此,声调在汉语字音中起着重要的作用。对外国学生而言，日常的汉语交流中或多或少都带有一点"洋腔洋调"，而"洋腔洋调"的产生绝大多数都和声调掌握不好有关。声调的偏误又主要表现在以下两个方面。

（1）单字调中的四声混淆

就单个汉字的字调而言，最容易产生的偏误就是四个声调之间的混淆。汉语的四个声调中，第一声和第四声相对简单，因为第一声是个平调，发音时不用改变音高，第四声是个降调，发音时声音由高到低，不用费劲，难的是第二声和第三声。第二声的标准调值是35，发音时要以中等高度的音高开始，然后升到最高点，声带由松变紧。外国学生发第二声普遍感到困难的是声音升不上去。主要原因是他们在准备发音时声带已经处于很紧的状态，上升时还要再紧就很困难。第三声被认为是四个声调中最难的，因为第三声是个曲折调，标准调值是214，先要降下去再升上来。外国学生发这个声调时常有两个困难：一是音高不到位，或开始时起点偏高，或下降时不够低；二是音长分配不对，发汉语第三声时长主要在低的部分，而外国学生往往将上升部分加以强调，念得很长，如果下降部分音高又不够低的话，就很容易和第二声相混。另外，第三声214的标准调值往往只是在大声、单个地念时才会出现，在语流中常常改变其基本调值，表现出多种音高变化，这也增加了习得的难度。此外，对于母语没有声调的外国学生来说，还容易产生声调调域的偏误。汉语声调的音高是相对音高而不是绝对音高，他们由于缺少对音高变化的感知经验，只能对声调的概念和规则加以抽象理解，因而，常会由于找不到标准音高而导致发音忽高忽低，听上去不自然。

（2）语流中的"洋腔洋调"

汉语作为声调语言，不仅每一个字具有自己特定的调值，进入语流以后，字与字的组合还会产生连读变调。如第三声在多数情况下都要发生变化，或变半三声（如"好看"的"好"），或变第二声（如"好美"的"好"），反倒是读第三声本调的机会不太多。在特定的语法意义要求下，某些第三声的字还要变成轻声，如"子"作词尾时要读轻声（桌子），动词重叠的第二个音节要读轻声（想想），等等。类似第三声这样的语流音变现象还有"一、不"的变调、轻声、儿化等，情况是比较复杂的。除此之外，汉字进入句子当中，字调相互之间本就有所"迁就"，还要受语调、语气、语义等的影响，产生各种各样的变化。因此，一个音节进入语流后，它实际上的调值是声调和语调等多种因素的合成。但是语调、语气的变化是极其丰富、极其复杂又极其细微的，在特定的语言环境中，说话人为了表达特殊的语义或感情，产生超出规律之外的特殊变化，都是完全可能的。还有语速、声韵母的难度、话题的熟悉度等也会影响到外国学生的字调。总之，语流中诸多因素交织在一起综合作用，使得字调的变化细微又复杂，对于缺乏语感的外国学生而言更是难上加难。

二、字音使用的困难

从外国学生字音的发音来看，除了汉语中少数特有的音素和声调较难以外，一般通过模仿和操练，大多数单字的发音都不会有太大问题。即使个别的音发得不到位，由于对外国人语音的容忍度以及语境提供的帮助，一般不会带来交际上的困难。但是，汉字字形与字音之间的疏离，使得外国学生没法见形知音，会造成了他们在字音使用上的困难。

1. 见字不知音

石定果、万业馨在调查外国学生汉字学习情况时，发现他们遇到的读音方面最大的困难是"见字不知音"，其比例高达77%。在表音文字中，单词的拼写与发音之间总是有一定的对应关系，即存在形音对应规则。而汉字作为一种以表意为主的文字体系，其形态和语音之间不存在形音对应规则，其中绝大部分也没法见形知音。对于广大母语是表音文字的外国学生而言，他们习惯了母语中依赖音码学习的策略，而汉字形体复杂，更难以建立形音联系。形声字虽然具有提示读音的音符，但表音功能相对较弱，且还必须建立在掌握较多数量的汉字并对汉字理据及其结构规律有所理解的基础上。因此，遇到一个汉字时，没有语音线索可供利用，无法见形知音，是外国学生学习和记忆汉字的最大障碍。

2. 同音字混淆

由于汉语音节数量少而汉字数量巨大，因而汉字同音字很多。严格来说，同音字应该是指声、韵、调完全相同的一组字，这里为了便于称说，将读音相同或相近的字都归入同音字范畴。绝大多数汉字同音字是音同形不同，意义也有很大区别，不能随意混用，但对外国人来说，他们本就对汉字字音的某些区别性特征感觉不那么灵敏，会觉得很多字都相似，往往产生误用，加上有些同音字在字形上也有共同之处，就更容易混淆了。外国学生因同音混淆带来的误用主要有以下几种类型。

（1）同音近形异义字的混淆

  虽然学习汉语这么久，汉语水*评还是不那么高。（平）
  这样子把握的汉*子进步一点。（字）
  我也花了很多时间找房子、*按排家具等。（安）
  广州也是很热闹的*成市。（城）
  书*方在桌子上。（放）
  今天天*汽很好。（气）

（2）同音异形近义字的混淆

  父亲需要出门*作一件事情。（做）
  他*带着手套。（戴）
  他决定去找一个对*相。（象）
  天慢慢*的亮了。（地）
  我很不*伏气。（服）
  我*忠心祝福她。（衷）

（3）同音异形异义字的混淆

  你别*可气了……（客）
  可是我觉得我可能快开*是怀念中国了。（始）
  跟中国菜没有关*习吗？（系）
  以后别*在偷了，偷是不好的事。（再）
  中国社*回进步很快。（会）
  *先在我汉语不太好。（现）

（4）同音近形近义字的混淆

  汗水*侵透了我的衣服。（浸）
  这件事让我很*疼苦。（痛）

那＊副画很漂亮。（幅）

汽车太多导＊至环境污染。（致）

我＊反回学校。（返）

老师奖励我一＊棵糖。（颗）

从外国学生同音混淆的情况来看，完全同音或仅声调不同的近音字混淆较多，声母不同或韵母不同的近音字混淆较少，这也从一个侧面反映出外国学生对声调的差异不敏感。另外，单纯的字音相同或相近造成的别字数量比母语习得者相对要多，但在整个同音混淆别字中并不占多数。大多数字音相近或相同的别字偏误，同时还混淆有字形相近或字义相近的因素，尤其是音同形也近的汉字最容易混淆，可见，同音混淆偏误的形成原因不只是字音在起作用，还有来自字形和字义的干扰。

3. 字音的误读

（1）与形、音、义相关的误读

汉字的形、音、义是一个统一的整体，三者相互关联，交叉影响，因而，对字形或字义的认知不当，也会造成字音的误读。如将"域"读成"城"，将"洒"读成"酒"，这是字形相近导致的字音误读；将"腿"读成"脚"，将"贺"读成"祝"，这是语义相关导致的字音误读。这两类误读在具体字例上具有偶然性，但是从现象上看具有普遍性，也就是说，外国学生因混淆形近字和意义相关字而产生字音误读的现象普遍存在，但误读的具体汉字各有不同，取决于学习者个体认知的差异。此外，当外国学生汉字学习积累到一定程度，掌握了某些汉字的理据和结构规律以后，其规则意识会逐渐增强，也会利用这些规律类推字音。但是，由于规律掌握不够全面，加上规律之外还有客观存在的例外，又容易产生类推错误。外国学生对字音类推的错误可分为两种情况：一种是按音符类推整字读音导致的误读，如将"挽"读成"免"；另一种是按同音符的形近字类推整字读音导致的误读，如将"祷"读成"涛"。音符类推错误在一定程度上反映学习者对音符表音功能的认识和在形声字读音中对音符表音线索的利用情况。研究表明，外国学生对规则形声字的读音掌握情况优于不规则字，可见其明显受到音符表音规则的影响。而且，外国学生对形声字的读音规则性效应随汉语水平的提高而增大，随着他们汉字识字量的增加，其音符意识逐渐增强，会更多地利用音符线索去类推形声字的读音。

(2) 多音字的误读

汉字中存在一定数量的多音字，这些多音字虽然总体比例不高，但大都是常用字，因而在阅读和理解中常会带来一定的困难。一个字的多个读音，主要取决于它在具体语境中所要表达的意义和用法，如果外国学生不能正确判断，就会产生多音字使用的困难。这种使用困难体现在两个方面：一是读错字音。汉字中的多音字，往往多个读音本身就相近，如"漂"有 3 个读音，"漂亮"的"漂"读"piào"，"漂浮"的"漂"读"piāo"，"漂白"的"漂"读"piǎo"，这 3 个读音只有声调的不同，但不同声调的"漂"字进入到具体的词和语境当中，意义和用法是有区别的。外国学生声调学习本就是难点，就算知道它的正确声调有时也容易读错，加上这三个不同声调的"漂"字在意义上也有一定的关联，产生误读就很常见了。二是转换困难。外国学生碰到一个多音字，往往会习惯性地读出他所知道的或是这个字常用的读音，受语言水平的限制，他们很难快速地联系上下文或语境作出读音判断，加上多音字的不同读音出现的频率也有差异，他们常遇到的是哪个音或者储存在他们头脑里的读音是哪一个，就会读出哪个字音，这也是造成多音字误读的原因。

第三节　对外汉字字音教学

一、汉字发音的教学

1. 音素教学与语流教学相结合

在对外汉语教学中，只要有生词的教学，就会涉及字音的教学，但生词教学中的字音教学，教师一般只会针对某个发错的音稍加纠正，不会具体展开。而且在学生掌握汉语拼音以后，教师也不会再逐一教每个字的声母、韵母和声调，而是以词为单位，标注汉语拼音带读或让学生自己拼读字音。因此，就汉字的字音教学而言，虽然它贯穿整个对外汉语教学的始终，但却是没有独立地位的。初级阶段主要是音素教学，即语音教学从单个的音素（声母、韵母中的辅音和元音）以及声调的单项训练开始，初步系统地学习整个汉语语音，一般在语言学习的前几个星期集中完成。声母、韵母和声调中任何一个部分发音不准确都会影响到字音的正确性，而且学生错误的发音一旦"化石化"，以后就很难纠正。因此，字音的学习要在初级阶段的音素教学中就打好基础。

音素教学重视音素发音的准确性，但是一味地进行音素的模仿和训练，会产生教学中的局限性。它忽略了语言的功能性，汉语语音中能够表达意义的基本单位是音节，而音素只是构成音节的单位，本身没有意义，过多地进行音素教学，不仅枯燥乏味，难以识记理解，还会割裂整体与部分之间的关系。学生学会了音素，在实践中"无用武之地"，且并不一定就会拼读音节。因此，从功能和意义方面出发，应尽早注意声、韵、调的结合，过渡到有意义的字音教学。如学完"b"和"a"以后，就可以学习"ba"这个音节，同时点明"八、爸"等字的读音和意义。

语音教学的最终目的是让学生能够正确、自然、流畅地说话，形成长短不一的语流。基于这一目标，语流教学强调从会话入手，在语流中学习语音，音素在会话练习中加以纠正。这种教学思路的优势在于学习者一开始就接触到自然、有意义的语句表达，学了就能用，但是由于没有打下良好的语音基础，有些发音认知模糊，对汉语语音也缺乏系统的认识。

音素教学与语流教学相结合，就是将二者的优势互补，在打好音素发音的基础上，逐步过渡到字、词、短语、句子和会话教学。这样，既能体现语音的系统性，又能形成良好的语流表达能力。汉字字音在二者结合的过程中扮演着重要角色，因为一个汉字就是一个音节，通过对音节的训练，可以发现学生音素学习存在的问题，有针对性地加以纠正，把汉字放进长短不一的句子中训练，又可以将语句韵律和字音结合起来，掌握自然流畅的表达。

2. 以模仿为主讲解为辅，加强操练

发音是一种发音器官的机械运动，掌握发音技能和运动技能的学习一样，需要经历三个阶段：一是认知阶段，即注意动作特点和寻求反应的线索；二是联系阶段，即在刺激与做出反应之间形成联系；三是自动化阶段，即无需特殊注意和努力就可完成操作。就语音学习而言，在认知阶段，学习者首先要注意观察教师示范的口形变化，确定发音部位和发音要领，以便进行模仿。在联系阶段，学习者要将听到的语音和自己尝试模仿的语音加以比对，并通过多次调试达到或接近一致为止。其次经过反复练习，提高动作的精确性和协调性，逐渐建立稳定、固化的发音。最后进入自动化阶段，形成熟练的语音技能。在这三个阶段中，模仿和操练都是必不可少的手段。

语音模仿可分为直接模仿和分析模仿，直接模仿不作任何解释，分析模仿则由讲授者加以说明和解释。在对外汉字字音教学中，这两种模仿常交替使用。一般来说，对于简单的汉字发音，教师可以通过直接范读、带读，引导学生借助听觉、视觉等建立主观感性认识，模仿发音，再将自己生成的字音和教师示范字音进行比较，经过试误、调整、纠错，直到发出正确的读音，这个模仿过程就是直接模仿。但不是所有的字音靠单纯模仿就能发好，当碰到某些难音尤其是在音素教学阶段就掌握不好的语音时，一味模仿只会耽误时间。这种情况下，教师稍加指点，简明扼要地对难点音素或拼读策略等加以说明，对克服难点是有帮助的。尤其是成人语音学习更重视理解和分析，他们能利用相关的语音知识和理论，需要更有效的指导模仿。但要注意的是，知识的讲解只是辅助的手段，必须言简意赅，切中要点，语音学习仍需以技能训练为主。

技能训练离不开练习。在语音模仿过程中，需要揣摩练习，才能发出正确的读音，掌握了正确的发音，也只有反复操练，才能将字音有效地保持在长久记忆中，使之更加稳定、巩固，因此，语音的真正掌握一定是一个长期的操练过程。当然，单一的模仿、操练，很容易流于机械、枯燥，练习过程中需要尽量设计多样、有趣、高效的训练方式。我们可以通过近音字的对比练习，让学生辨别其差异，如学生分不清送气音和不送气音时，就可以用"读—图、姑—哭、拔—爬"等有意义的字音加强听、说对比练习。也可以遵循由易到难、循序渐进的原则，练习难点音的拼读，如 shu（叔）这个音节外国学生比较难发，可以按照 shi

（师）—sha（沙）—shu（叔）的操练顺序，逐步攻克音节拼读难点。还可以将标准优美的语音材料和自身的朗读模仿相结合，更注意字音在语流中的变化，捕捉语句韵律传递的微妙信息，提高语音的感受能力，逐步形成语感。总之，字音的发音练习是一个实践性、操作性极强的过程，在这个过程中，模仿与操练相结合，更符合语言学习的规律。

二、字音使用的教学

1. 合理、有效地发挥音符的作用

对外汉字教学中，长期以来一直存在着重意符轻音符的做法，这和音符本身存在的局限性有关。首先，音符数量多，构字能力弱。与意符相比，汉字音符的数量要多得多，很多独立成字的汉字都可以充当音符，但是所构形声字却不多。大多数音符所构字数均低于 10 个，如果从常用字来看，构字数量还要更低。其次，音符本身的常用程度也较低，有些音符虽构字能力强，却已成为生僻字，如"艮、圭、隹"等。万业馨曾对《汉语水平词汇与汉字等级大纲》中形声字所用的 820 个音符进行过研究，大纲中未收的音符有 261 个，约占 31.83%；音符与它们所组成的形声字的常用级进行比较，音符大都不如它所组的形声字常用。因此，在教学安排上，无法先教一批基础音符，然后推广至其构成的形声字。另外，如前所述，音符直接表音的能力弱。由于历史音变的原因，音符在汉字发展过程中损耗严重，加上音符在形声字中的表音状况复杂，其表音功能也受到较大影响。因此，音符的教学难度相对而言较大。

然而，研究表明，字形所提供的语音线索对学习者的汉字加工和表征都有重要影响，尤其对母语为表音文字背景的外国学生而言，他们习惯将语音作为联系语言与文字的纽带。有关外国学生形声字习得和认知的研究表明，他们对音符表音作用的意识和对音符线索的利用是不够的。大多数外国学生能通过积累的语言学习经验感知音符的表音现象，但是不了解音符和形声字的概念，对现象背后的特点和规律缺乏系统的认知，即使学习的汉字量逐渐增加，也不能很好地利用音符特点学习字音，加上音符表音功能的局限性，如果没有客观、科学的指导，他们对

音符表音特点的感知会更加模糊和困惑。

根据音符特点的不同，可以采用不同的方式进行教学。如果音符常用度高于或等于整字，可先教音符字，再教同音的整字；如果音符常用度低于整字，可以采用音符系联法进行教学。所谓音符系联法，是指将一组拥有同一音符的形声字直接系联，不强调音符的示音作用，仅强调同组形声字之间语音的关联。其系联又可分两种情况：一种是系联字之间读音相同的，可由常用度高的形声字带出其他形声字读音，如"经、劲、径、颈、茎"的音符不常用且现已不成字，但这组字读音相近，且"经"常用度高，就可先教"经"，再用"经"来带"劲、径、颈、茎"的读音。另一种是系联字之间读音不同，但有规律可循，按其读音规律分组系联，如从"艮"得声的字根据其读音规律可分为两类：很、狠、恨、痕、跟、根、恳、垦、限、艰、眼。我们可以先教"很"和"眼"，由"很"系联出"狠、恨、痕、跟、根、恳、垦"的读音，由"眼"系联"限、艰"的读音。这样，就能根据音符的常用程度和表音情况，尽量利用音符的理据性，分期分批学习形声字。

另外，汉字音符还有一些较强的规律性，可以在教学中带来一些帮助：一是可以利用音符类推记忆成组的字音。如"正"的读音是 zheng，以它作音符的"整、政、征、证、症、怔"等字都读 zheng，只是声调上略有差异。而且，类推还有助于我们区分一些容易混淆的音素。如前例中的"正"，声母是舌尖后音，以它作音符的这一系列形声字的声母也是舌尖后音，就不会与舌尖前音混同。我们还可以利用这样的规律来区分前后鼻音的字、鼻边音的字等，当然，这些规律不是绝对的，不可盲目类推。二是可以利用音符分辨字形。汉字中也有不少形近的音符，利用形近音符的不同读音，可以有效区分这一类形近字。如"仑—仓"都可以在一系列形声字中充当音符，它们形体虽近但读音不同，读 lun 的"论、轮、伦、抡、沦、囵"等字的音符一定是"仑"，而不是形近的"仓"。同样的，读 cang 的"苍、舱、沧、伧"等字，它们的音符一定是"仓"，而不是形近的"仑"。三是可以利用音符提示字音。有的形声字读音跟音符差别很大，但是使用同一音符的一组形声字读音相同或相近，这样的音符经过归纳仍具有提示读音的作用，可以利用其提示作用来认读字音。如"且"的读音是 qie，由它构成的形声字读音大都跟

qie 有较大区别，但跟 zu 相关，如"组、阻、租、祖、诅"等。利用这一表音规律进行归纳，也能对汉字字音的学习有所帮助。四是可以利用音符认读生僻字。汉字形声字中，生僻字音符的表音率往往高于常用字，如"黄"的读音是 huang，以它作音符的一些不常用字"磺、潢、璜、癀、蟥"都读 huang，音符和字音完全相同。这一规律可以帮助认读较生僻的汉字。

总之，要重视并利用形声字音符的表音作用，要让学生认识形声字音符的表音特点。利用音符线索去学习、掌握字音，推测不熟悉的形声字读音，毕竟比没有任何语音线索要好，也比随意猜测要好。我们可以用音符带形声字，如由"息"带"熄、媳"；也可以用形声字带形声字，如由"堵"带"赌、睹"等；还可以用形声字带音符，如由"饭"带"反"。不管采用哪种方法，原则是"熟悉字带非熟悉字"或者"常见字带非常见字"，目的是让学生认识和熟悉形声字的特点，学会自己去归纳形声字，利用音符去学习和掌握汉字字音，促进其汉字学习。

当然，音符教学也要遵循适度的原则，音符表音状况复杂，也存在不少局限性。特别要让学生认识两点：一是汉字的音符与表音文字的字母性质不同，它是与意符互相配合，在构形中提示字的读音，但不等于字的读音，音符起不到像字母那样的拼读作用。二是形声字中音符准确表音率不高，因此，学习和记忆汉字字音应该利用音符但不能完全依赖音符，只有客观全面地展示音符表音的具体情况，才能更好地帮助学生认读和识记汉字。

2. 借助语境，理解、记忆字音

汉字是形、音、义的结合体，负载着一定的语言信息和文化信息，但是一个个汉字的确切意义只有进入到具体的词和句子层面才能获得，这就决定了我们不能孤立地教汉字，也不能孤立地教字音，而必须把字音教学、词汇教学与会话教学结合起来。要充分调动语境的作用，让学生在特定的语境中掌握汉字的形、音、义。

在常用词中教字音是我们常用的一种方式，因为字与词的联系最为密切。汉字构词能力强，掌握了一个汉字，可以由这个字推及一系列的词。因此，当学生学会一个汉字以后，教师就要想到学生会在什么样的语言环境中去用这个字，这个字可能会出现在哪些常用词语中。字词同步学习，既能让学生多角度了解所学汉字的形、音、义，又能增加词汇量，还能熟悉汉语字词之间的搭配关系。如"铁"这个字，虽然也能独立成词，但单独使用的机会并不多，如果死记硬背其读音，容易遗忘。可是如果我们教给学生"地铁"这个词，学生一下子就能记住，因为"地铁"一词出现的机会很多，这个词的意思也很简单。以词语来带字音的学习，是帮助学生识记字音的好方法。

借助语境教字音，还可以让学生更好地分辨多音字。如"长"，什么时候读 cháng，什么时候读 zhǎng，必须联系具体的上下文语境才能区分清楚。所以语境对于多音字的学习是必不可缺的。一般来说，绝大多数的多音字，组成词后就可以区分，但也有一些多音字，必须放到句子所提供的语境中才能区分清楚。如"好吃"，在"我很好吃"这个句子中读"hàochī"，而在"这种水果很好吃"中应该读"hǎochī"。

利用上下文的语境教字音，应当尽量选择一些自然、典型的生活化语境，如日常口语表达、经典范文句式、实际场合的常用句子等，都可以为教学所用。但有时为了加以区分和对比，也可以设计特定的语境加以辨析。如外国学生常分不清送气音和不送气音，为了让学生更好地对比区分，老师可以设计"shì __ ùzi（肚子），bú shì __ ùzi（兔子）；shì __ ùzi（兔子），bú shì __ ùzi（肚子）"这样的句子，让学生通过这个句子提供的语境，听辨不同的声母，同时理解送气与否带来的语义上的差别，印象更加深刻，也更容易理解和记忆汉字的读音。语境有真实语境和虚拟语境之分，在利用语境教字音的过程中，如果有真实语境可供利用，尽可能利用真实语境；如果没有真实语境可供利用，可以借助图片、视频、言语等多种途径创设虚拟语境。如教"摘"这个字时，教师可以一边摘下眼镜一边引导学生理解"摘"的读音、意义和用法，也可以借助图片让学生理解"摘苹果"之类的表达。

汉字无法见形知音，需要加强字音的练习。学过的汉字需要在词、短语和句子中大声朗读，口诵不仅可以检测发音是否存在问题，其过程本身也是加强字音记忆的一种方式，对汉语语感的培养也有很大帮助，在词组和句子中操练也有助于有意义识记，还能加强语流中字音的发音训练。当然，反复操练和识记不等于死记硬背，我们可以借助各种任务、游戏和多种练习形式来进行。课堂上，可以通过多样化的练习来检验学生对已学字音的掌握情况，如听写、分组竞赛、给字注音、绕口令等，借助各种巩固练习，加深学生对字音的熟悉程度。有关汉字学习策略的研究表明，应用策略使用得越多，汉字学习效果就越好。所谓应用策略就是把汉字放在一定的环境中进行学习和应用，在生活实践中运用汉字。可以让学生利用课外的时间留意生活中各种标牌上的汉字，如"小心碰头、出口、入口、禁止停车、中国银行"等，如果在课堂上学过，试着读出来；如果没有学过，可以记录或抄写下来，请教老师或查字典掌握字音。通过布置这样的任务，可以使外国学生了解生活中视线可及的汉字，根据其出现的语境复习巩固字音或学习新汉字。

3. 形义结合，区分同音字

同音字是外国学生汉字学习中的一个难点，有人对《汉语词汇和汉字等级大纲》进行统计，平均每个读音有 7.2 个汉字。同音字数量巨大，给外国学生学习汉字的读音带来了相当大的困扰，这也是汉字学习产生偏误的一个重要原因。区分一组同音字的关键，一是要分清字形上的差别，二是要辨析字义上的不同。如"梢—稍"都读 shāo，从字形上看，"梢"是木字旁的，"稍"是禾字旁的，字形粗看相近实则有别。从字义上看，"梢"的意思是树枝的末端，如"树梢、眉梢"等，"稍"是略微的意思，如"稍微、稍稍"等。同音字大多音同形异，书写时很容易张冠李戴写成别字，一定要根据字义确定字形。如"厂—场"都读 chǎng，都有"用来从事生产或其他活动的较大的地方"的意思，但"厂"一般专指有厂房的从事生产的地方，如"机械厂、汽车制造厂"等，而"场"可以指有房子的地方，也可以指没有房子的空地，如"会场、市场、广场、停车场"等。

在外国学生出现的汉字偏误中，最容易产生别字偏误的是形近音也近的汉字，在教学中要特别重视这类汉字之间的区别。这类字又以音符相同、意符相近的形声字居多，如："纪—记、抱—饱、倍—陪"等。像这样的同音字，要利用意符别义的作用区分字形，也可以借助它们常见的字词搭配进行使用上的区分。总之，在帮助学生归纳同音字、近音字的同时，应辅以字形和字义，避免学生单纯依靠字音记忆汉字。

第四章 汉字字义与对外汉字字义教学

第一节 汉字字义解析

汉字造字之初是以形表意的,如"跳舞"的"舞",甲骨文字形写作🕺,就是一个人两手持牛尾手舞足蹈的正面形象,后来字形经过发展变化,形成了现在的楷书写法。尽管由现在的字形不容易联想到"舞"字与它所代表的意义之间的紧密联系,但是这种发展的痕迹一直积淀在字形的演变之中,也就是说汉字的形义之间是有理据的。汉字字形代表的意义同样也在变化,从最早的表单音词词义为主,发展到现在的表汉语语素义,现代汉字一个字形可能负载着好几项语素义。总的来说,汉字字形与字义之间关系相对密切,字义随着字形的发展演变也在不断发展变化。

一、字义与字形

1. 字义与字形的对应关系

汉语中能够独立运用的最小语法单位是词,而现代汉语以双音节词为主,因此从使用单位来看,大多数双音节词才能在句子中充当意义使用单位。但是,现代汉语双音节词是从古代汉语单音节词发展而来,很多双音节词的意义和构成它的汉字意义之间有着千丝万缕的联系,而且现代汉语中也包含了不少常用的单音节词,单音节词就是用一个汉字来表示的,因此,汉字的字义在现代汉语中仍占有重要地位。具体来说,现代汉字的字义和字形之间有以下几种对应关系。

(1) 字形对应语素义

一个汉字字形对应的是汉语语素义,即这个汉字记录一个语素,而这个语素在现代汉语中不能单独构成一个词，必须与其他语素结合在一起才能独立运用，如"民、丽、阳"等。这种情况在现代汉语中是最多的，绝大多数现代汉字的字形对应的都是语素。

（2）字形对应词义

一个汉字字形对应的是汉语词义，即这个汉字记录一个单音节词，这个单音节词是由一个单音节语素构成的，如"书、大、很"等。这种情况在古代汉语中很常见，但是到现代汉语中就演变为一个汉字对应一个语素的情况居多了。

（3）字形对应音节

一个汉字字形对应的仅仅是一个音节，即这个汉字没有字义，如"玻璃""巧克力"当中的每一个汉字记录的既不是语素，也不是词，而只是音节，只有当它们合起来使用的时候才构成含一个语素的有意义的多音节词。

需要注意的是，不同的场合下汉字字形与字义之间的关系可能是不同的。如"马"单用时对应的是一个词，在"马路"中对应的是语素，在"马拉松"中对应的是音节。因此，判断一个汉字是词、语素还是音节，一定要根据其使用的场合进行分析，才能辨清它的确切意义和用法。

2. 字义与字形的表达关系

现代汉字字形和字义之间，有的能看出联系，有的已经看不出联系了。那些有联系的，其疏密程度又不一样，这是汉字复杂性的体现。从现代汉字字义与字形之间的表达关系来看，主要表现在以下两个方面。

（1）现代汉字大多不能"见形知义"

跟古代汉字相比，现代汉字字形记录字义的方式已经发生了很大变化。早期的汉字，如甲骨文、金文等多用象形的手法记录字义，图画意味很浓，所以往往能"见形知义"，如"山"甲骨文字形写作⛰，像连绵起伏的山峰；"目"金文字形写作👁，像眼睛；"田"甲骨文字形写作田，像阡陌纵横的农田；等等。这些字在长期使用过程中，字形经过不断简化特别是符号化的过程后，早期阶段象物表意的功能逐渐淡化。

如"山"现在已经看不出山峰的形状，反倒像一把叉子；"目"已经看不出眼睛的模样，反倒像一架梯子；"田"已经看不出农田的样子，反倒像一扇窗户。类似这样的字已经无法从字形探知字义了，如果强求形义之间的关系，反而容易造成偏误。因此，单纯地从现代字形去判断字义，对绝大多数汉字而言都是难以实现的。

（2）现代字形与常用字义之间表达关系疏远

汉字字义经过引申、假借等发展途径，有些初始义变为了罕用义，甚至已完全消失不再使用，字形跟现代常用字义的表达关系就疏远了。如"物"，甲骨文中原指杂色牛，后来引申泛指一切事物，字形和常用意义之间的联系几乎看不出来了；"间"，本义是指门缝，引申为一般的缝隙，后再引申为空间、时间、机会、隔阂等，还可以引申出离间、间谍等义项。字义越引申，与本义的距离就越远，义项也越来越多，通过字的构形去理解字义就越难。字义的引申一般都同本义密切相关，多多少少还可以从字面上推想出来，而字义的假借，则只有声音上的联系，与原字的本义或引申义都不相干。如"莫"，本义指太阳落入草丛，表示傍晚天快黑了，后借用为否定副词，表示"不、没有"的意思，字义和字形之间难以关联。因此，许多汉字已经无法直接从字形探知字义了。虽然也有些现代汉字字形能鲜明地体现字义，如"小土"为"尘"，"不正"为"歪"，"少力"为"劣"等，但这类字数量极少，它们的存在并不能改变现代汉字字形跟字义表达关系比古代汉字要松散、疏远得多这一事实。

3. 字义与字形的数量关系

在现代汉语字义系统中，汉字按照所含字义数量的多少可以分为单义字和多义字两大类。

（1）单义字

单义字是指只有一个义项的汉字。这样的字可以是单个的非成词语素，也可以是单音节词。有人对《现代汉语词典》中的单义字作抽样调查，统计得出汉字单义字所占比例为37.7%，接近四成。这些单义字大多是古代汉语的遗留，也有一部分是反映日常生活事物、动植物、化学元素、乐器、地名、人名、姓氏等的用字。汉字在使用过程中，很多造字之初单音单义的字，会逐渐发展为多义字或多音字，而保留下来的单音单义字或是经过时代变迁不再常用的字，或是一直传承下来意义和用法没有太多改变的字。同时还有一些新生事物，尤其是某些相关专业领域的事物，人们会新造一批单音单义字来表示。

　　就单音单义字的基本类型来看，大致可分为以下几小类：一是单语素字。很多在古代是词的单个汉字在现代汉语里已不能独立使用，只能作为最小的音义结合体与其他字组成能单独运用的词，也有一部分汉字仍独立成词，意义单一，如"迅、绽、睡"等。二是书面文言字。大部分汉字从最初单义的表达到逐渐增加或改变意义，小部分则仍保留古代单一的意义和书面用法，如"煦、恙、暂"等。三是地名、人名用字。表地名或人名的用字往往具有专属性，意义和用法相对比较单一和固定，如"皖、聃、碚"等。四是动植物名称用字。现代汉语中的动物或植物名称，虽大多已使用双音节形式表达，但其具有区别性特征的用字意义一般也比较单一，如"韭、柏、鲤"等。五是古代名物用字。我国古代存在的某些事物，现代社会可能已消失不用或换作其他名称，这些表示古代名物的字音义单一，仍保留在现代汉语中偶尔使用，如"瑟、膳、榻"等。六是方言用字。某些方言用字使用范围有限，意义和读音也比较单一，如"搡、捐、滒"等。七是化学元素用字。科学技术的发展，新事物、新现象的产生和发现，需要专门的术语和文字来表达，这些字往往也呈现单音单义状态，如"碳、钛、溴"等。八是叹词、拟声词用字。叹词和拟声词往往仅表示感叹或对声音的模拟，所用汉字的音义相对来说也是单一的，如"嗡、怦、吥"等。

　　现代汉语中的单音单义字由于读音和意义都具有单一性，往往是对某一事物或概念的准确反映，意义范围精准，不会产生歧义现象。因而给我们的交际带来一定便利性，不会因为某个字字义太丰富而在使用时需要通过理解语境从中判断、筛选出一个具体的意义，能节省思考时间，提高交际效率。但由于这些汉字意义单一，往往使用面又较窄，使用频率偏低，形体相对复杂。从单音单义字的语法聚合来看，现代汉语单义字涵盖了名词、动词、形容词等九大词类，其中，表示事物名称的名词和表示动作行为的动词在数量上占绝对优势，此外，还包括形容词、副词、拟声词、量词、数词、叹词、助词等，其分布情况与现代汉语词类分布大体一致，也是汉语交际中必不可少的部分。

（2）多义字

多义字是指一个字具有两个或两个以上的义项。一个汉字在刚创造出来之时总是单义的，随着社会的发展进步和人们对客观世界认识的深入，语言的意义在不断丰富，词汇也在不断扩展。限于人类的认知能力和文字的交际效率，不可能出现一个新词或一项新义就造一个新字，不同的词和不同的语义往往负载在同一个字形上，这就出现了一字多义现象。有人对《汉字信息字典》中7785个字作了统计，除去593个缺失字义的字形，如"葡、萄、玻、璃"等，只有一个义项的字（单义字）有4139个，有两个或两个以上义项的字（多义字）有3053个，它们之间的比例为1∶0.7。看起来单义字的比例比多义字还要高，实际上如果在常用字中统计，多义字比例就会超过单义字。

多义字的各个义项之间，并不是平等、孤立的，它们之间有常用和不常用、派生和被派生的关系。汉字字义包括本义、基本义、引申义、比喻义和假借义等。本义是根据字形分析和古代文献能证明的最早意义，如"走"，金文写作𧺆，上面像人的两手在摆动，下面是脚的象形，人两手摆动的幅度很大，像跑起来的样子，因此，"走"的本义是"跑"。基本义是从现代应用情况而言，指一个汉字在现代最主要、最常用的意义。有些字本义和基本义是一致的，也有的字本义不一定就是基本义，如"雨"的本义和基本义都是指"从云层中降落的水滴"；"走"的本义是"跑"，而基本义是指"步行"。引申义是从本义中引申、派生出来的意义。引申的方式有多种，有时几个引申义都是直接从本义中引申出来的，如"引"，本义是"拉开弓"，"拉开弓"是把弓弦拉长，因此，引申出"延长、伸长"的意思；"拉开弓"是把箭导向后方，因此，又引申为"引导、带领"的意思；"拉开弓"是向后拉，又引申为"退却"的意思。因此，"延长、引导、退却"都是直接从本义"拉开弓"中引申出来的。有时几个引申义不一定是直接从本义中引申出来的，而是由本义派生出来的意义，再派生出新的意义，如"门"，本义指"房屋等建筑物的出入口"，从本义引申出"形状或作用像门的东西"，再从该引申义又进一步引申出"途径、诀窍"的意思。比喻义是一个字在长期使用过程中，通过借喻而产生的新义，如"花"含有"比喻年轻漂亮的女子"的意思，比喻义是一种固定的、较抽象的意义，和比喻的修辞手法不是同一概念。假借义是由于用字假借而产生的意义，如"而"本义为胡须，后假借为连词义。假借义不是从字的本义直接或间接引申发展出来的意义，而是由于用字的假借产生的意义，与它同字的本义没有任何联系。

多义字各项字义之间有或紧或松的联系，如"私"在《现代汉语词典》里有4个义项：①属于个人的或为了个人的，如私事、私有；②自私，如私心、无私；③暗地里、私下，如私访、窃窃私语；④秘密而不合法的，如私货、私通。这4个义项能明显看出彼此之间的关联。多义字要和同音同形字注意区分。同音同形字是指读音和字形相同而意义不同的字，是由于字形演变、简化、讹变等原因造成的，字义之间没有关联。如"钟"这个字形负载了多个义项：①金属制成的响器，如古钟；②计时的器具，如闹钟；③指时间，如八点钟；④（情感等）集中、专一，如钟情；等等。在这4个义项中，前3项意义之间有一定的联系，是一字多义现象。第4项跟前面几个义项都没有联系，这是因为第4个义项原来是用"鍾"这个字形来记录的，汉字简化时借用了"鐘"的简化字形，二者就合并了，实际上它们是属于同形字。多义字还要和多音多义字注意区分。多音多义字是一个字形上负载了多个读音和意义，读音不同，意义也不同。前面我们谈到过多音多义字的主要来源，有些来源的多音多义字，读音和意义虽有不同，但意义之间仍有一定的联系，如：由词义引申而产生的多音多义字，它们之间的意义是有关联的。也有些来源的多音多义字，如由形体借用而产生的多音多义字，它们之间的意义就是不相关的。

使用多义字时，一定要结合它所记录的语义和语言环境才能确定它的具体字义，如"密"，"稠密"的"密"表示事物之间距离近、空隙小；"亲密"的"密"表示关系近、感情好；"精密"的"密"表示精致、细致；"机密"的"密"表示秘密。如果脱离具体的词语和句子，就无法判断它究竟使用的是哪一个义项。

二、字义与意符

早期的汉字以象形为主，汉字中的意符大都通过自身形象来起表意作用，这是直接表意，如"鱼"甲骨文写作🐟，就是一条鱼的形象；"间"（本字作"閒"，"间"是后起字）金文写作🜨，表示门有间隙，从门缝内可以看到月光。后来由于人们追求书写的快捷，使汉字变得不象形了，于是再创造文字时，就不能依靠本身形象来表意了，而是借助现成字符的意义来表达所要记录的语义，这是间接表意。汉字在漫长的发展过程中，表意性虽不断弱化，但仍顽强地坚持着表意的特点，不断采用新的方式增强个体形态和整个符号系统的表意功能。当意义发生变化后，通过改造自己的形体创造形义统一的新局面，如"砲"本是用石头做进攻武器，所以意符从"石"，火药发明后，意符演变为从"火"的"炮"。当原初造字意图因形体演变而淡化时，汉字便采取添加意符的方式来增强其表意功能，如"文"甲骨文写作🜨，像纹理纵横交错之形，字形符号化以后已看不出纹理之形，于是用加绞丝旁的"纹"表示丝织品上的花纹。另外，汉字产生了一批同音假借字，如"戚"本义是"斧类兵器"而借作"悲戚"义，"介"本义是"甲介"而借作"疆界"义，字形和字义之间脱离，但后来加上了相关意符，写作"慽、界"，这类字便借助意符再度表意化。因此，汉字在演变发展中借助意符，始终最大限度地在形体上增加意义信息，来坚持自己的表意特点。

1. 意符的界定

汉字形体中表示意义的部分有多种称谓和理解：一般把形声字中表示意义的部分称为形旁；苏培成认为，凡是和整字在意义上有联系的就是意符；裘锡圭将意符分为两类：作为象形符号使用、通过自己的形象来起表意作用的称为形符，由已有的字充当表意偏旁、依靠本身字义来表意的称为义符。由于我们分析的对象是现代汉字，常见于古汉字中的形符传承到现代汉字中已经极为少见了，因此，我们着眼于字符所起的表意作用，只要是在汉字中具有表意功能的字符就都归入意符，传统文字学所说的象形、指事、会意以及形声字的形旁所使用的字符都是意符，不作过于细致的区分。

意符作为汉字字形中的表意成分，其表现也是比较复杂的。首先，意符的选用不是整齐划一的。同一个意符可以表示不同的义类，如同是"虫"作意符，"蛾"是昆虫，"蛟"是指一种龙，"虹"是自然现象，

147

"蛮"表示粗野。相反，同属一个义类的字，可以使用不同的意符，如"说、喊"都是指口的动作，一个意符用"讠"，一个意符用"口"。其次，现代字义和造字本义的差异导致意符表意功能也发生了偏离。如从"纟"的字本来都和丝有关，"红"指丝帛的颜色，"绪"指丝端，"续"指丝连，"绝"指丝断，"纳"指湿丝，"级"指丝的等级，等等，后来这些字的字义范围扩大了，不再局限于丝，与意符所表之意就相差较远了。有些字引申义、假借义等成了常用义，意符就失去了表意作用。如"笨"本义指竹子的内层，引申为"不聪明、不灵活"后与意符"竹"没有了联系；"骄"本义指高大的马，假借指"傲气"后就与意符"马"无关了。还有的客观事物发生了变化，或是人们的认识更加深入科学，也会使意符丧失表意作用，如"杯"现大都已不再是木制，"思"是大脑的思维活动，与"心"无关，意符形体的固化和语义的变化使得意符所表意义往往和字义失去联系甚至发生矛盾。

从意符是否成字来看，可以分为两类：成字意符和不成字意符。成字意符由独立的汉字来充当，既可以拥有独立的意义，又可以作为部件将自身意义带入整字，在整字中起表意作用，如"口、心、目"等。不成字意符是指失去了独立使用的资格，仅作为部件在合体字中使用的表意符号，如"宀、扌、疒"等。不成字意符又可分为两种情况：一种是在古文字阶段原本成字，后形体演变虽不能独立成字，但其原有的意义仍保留在形体中，随变化后的形体进入新字。如"宀"（mián）原指四面有墙的深屋，后只能在"家、室、宿、宴、宾、安、富、客"等字中充当构字部件，但它在这些字中仍可表房屋意。另一种不成字意符，其源字现在仍可单用，只是作为源字和构字部件在形体上发生了变化，但变化后的部件与源字意义存在鲜明的对应关系，如"扌—手、氵—水、忄—心"等。这类不成字意符只有充当合体字部件时才发生形体变化，如果独立使用就成了成字意符。

2. 意符的范畴

意符所表之义不是与某个具体事物相联系的具象意义，而是与某类事物相联系的概括意义。如以"土"为意符的字大都和泥土、土地有关，以"巾"为意符的字多表示和纺织品有关，等等。汉字从一字一义到逐渐衍生出相关的派生义或不相关的假借义，意义总是在不断发展变化，假借义的产生与本义无关，因而，与意符关系不大，派生义是由本义派生出来的，各个义项之间不仅有联系而且蕴含着人类观察事物的思路和视角，因而，意符与所记录的派生义之间有或多或少的关联。根据意符与字义关联的情况，我们将意符反映的字义类型归纳为三类。

（1）意符反映汉字的概念意义

概念意义是所指称的客观事物的本质属性和特征在字义中的反映，体现人们对客观事物的认识。如"王"充当意符时，多表示字义与玉石有关，《说文·玉部》中"琼"解释为"赤玉也"，"琼"的意符"王"反映的是"琼"作为玉石的本质属性。"艹"充当意符时，多表示字义和植物有关，《说文·艸部》中"药"解释为"治病草"，我国古代治病多用草药，"药"的意符"艹"正体现这种植物的本质特征。

（2）意符反映汉字的引申意义

引申意义是指客观事物的某些附属属性和特征，含事物的功能、形状、颜色等。如《玉篇·玉部》中"玻"解释为"玻瓈，玉也"，"玻"是外表看起来像玉石的事物，因而，意符"王"表示的是和玉石外形特征相似的附属特征；《集韵·霰韵》中"现"解释为"玉光"，"现"表示玉石的光泽外射，极易显现，因而"现"的意符"王"是指玉的视觉特征，也是玉石的附属特征。这些附属特征体现在字义里，就是我们常说的引申义。由于事物的附属特征可以从不同角度关涉多个方面，因而，有的引申意义会阐发较远，甚至可能引申出与本质属性截然不同的事物。如《说文·虫部》中"虹"解释为"螮蝀也。状似虫"，"虹"本是一种自然现象，因其弯曲的样子与虫类似，故以"虫"为意符，从自然科学的范畴看，意符"虫"与"虹"相去甚远。又如"法"，以"氵"为意符，《说文解字》中"法"作"灋"，解释为"灋，刑也。平之如水，从水；廌，所以触不直者，去之，从去"，由水的平面状态引申到刑法的公平，是将客观事物的存在状态和人的精神观念联系在了一起。可见，意符所表示的义项并不只是简单地表示事物的类别，还可能引申出与客观事物某一相似特征关联的意义。文字符号毕竟只是用来记录语言、传递信息，而非为事物分类的科学研究，因此，意符对事物的概括不仅存在客观基础，也存在主观倾向，有些可能与自然科学的分类范畴一致，有些则是人类主观性、人文性的体现。

（3）意符反映汉字的文化意义

文化意义是指某些汉字在社会背景因素影响下所产生的附加意义，包括思维模式、价值取向、风俗习惯、伦理道德、审美情趣、宗教情感、民族性格等方面。这些因素影响下产生的意义有时也会由意符带入整字中，成为字义的组成部分。如《说文·玉部》中"玩"解释为"弄也"，"珠"解释为"蚌之阴精"，"珍"解释为"宝也"。"玩"从"王"，是因为玉石有审美价值，可以作为把玩的对象，而"珠、珍"等字与玉石并无客观联系，却都采用"王"作意符，是因为"珠、珍"等字所记录的对象具有与玉石相同的审美价值，均可归入珍宝类，因而赋予它们相同的意符。这类意符往往是古代社会观念和意识形态的反映，即使有的字义会随社会发展而变化，但意符中蕴含的文化意义却固定下来，忠实地保留着古代文化的印记。

由于意符仅仅只是对事物或现象粗疏义类的概括，因而，有些意符在相邻范畴或相关范畴上可能存在意义的互通性，如"止、彳、足（𧾷）、辵、夂、走"等意符都可以表示与脚或脚的动作有关，"手（扌）、又、寸、爪、廾"等意符都可以表示与手或手的动作有关的事物，等等。但总体而言，这种相通性是有限的，各个意符基本上具有自己的个性特征，并以此来区别于其他意符。另外，表达同一类事物的汉字所使用的意符多寡不一，如与财宝有关的意符只有"钅（金）、王、贝"，而与器物有关的意符则包括"皿、酉、古、瓦、斗、扁、几、匕、巨、曰、片、壶"等。同一范畴的汉字所使用的意符越多，反映出人们对该类事物的认知越深入，辨别能力越强。因而，汉字的意符不仅表意，还可以较为清晰地区别事物的类别，反映人类对客观事物的认知水平。当然，自然事物之间的界限并非如人类所作的分类一样泾渭分明，意符反映的也只是某一事物类别中的主要成员，不可能包含全部，这是符合事物自然规律和人类认知规律的。

3. 意符的表意度❶

由于意符只能给人一个笼统、粗疏的义类，起到提示所构字字义的作用，要通过数据统计的科学方法来计算其表意度实属不易，因此，目前学界对于意符的研究多集中在汉字意符的数量、类别、与字义的关系及其密切程度等方面。如施正宇从 3500 个常用字中分析得出 2522 个形声字，再从这些形声字中析出 167 个意符，并对意符的表意等级分为不表意和有效表意两级，其中，有效表意又分为直接表意和间接表意两类；周妮将 3500 个常用字拆分为 5 类构件，其中，表意构件占到 40.84%，含有表意构件的字占 75.43%；李燕等根据形声字形符和字义的关系，将形符表意度分为完全相同、相关、无关三个等级，得出形声字形符表意度为 43.79%；吕菲从 3500 个常用字中确定了 2415 个形声字，根据意符的表意等级赋予一定的分值，计算得出形声字意符表意度约为 44.87%。从上述研究中我们可以看出，即使是相同的语料，大家对形声字的界定、意符的类别、表意等级的划分等都存在分歧，因此，关于意符的表意度更是难以达成一致意见。

从现代汉字意符的表意状况来看，我们将意符的表意度分为三级：

（1）意符完全表意，即跟字义完全相同

汉字中只有极少数的意符与整字意义相同或近似相等，能提供准确可靠的意义信息，如"舟—船、父—爸、光—辉、香—馥、肌—肉"等。

（2）意符基本表意，即跟字义有一定联系，但不等同

大多数意符并不直接表示整字的意义，它只表示与整字意义有某种关系，但这些关系只能提供或近或远的意义信息，如"鸟—鸭、心—想、氵—渴、艹—芳、犭—狡"等。

（3）意符不表意，即跟字义已经没有任何联系

这一类意符和整字之间的意义完全脱离，现在已经不相干了，如"马—骗、车—轶、女—始、牛—特、⺮—笑"等。

根据李燕等人的统计，《现代汉语通用字表》所收的 5631 个形声字中，形旁完全表意的占 0.83%，基本表意的占 85.92%，不表意的占

---

❶ 也有的文章称"表义度"，本书除原文引用外，所有的"表义"均统一用"表意"。

13.25%。也就是说，意符的准确表意性是非常差的。首先，绝大多数意符实际上并不直接表示汉字的意义，它对意义的提示是一个相对广泛的范畴，因而充满了模糊性。如意符"艹"提示其构成的整字都与草有关，而这个"有关"是多方面的，可以指草名、草貌、草的气味、草制品、草的功能等。其次，字义系统本身会发生变化。字义的引申、假借，使意符的表意作用更显薄弱，如"弛"，从弓也声，本义是把弓弦放松，引申为"放松"之后，"弓"的表意作用就不那么明显了；"常"，从巾尚声，是裳的异体，借为"经常"的"常"后，巾字旁便失去表意作用了。引申义与意符多少还有些关系，假借义与意符却是不相干的，意符的表意作用实际已等于零了。再次，社会的发展也使意符的表意作用失去时效。字义因社会的发展发生了变化，而意符却在字形系统中留存下来，就会产生不一致。如"贝"，历史上曾作为货币使用，因而由特定的社会背景赋予了"财富"之义，该意符进入构字系统，形成了"货、财、资、购、贺、贸、赔"等一系列字。由于现代社会"贝"已经失去了货币的功能，"财富"之义消失，因而，"贝"作为意符所表示的意义和上述含"贝"的字的意义也就没有直接联系了。最后，有些意符在发展和使用过程中增加了其早期成字时所不具备的意义，如"口"作为意符本来和嘴有关，后来被用作表示外来译音字，如"咖、啡、吨、啤"等字，意符和整字之间意义联系也就不明显了。

尽管如此，现代汉字意符的表意性与古代汉字仍是一脉相承的，其本质上并无太大区别，仅只是表意范围的大小和抽象程度不同而已。如"马"，在甲骨文中写作 ，为象形字，以形表意，但这一形体实际上并非指某一匹马，而是对"马"这一个物种的核心特征加以描写，无视其年龄、性别、毛色、品种等诸多因素，具有明显的概括性。因此，即便是以形表意的象形字也具有概括性和抽象性，是某一类事物的象形，而不是某一个特定事物的象形。随着字形表意范畴的逐渐扩大，概括性不断增强，意符的表意特征也发生了变化。如"马"，由仅指一个物种，发展到表示马的不同状态、动作、性情、生活环境乃至与马有关的动作等，意义范畴大大扩展，概括性和抽象程度随之增强。我们不能因为这些变化就否认意符的表意性，而应该从多个角度出发，全面分析意符与事物之间的各种联系。

4. 意符与字义的关系

在汉字字义系统中，意符主要提示跟字义有一定联系的信息。具体地说，意符和整字字义的关系大体有以下几种。

（1）同义关系

这就是我们上文说的意符完全表意，意符与被构字同义。如"爸"的意符为"父"，"爸、父"的意义均指"父亲"；"病"的意符为"疒"，"病、疒"的意义均指"疾病"。

（2）种属关系

意符表示属，被构字表示种。如"木"表示树木类，以其为意符的"李、杏、桂、松、柏、杨"等都是树木中的一种；"钅"表示金属类，以其为意符的"钢、铁、铜、铅、银、锡、铝"等都是金属中的一种。

（3）直接关系

意符与被构字之间能看出明显的意义关系。如"渴"的意符为"氵"，渴了要喝水，与水有关；"打"的意符为"扌"，打要用手，与手有关。

（4）间接关系

意符与被构字之间虽无直接关系，但可以曲折相联。如"芳"的意符为"艹"，"芳"虽不是一种草，但它是指花草的香味；"粒"的意符为"米"，"粒"虽不是粮食，但它指粮食类的粒状。

（5）象征关系

意符与被构字之间有象征意义。如"家"的意符是"宀"和"豕"，"宀"表示房子，"豕"是指猪，房子里有猪是"家"的象征；"国（國）"的意符是"囗"和"或"，用武力护卫的疆域象征国家。

（6）没有关系

现代汉字意符和被构字字义之间没有关联，不过如果追根溯源，有的还是能找出其意义之间的联系。如"穆"现在的意义是指"恭敬、严肃"，跟意符"禾"没有关系；"给"现在的意义是"交付、送与"，跟表丝织品有关的意符"纟"没有关系。

总体而言，现代汉字意符的表意功能是比较弱的，单靠意符不可能具体、准确地掌握字义。在现代汉字中，意符的作用主要体现为两点：

一是提示，二是区别。"提示"是指意符有助于人们联想到该字所记录的语素义或词义的大致范围，增加了有理性，减少汉字学习的困难；"区别"是指用意符可以区别同音字，尤其是那些读音相同、音符也相同的字，如"蜂—峰—锋""机—肌—饥—讥"等。因此，我们不能完全依赖现代汉字意符的表意功能，但又可以充分利用其提示和区别的作用，探索规律，作为学习掌握汉字的把手和支点。

三、汉字的记号化

1. 记号字

早在20世纪40年代，唐兰就提出了记号字的观点，他认为图画文字和记号文字是衔接起来的，图画演化得过于简单，就只是一个记号。王凤阳认为，从篆书到隶书，汉字体系由量变发生了质变，由记号表意文字取代了象形表意文字。苏培成也认为，由于形体的演变，古代许多象形字已不再象形，如"日、月、山、水"等。这些字从楷书形体上已经看不出所象为何物，也看不出该怎么读音，所以变成了记号。裘锡圭将字符归纳为意符、音符和记号三类，在语音和意义上都没有联系的就是记号。从上述关于记号字的说明可以看出，大多数研究者都认为记号是有别于意符和音符、与音义完全没有关系的字符。

这里所说的与音义没有关系是从现代汉字的角度来看，很多字字形与字义、字形与字音之间关系都变得疏离，如果从汉字形体发展演变的历史渊源来看，不少字只要稍作溯源分析，还是能得出其构形理据和形音义联系的。如"火"从现代字形来看，字形与字义之间看不出联系，是个记号字，但是如果追根溯源，它的字形就是火焰的象形，是个象形字。汉字字形在发展过程中，形象性逐渐丧失，符号性逐步增强，因而直接用字形的图像来表意的功能丧失了。但这些符号跟它们所表示的字义之间产生了固定的联系，也就是说它们各自表示的字义已经固定在相对应的意符上了，人们通过学习，还是能建立起这种联系。如：尽管"火"已经不像火焰，但我们一看到"火"这个意符，马上就会跟"火"联系起来，就可以大致推测它们的字义跟火有关，如"灯、炒、炎"等。因此，"火"虽然变成了一个记号字，但它进入到很多合体字中充当表意符号时不能看作记号，而是一个具有表意功能的意符。音符也是如此。汉字与语音的联系只存在两种情况：一是某个字必然与某个音产生关联，但这种关联大多是任意性联系，存在理据性联系的除了语气词、拟声词以外极为少见。二是形声字在造字时为记录读音，会有意识地选择某个与该字读音最接近的字符做音符，这种有意识选择的音符与整字构成理据性联系，但一旦在某种情况下这种理据被扭曲或破坏，音符与字音间的原有联系也就断裂了，这时，音符就会转变为记号。

现代汉字中的记号字包括全记号字和半记号字，全记号字是整字都由记号构成，又可以分为单记号字和合成记号字，如"水、求、门"都是单记号字，"鱼、鹿、特"是合成记号字。半记号字是由记号与其他字符组合构成的字，又可以分为半意符半记号字和半音符半记号字，如"笛、江、刻"是半意符半记号字，"球、笨、级"是半音符半记号字。

2. 记号字的来源

（1）因隶变而成的记号字

有些字由于隶变形态结构发生变异，整个字符失去了与原有字音义间的联系，变为记号字。如"年"，原来是个"从禾千声"的形声字，本义是指"谷物成熟、年成"的意思，楷书里"年"的形旁和声旁都遭到破坏，粘合成了一个记号字。又如"塞"，甲骨文写作，像双手持"工"堵塞房屋缝隙之状，"工"像砖坯之形，金文增加至四个"工"，小篆又在下面增加了一个意符"土"，隶变后双手和四个"工"发生部件粘合，逐渐演变成整字上下保留部分意符、中间为记号的半记号字。

（2）因音义演变而成的记号字

汉字的读音和意义都会随时代的发展而变化，如"刻"，《说文·刀部》解释为"刻，镂也。从刀亥声"。今"刻"与"亥"的读音差别已很大，"亥"丧失表音功能，使"刻"变成了半意符半记号字。再如"特"字，《说文·牛部》解释为"特，牛父也。从牛寺声"。从现代汉字来看，"特"无论字音还是字义都找不到与字形之间的任何联系，成了纯粹的记号字。

（3）因简化而成的记号字

汉字简化的一个重要途径就是减少、省略繁体字中的某些笔画或部件，有些繁体字经过减省后就成了记号字。如"飞"，《说文·飞部》解释为"鸟翥也。象形。凡飞之属皆从飞"。随着汉字的演变它逐渐丧失象形性，简化时取其一部分而成为记号字。汉字草书中大部分仅保留了字形的大致轮廓，原有结构多被破坏，这些字被吸收为简化字后，实际上都成了记号字或半记号字，如"專—专、書—书、爲—为"等。

具有相同记号的汉字，其记号可能来源于相同字符，也可能来源于不同字符。如"继、断"中的"䇂"都来源于"𢇍"；"尽、昼"中的"尺"都来源于"聿"；"监、临、贤、坚、肾"中的"川"都来源于"臣"；而"轰、聂"中的"双"分别来自"轄、耳"；"乱、敌"中的"舌"分别来自"𠭖、啇"；"欧、凤、赵"中的"乂"分别来自"品、𠂇、肖"；等等。另外，一个字符在汉字体系中，可能是作为记号存在，也可能是意符或音符，其功能不是一成不变的，主要要看它与整字音义之间有没有理据性联系。如"木"独用时是记号字，在"椅"中是意符，在"沐"中是音符，在"杰"中是记号。汉字从古至今一直存在着记号现象，只是古今汉字的记号化程度有所不同而已。对大多数现代汉字而言，它们都是从古代汉字发展而来，其字形与记录的音义之间还是有一定联系的，我们可以最大限度地挖掘、利用这种联系，为汉字教学服务。

第二节　外国学生汉字字义习得存在的问题

一、形与义的问题

1. 字义带来的偏误

前文在分析汉字字形习得偏误中提到的意近改换、类化改换、部件增损等问题，实际上都是由于外国学生没有掌握好汉字意符或是对意符特点认知不足而造成的。意符发生偏误，整个字形也就错了，而字形是更外在的表现，所以我们把它归入了字形偏误，这里不再赘述。

从字义方面分析，因理据和用法而引起的别字偏误也有不少，但这些偏误往往也不是单纯由字义理解不准或用法分辨不清引起的。因为汉字的形、音、义实际上是一个整体，是相互关联的。字形出现偏误，往往跟音义都有关系；同样，字义产生问题，跟形音都脱不了干系。如将"做法"的"做"写成了"作"，是因为不仅"作、做"意义相近，字音也相同；将"一分子"写成了"一份子"，也是因为"分、份"不仅存在意义的关联，还存在读音和字形上的相近。因此，字义带来的偏误大多不是单纯由字义一个方面的影响造成的，还和读音、字形密切相关。有时，外国学生也会出现单纯由汉字意义相关而产生误用的现象，如将"我"写成"你"，将"校"写成"教"，将"中"写成"内"，将"裙"写成"裤"，等等。这一类偏误是由于某两个字在某一意义范畴内意义相关或相似而导致，一般极少出现，且只有在成句的表达中才能发现并推断其产生原因。

2. 无法从字形推知字义

汉字是表意体系的文字，其字形具有表意功能是重要的特点，但这一特点是和其他文字相比较而言的，而且从字源探究的角度看，这种表意性从古代汉字到现代汉字是一脉相承的。这并不是说，汉字字形具有直接表达意义的功能，从字形上就能准确地探究其意义。

汉字在从古至今的发展过程中，字形发生了很大变化，意义也在不断引申发展，到现代汉字，字形表意已经非常抽象了。如果不追溯其造字理据，许多汉字也只是一个个抽象的书写符号而已。如"冒"金文写作![字形]，就是眼睛上方戴着一顶帽子的形象；"末"金文写作![字形]，就是在"木"的树梢上加一个指示符号，"集"金文写作![字形]，就是三只小鸟停在枝头的样子。这些字字形表意的功能早期是很明显的，到了现代汉字中，已经变得越来越没有表意的痕迹了。同样，形声字其意符也具有表意作用，很多有相同意符的形声字，能马上联想到它们的义类范畴是一样的，如"钱、银、钥、钟"等字，我们从"钅"这个意符就能判断出这组字的意思都跟金属有关。但形声字意符所表示的意义只是一个大致的义类范畴，并不是具体的字义，我们不能从意符推出该字的准确含义。如"骑"，我们只能推出这个字的意思跟马有关，但并不能推断出

"骑"字的具体意义。还有很多形声字在今天所表示的意思都是引申、假借的用法，这样，从形声字意符中就更难推出其意义了。如"错"，最早的意思是在金属中镶嵌某物，后来引申出"对错"的"错"，我们看它的意符"钅"时就无法推断出"对错"的"错"跟金属有何关系。因此，现代汉字形义关系已经变得复杂化，字形与字义之间有的有联系，有的没有联系，有联系的汉字形义之间其层次关系和疏密程度也是不同的。

因此，虽然说汉字是表意文字，汉字字形中也确实大多保存着意义的信息，但是现代汉字的表意性已经非常抽象了。外国学生对于一种完全陌生的文字体系，本身就缺乏必要的文化背景知识，要从字形推断汉字的字义就更加困难。

二、字与词的问题

1. 词中邻近汉字的误导

前文在分析汉字字形习得偏误中提到的类化改换、部件增损、杂糅改换等问题，大都是由于外国学生以词为整体记忆汉字，而将上下文中或经常组合成词的汉字混淆或误用，这里不再赘述。

汉语一些常用词中，某两个或几个汉字经常连用，容易导致学生将该字写为包含了该字的常用复合词中的另一个字，从而写出别字。如将"语"写成"话"，将"校"写成"学"，将"歌"写成"唱"，将"应"写成"该"，将"身"写成"体"，将"伞"写成"雨"，将"关"写成"开"，将"找"写成"钱"，等等。出现这类偏误是由于外国学生心理词典中习惯以整词存储为主，而又对字与词之间的联系和区别分辨得不是十分清楚。一方面，外国学生受自己母语的影响，常常把汉语中的词语和母语中的词相互对照进行整体记忆，另一方面，对外汉语教学中的教材设计往往都是以词为单位呈现汉字，教学方式上也是由生词带汉字进行学习，学习者对汉字的重视和注意也不够，因而，想到某一个字就自然而然地联想到比较熟悉的复合词，把整词看作一个单元进行加工，稍不注意词内相邻汉字之间就会彼此造成干扰。

2. 无法从字义推导词义

在汉语中，字和词不在一个层面上，但现代汉语的词义和字义又有着千丝万缕的联系，有的一个字就是一个词，那么字义就是词义，有的两个或两个以上的汉字构成一个词，那么字义以某种方式构成词义。单音词词义和字义之间的关系容易理解：当一个汉字就是一个词时，这个汉字的字义和它所表示的词的词义相同。复合词词义和字义之间的关系比较复杂，以二字结构的合成词词义为例，词义与组成该词的汉字语素义有五种组合方式。

（1）合义（A + B = AB）

合成词的词义等于两个汉字语素义的简单加合，其词义可从字面上理解，如健美 = 健康而优美。

（2）加义（A + B = AB + C）

合成词词义除了两个汉字语素义的简单加合外，还含有字面以外不可省略的内容，如回收 =（把物品）收回利用。

（3）同义（A + B = A = B）

构成该合成词的两个汉字语素义相同，且和该合成词的意义也相同，如声音 = 声 = 音。

（4）偏义（A + B = A ≠ B 或 A + B = B ≠ A）

有些合成词因某一汉字语素义的失落或淡化而只和其中另一个汉字语素义相同，如长短 = 长度。

（5）转义（A + B = C）

有些合成词的意义与构词的汉字语素义均不相同或是只有较为曲折隐晦的意义关系，如扎眼 = 惹人注意。

由上可见，汉字字义和词义之间关系密切，也存在一定的组合规律，如果能充分利用其规律，可以由字义推知词义。然而，对外汉语教学中以词汇教学为主，汉字教学依附于词汇教学，因而，常会出现学生知道汉语某个词的意义却不知道组成词的字的意义的情况。如有个外国学生学了汉语"鸡蛋"这个词，却不知道"鸡"怎么说。他到餐馆点菜，呆了许久，对服务员说："请给我上一只鸡蛋的妈妈。"这就是只教词义而不管字词意义关联所带来的弊端。

当然，汉字字义与词义之间的组合关系存在多种情况，对于字词积累有限、缺乏汉语基础的外国学生来说，看到一个词，他无法判断这个词的词义究竟是字义的简单组合，还是在字义组合基础上衍生出一个新的意义，又或者是其中某一个汉字在词中单独决定词义。因此，有时即使他掌握了某个汉字的基本义，由于现代汉语中不是所有的词义都是字义的简单相加，还是可能会产生类推错误。如"小两口"这个词，外国学生光从字面来看，可能会理解为"小小的两张嘴巴"，而实际意思却是指"年轻夫妇"，词义和字义相去甚远。又如"马大哈"也不能从字面上理解为"一匹马哈哈大笑"，而是指"粗心大意的人"。像这样的惯用语，背后蕴含着丰富的文化信息，是不能由字义简单推断词义的。因此，字义在词义中的作用是不均等的，不能错误类推。

三、义项的问题

1. 无法根据语境合理判断或恰当使用汉字的义项

一个汉字往往有多个义项，而具体到某个词中它又是单义的，字的各个义项在不同词中具有灵活性和多变性。有一个笑话，说的是中国人请客普遍客气，明明很丰盛的酒席，对客人也称是"便饭"。一次，一名外国客人看到中国主人准备了丰盛的饭菜，竖起大拇指，赞美道："这是一顿大便饭！"此言一出，全桌人都没有了胃口。虽然只是个笑话，但由此可见汉字进入到具体的词中以后，其义项是不同的，具体义项的选择取决于词的意义和相应的语境。

对中国人来说，汉字义项虽多，但是这些意义之间通常有某种联系，在一定的语境中使用这些汉字时，往往也能凭语感正确理解和使用，很少会发生混淆。而外国学生不一样，他们大多只能死记硬背，学一个义项记一个义项，一个汉字义项多了，混在一起就会不知所措。如果外国学生掌握的汉字义项有限，用其所了解的字义去分析新接触的词的意义，有时候是行不通的，而让他们一下子就全面掌握一个字的多个义项并能合理运用，也是有一定困难的。因此，外国学生如果不能梳理出汉字常用义项之间的联系，或者不知道如何选择合适的字义去分析词义，即使掌握了字义也读不懂汉语，或者不知道在具体语境中如何恰当运用汉语。

2. 汉字义项与外国学生母语词义关系的不对等

外国学生的母语大多以字母构词，词是语言运用的基本单位，因而他们心理上习惯以词为单位学习汉字，且往往将汉字的义项与母语的词义对应起来。而汉字的义项和外国学生母语的词义关系对应复杂，有时一个汉字可以对应其母语中若干个词。如"打"这个字在《现代汉语词典》中有20多个义项，使用非常灵活，我们可以将汉字"打"在具体语境中的意义和英文对比一下：

打鼓——beat a drum	杯子打碎——break the cup
打架——fight	打官司——engage in a lawsuit
打墙——build the wall	打家具——make the furniture
打馅儿——stir the stuffing	打包裹——wrap up a parcel
打毛衣——knit a sweater	打蜡——polish with wax
打井——dig a well	打伞——open the umbrella
打电话——make a call	打水——get some water
打酒——buy wine	打鱼——fishing
打介绍信——write a reference	打柴——cut firewood
打草稿——prepare a draft	打杂——do odds and ends
打球——play a ball	打哈欠——yawning
打比喻——draw an analogy	打字——type words
打车——take a taxi	打人——hit sb.
打招呼——say hello	打灯笼——hold a lantern

由上述"打"字一例我们可以看出，汉字"打"组成的词语到了英语中，几乎都要换用不同的单词来表示，而汉语中一个"打"字就可以全部涵盖，如此丰富的义项，让外国学生无所适从。

有时外国学生母语中的一个词又可以对应多个汉语词汇，需要用若干汉字来记录，如英语中"set"这个词，有名词、动词、形容词等多种用法，其中，光是作名词表示数量短语时就可以对应多个汉字，我们也可以对比如下：

a set of key 一套钥匙　　　　a set of finger prints 一组指纹

161

a set of directories 一些目录　　a set of problems 一堆问题
a set of bandits 一群强盗　　　a literary set 一批文艺爱好者
a chess set 一副国际象棋　　　a radio set 一台收音机

外国学生也很难理解：为什么同一个词到了汉语中就要用这么多不同的汉字来表示？而且这些汉字在汉语意义上并不十分接近，在用法搭配上也各有千秋。汉字本身意义和用法的复杂性，加上与外国学生母语的不匹配性，常常让他们陷入字义学习的困境。

第三节　对外汉字字义教学

一、意符的教学

诸多有关汉字识别的研究表明，意符作为信息处理的一个单元，在单个汉字的意义通达过程中有重要作用。Flores D'Arcais 研究发现，处理复杂的合成字时，意符能激活整字的意义信息，达到识别汉字的效果。石定果、万业馨的问卷调查结果也表明，高级汉语水平的留学生，能100%意识到意符的表意作用，而且判断意符的能力明显高于判断音符的能力。赵果、江新等通过实验发现，意符策略与汉字意义识别成绩相关，表明利用意符对汉字意义识别很有帮助。许玉雪在研究外国人汉字学习策略时也发现，外国学生使用意符的频率要高于音符，而且水平越高就越多使用意符策略。

上述研究成果表明，如果外国学生能了解汉字意符的规律和特点，借助意符提纲挈领地对学过或新学的汉字进行归类整理，就能取得事半功倍的效果。所以，教师应该让外国学生认识到意符的重要性，有意识地讲授有关意符的知识，使他们尽早形成对意符的认知能力，从而在以后的汉字学习中长期受益。

1. 利用意符系联学习汉字

意符一般构字能力较强，系联功能明显，如《汉语水平词汇与汉字等级大纲》中"手（扌）"构字166个，"水（氵）"构字140个，"口"构字106个，另外还有"木、人（亻）、心（忄）、言（讠）、艹（艹）、系（纟）、土"等意符所构字数均在 50 个以上。这些意符有的独立成字，一般表示名词性概念，意义接近客观事物，而且多数可通过溯源系联古今字形，具有较强的图示性和趣味性，比较容易理解。意符独立构字时一般字形结构也比较简单，笔画较少，掌握起来难度也不大。加上其较强的构字能力，意义范畴也相对广阔，可涵盖的概念较多，因此，对于这一部分意符，完全可以在初级阶段就优先教学，既有利于识记已学汉字，也可以为今后掌握相同意符的合体字打下基础。

另外，有一些构字能力没有这么强，或是本身不常用，或是构字理据不那么明晰的意符，我们也应随着外国学生汉字量的积累和汉语水平的提升，充分利用意符的表意作用，将散乱的汉字串成有意义关联的字组。如"爫"所构常用字虽然不是很多，但它是"手"的变形，所构字意义均和手的动作有关：

觅：用手和眼去寻找；

采：指以手采木上之果；

受：指两手传递某物；

舀：以手掏取某物；

妥：以手按住女子使之安稳。

又如"酉"虽是个不常用字，但它作为意符构成了不少常用的合体字，且义类多和酒有关：

尊：指酒器；

醋：指用酒或酒糟发酵制成的一种酸味调料；

酬：指主客相互敬酒；

酸：指醋，后引申为醋的味道或气味；

酷：指酒味浓厚，引申为程度深，如"酷爱、酷热"；

醉：指喝酒超过一定限度，饮酒过量；

醒：指酒醒；

配：指用不同的酒配制而成的颜色。

再如"页"在合体字中充当意符时，其义类多指人的头部或头部的一部分乃至跟头部有关的动作、状态、外形等，而它独用时常用意义多指纸张，虽然其本身的意义和构字意义有很大不同，但它仍能将一系列含"页"的合体字系联起来：

顶：指头的最上部，后引申指最高最上的部分；

题：指额头，因额头位于面部上方引申出事物的上方或前端，如"题目""标题"等；

颜：指眉目之间，后语义扩大指整个面部，如"颜面"；

颊：指脸的两侧；

颈：指脖子的前部；

项：指脖子的后部；

领：指脖子，后统指整个颈部，由头和脖子的重要地位而引申出"领导"等意思；

须：指附着于面部的胡须；

顿：指叩头；

顾：指回头看；

颤：指头不定；

烦：指头痛烦躁；

颗：指像头部一样圆圆的颗粒状事物。

从上述字例中可以看出，利用意符的表意线索可以将一系列同意符的字系联起来，便于识记字形和理解字义，同时，也可以培养外国学生形成汉字有理据、理据成系统的观念，不会认为汉字是单纯符号的堆积或拼合，产生畏难情绪。因此，意符系联可以借助其表示的义类，将含有这些意符的相关字串联起来，组成一个个字族，对于扩大学生汉字量，提高其判断推理能力都大有裨益。

下面列出若干常见的汉字意符及其表示的义类，了解其表意功能和规律，有助于学生更好地学习和掌握汉字。当然，这些意符所表示的义类不是绝对的，它只是大致的概括，不可能涵盖所有带该意符的汉字。

厂：表示和山崖或房屋有关，如厚、原、厅等；

匚：表示和容器有关，如区、匡、匣等；

人（亻）：表示和人有关，如化、他、付等；

儿：表示和人有关，如兄、先、光等；

冫：表示和温度低的水有关，如冷、冻、凉等；

冖：表示和遮盖有关，如冠、冥、冤等；

卩：表示和曲膝跪着有关，如卯、印、即等；

阝（在左）：表示和山有关，如阴、阳、陡等；

阝（在右）：表示和城邦有关，如都、郊、邻等；

刀（刂）：表示和刀有关，如剪、刮、切等；

力：表示和力气有关，如劝、务、动等；

又（又）：表示和手有关，如友、受、取等；

土：表示和泥土有关，如地、堆、尘等；

艹：表示和植物特别是草本植物有关，如花、草、苦等；

寸：表示和长度、法度有关，如对、寻、导等；

廾：表示和双手拿东西有关，如弄、弃、葬等；

口：表示和嘴巴有关，如召、味、叹等；

囗：表示和包围有关，如围、园、固等；

巾：表示和纺织品有关，如帆、带、帘等；

山：表示和山有关，如岭、岸、峰等；

彳：表示和走路有关，如行、往、徒等；

彡：表示和图画、装饰有关，如彩、影、彰等；

夕：表示和时间有关，如岁、名、梦等；

广：表示和房屋等建筑物有关，如库、店、庭等；

门：表示和门有关，有时也表示争斗，如间、闭、闹等；

宀：表示和房屋有关，如安、灾、富等；

辶：表示和行走有关，如道、迟、过等；

尸：表示和人体有关，有时也和房屋有关，如尾、展、屋等；

弓：表示和弓有关，如引、张、弛等；

子（孑）：表示和孩子有关，如孙、孤、孩等；

女：表示和妇女有关，如奶、妙、婪等；

马：表示和马有关，如驱、驾、骑等；

王（玉）：表示和玉石有关，如环、现、珍等；

木：表示和植物特别是木本植物有关，如枝、机、板等；

犬（犭）：表示和狗或其他动物有关，如狼、狂、猛等；

歹：表示和死亡有关，如歼、殉、残等；

车：表示和车有关，如轨、轮、辆等；
戈：表示和兵器有关，如戒、战、戮等；
瓦：表示和陶器等土制品有关，如瓷、瓶、瓮等；
止：表示和脚或脚的动作有关，如步、歧、此等；
攴（攵）：表示和敲、打、击等手的动作有关，如敲、收、放等；
日：表示和太阳有关，如晃、晚、晒等；
水（氵、氺）：表示和水有关，如江、泉、泰等；
贝：表示和钱财有关，如财、资、赏等；
见（見）：表示和眼睛有关，如观、觉、视等；
牛（牜、牛）：表示和牛有关，如牧、告、物等；
手（扌）：表示和手有关，如掌、抬、扣等；
毛：表示和毛发有关，如尾、毯、毫等；
气：表示和气体有关，如氧、氖、氢等；
片：表示和薄片有关，如版、牌、牒等；
斤：表示和斧子一类的工具有关，如斧、断、新等；
爪（爫）：表示和手的动作有关，如爬、采、受等；
父：表示和父亲有关，如爸、爷、爹等；
月（在右）：表示和月亮有关，如朗、期、朝等；
月（在左）：表示和身体部位有关，如肤、肚、肿等；
欠：表示和嘴巴有关，如欢、次、欲等；
殳：表示和敲打有关，如殴、段、毅等；
方：表示和旗帜有关，如施、旅、族等；
火（灬）：表示和火、光有关，如灾、灯、热等；
户：表示和门、房子等有关，如房、扇、扉等；
心（忄、㣺）：表示和心理活动有关，如志、忆、慕等；
示（礻）：表示和祭祀有关，如禁、福、祖等；
石：表示和土石有关，如矿、研、砸等；
目：表示和眼睛有关，如盼、看、睡等；
田：表示和田地有关，如亩、畔、留等；
罒：表示和网有关，如罚、置、署等；
皿：表示和器皿有关，如盆、监、盖等；

矢：表示和箭有关，如矩、短、矮等；

禾：表示和谷类植物有关，如秀、季、种等；

白：表示和白色、光亮有关，如的、皇、皓等；

鸟：表示和飞禽有关，如鸡、鸣、鹏等；

疒：表示和疾病有关，如疯、痛、疲等；

立：表示和站立有关，如竖、站、端等；

穴：表示和洞穴有关，如穿、窄、窗等；

耒：表示和农具有关，如耕、耘、耙等；

耳：表示和耳朵有关，如取、闻、聋等；

页：表示和头部有关，如顶、项、领等；

虫：表示和昆虫有关，如蚊、蛇、蜜等；

缶：表示和瓦器有关，如缸、窑、缺等；

竹（⺮）：表示和竹子有关，如竿、笛、笔等；

舟：表示和船有关，如船、舰、航等；

衣（衤）：表示和衣物有关，如被、袖、初等；

羊（⺷、⺶）：表示和羊有关，如群、美、羞等；

米：表示和粮食有关，如粒、粉、粗等；

羽：表示和羽毛有关，如翅、扇、翔等；

糸（纟）：表示和纺织品有关，如红、纪、级等；

走：表示和行走有关，如赴、赶、起等；

酉：表示和酒有关，如配、醉、酱等；

足（⻊）：表示和脚有关，如跳、跃、路等；

身：表示和身体有关，如躯、躬、躲等；

豸：表示和野兽有关，如豹、豺、貂等；

角：表示和角有关，如触、解、斛等；

言（讠）：表示和说话有关，如计、说、诚等；

辛：表示和刑法有关，如辜、辟、辣等；

雨（⻗）：表示和下雨有关，如雪、雷、露等；

隹：表示和飞禽有关，如难、焦、集等；

金（钅）：表示和金属有关，如钢、针、钥等；

鱼：表示和鱼类有关，如鲫、鲸、鲨等；

革：表示和皮革有关，如鞋、靴、勒等；
骨：表示和骨头有关，如髓、骼、骷等；
鬼：表示和鬼怪有关，如魅、魔、魂等；
食（饣）：表示和食物有关，如餐、饼、饱等；
音：表示和声音有关，如韵、韶、意等；
髟：表示和毛发有关，如髦、鬓、鬈等；
黑：表示和黑色有关，如墨、黔、黯等；

这些意符或本身就是常用字，或所构汉字常用，或构字能力较强，稍加梳理归纳就能发现同一意符强大的系联能力。教师借助意符教学汉字是极为便利、有效的手段，由于学习汉语的外国学生大多为成人，具备较强的分析和推理能力，他们能利用意符有限的意义线索，去推知陌生的汉字，减少对新字的陌生感，提高感知汉字、学习汉字的能力，降低认错、写错字形的几率，也有助于逐渐形成汉字有系统、有规律的观念。

前文指出，意符的位置较为稳固，受位置影响，还会发生一定的形变。我们可以利用意符位置出现的规律，引导学生注意意符的形变，并掌握与之形近、位置相同的意符，注意比较二者的形体特征和意义范畴，找出不同，提高辨别能力。如形近意符"衤"与"礻"，常易混淆，我们可以根据独立成字的原形（衣—示）和作为意符的变体（衤—礻）加以比较，让学生理解受空间位置影响意符所发生的变异，然后给出两组不同的系联字：

衤：袜、被、裙、袖、衫
礻：福、祖、祝、神、礼

对两组字的意义稍加解释，学生就很容易分清两个意符意义的区别。另外，通过意符的系联，学生还会自然感知形声字音符的存在，了解到组成汉字的成分各有自己的功能和位置，而非任意搭配。也就是说，意符的教学还可以引发、带动音符的教学，使学生形成对形声字整体结构的认知。此外，意符的系联教学还会涉及有关汉文化的各种信息，我们可以将此作为一个切入点进行教学，使学生提高汉字学习兴趣。如意符为"王"的字，"理、碧、玲、珑、玫、瑰、珊、瑚、宝"等，体现出中国古代玉文化的发达以及"玉"在汉民族精神生活中的独特地位；意符为"糸（纟）"的字，"红、紫、绿、给、练、继、续、缠、绕、结、缩"等，可以让人们了解中国古代丝织业的兴盛以及对汉民族日常生活影响的巨大。外国学生学习汉字的最终目的是以汉字为工具，了解中国和中国文化，如果让他们在学习汉字的同时掌握相关的文化知识，正好一举两得，学习兴趣也会比单纯学汉字要高得多。

2. 意符理据重构

汉字在发展演变过程中，有的字形发生了讹变，意符与字义之间关系疏远了；有的意义发生了转移，意符与字义之间产生了偏离，再加上某些本来形义就不统一的字（如假借字），不少字意符和整字之间理据变得模糊。后来的使用者发现汉字形体与意义不统一时，往往在表意意识的驱使下，会重新寻求构意去与它的新形相切合，或附会它的意义重新设计它的构形，这就是理据重构。理据重构现象自古有之，如"射"，金文像手持弓箭状，小篆将"弓"讹变成了"身"，"箭"演化为"矢"，表示以身体射箭的意思。甚至有些原本没有理据的字，在发展过程中也衍生出理据来，如"東（东）"本是借与之声音相同、义为"口袋"的"橐"字来表示的，经过小篆变异，重构了从"日"在"木"的"東"字。这些重构的理据依附于演变了的形体，达成了新的形义统一，但与原初的形与义已经不同。

如何看待汉字理据的重构，学界也存在不同的观点，持赞成意见者认为，理据重构有助于汉字的理解和记忆，对掌握汉字可以发挥正向、积极的推进作用，形义之间的说解只要不牵强附会，哪怕不符合汉字原初的形义关系，也应当肯定。持反对意见者认为，理据重构不符合古今汉字的发展传承性，即使某个单字按照现代字形编排理据易于记忆，但如果考虑整个汉字体系会造成构意混乱，甚至互相矛盾，反成赘疣。因此，我们必须辩证地看待汉字理据的重构，谨慎、有理有度地进行重构。

首先，理据重构必须符合科学、系统的要求，不能妄加解释，或就字解字，不顾其他。如把"裕"解释为"有衣（衤）穿有饭（谷）吃所以富裕"，从现代字形和字义角度来看，这样说解形义关系紧密，容易记住字形和字义，似乎没有什么问题。但实际上，"裕"是个形声字，右边的"谷"在"裕、浴、欲、峪"等一系列字中充当声旁，表"yù"的音，如果将其理解为"谷物粮食"的"谷"，就丢掉了声旁表音的理据，也不能触类旁通记忆其他以"谷（yù）"为声旁的形声字族，还会和以"谷（gǔ，表山谷）"为意符的其他字（如"容、豁"）产生意义混淆。因此，不能为了重构某一个字的理据而破坏汉字原有的结构规律，更不能波及整个系列，让原本有理据的类推变得混乱，反而增加学生记忆难度。

其次，我们也应对理据重构具体分析，辩证看待，涉及的领域和场合不同，其应用也当区别对待。汉字教学毕竟不同于汉字研究，二者的目的存在差异，在不违背汉字基本构形规律的前提下，如果对一个汉字进行理据重构，能高效地为教学目标服务，就不应完全排斥。如有老师这样剖析"聪"字：左边是耳朵的"耳"，右边上面两点是眼睛，中间的"口"是嘴巴，下边是"心"。用耳听，用眼看，用嘴说，用心记，就是一个聪明的人。虽然"聪"原本是个形声字，从耳怱声，本义是指听力好，但这样说解，意符仍然符合造字理据，音符在现代汉字中可以系联的常用字极少，不会影响其他汉字，因此，这样说解既能使学生对字形印象深刻，又能将字义与字形结合起来记忆，有助于其汉字学习。心理学实验表明，理解记忆的效果要比机械记忆的效果高大约 25 倍。对于那些已经失去造字理据的汉字，如果能借助现代形义关系适当联想，重构理据，不失为一种灵活有效的汉字教学方法。当然，我们不能求全责备，勉强将失去理据的汉字全部重构，以免适得其反，造成新的记忆负担。总之，理据重构要有理有度地进行，既不能任意编造，又要最大限度地发挥理据的作用，降低汉字学习难度。

意符是汉字教学的重要抓手，在充分利用、有效归纳意符的同时，我们也要注意让外国学生了解意符表意的局限性，防止过度归纳造成的负迁移。初级阶段的外国学生由于掌握的汉字数量不多，加上对中国文化不甚了解，不知道意符表意具有较大的局限性，很可能将形声字"音符表音、意符表意"当作普遍规律加以运用，并当作掌握汉字的主要手段，从而造成规则的过度泛化，形成汉字学习中的偏误。因此，我们要正确、客观地看待意符的表意功能，不要因噎废食，也不要盲目相信，而应该尽可能了解其作用和规律，在教学中扬长避短，有的放矢。

此外，现代汉字中还存在部分既不表意也不表音的记号字。如"又"在"难、欢、观、权、叹、汉、鸡、邓"等一批简化字中都只起记号作用。对于这些记号字，如果它们在所构合体字中的位置和意义也有一定的规律，可以适当归纳，防止部件错位；学习了该记号构成的一系列常用汉字后，我们也可以适当归纳，让外国学生了解汉字的构字部件除了表音和表意，还有记号。总之，要将能利用起来的规律都尽可能利用起来，减少学习者对汉字认知的模糊性。

二、字词的教学

从认知心理学角度来说，人们总是习惯于先整体感知，然后再对感知到的事物进行分解。因此在对外汉语教学中，我们一般也是先整体识词，到了一定阶段再从词中析出字义，按序进行。汉字具有很强的构词能力，它既能代表语素充当词，又能作为构词成分与别的字组合成词。合成词的音即构词字的音，合成词的词义与构词字的字义通常也有直接或间接的关系，掌握好一个汉字，就能对含有这个字的一系列新词产生"似曾相识"的感觉。"旧字新词""见旧知新"也是汉语词汇构成与认知的一个重要特点，结合具体的词来学习汉字，有助于对字义的理解和运用；了解汉字的语素义，又可以聚合式、网络式地扩大词汇量。因此，处理好字词之间的关系，把汉字教学和词汇教学紧密结合起来，互相促进，才能取得事半功倍的效果。

1. 以字扩词，网络式扩充词汇

现代汉语虽以双音节词为主，但汉字既可以作为单音节词独立运用，又可以作为构词语素进入到合成词中，因而依然占据重要地位。一方面，在稳固性较强、使用频率较高的基本词汇中，仍以单音节词为主，也就是单个的汉字，因此，我们可以由这些单音节字词推及复合词的学习。如学过了"书、店、饭"等字以后，再教"书店、饭店"这样的复合词就简单多了。借助汉语以旧字构新词的特点能以一字组多词，减轻学习负担。如表4-1中这组同素词就充分体现了汉字构词的特点：

表 4-1　同素词例表

动物名	公~	母~	~肉
牛 ox; cattle	公牛 bull	母牛 cow	牛肉 beef
猪 pig	公猪 boar	母猪 sow	猪肉 pork
羊 sheep	公羊 ram	母羊 ewe	羊肉 mutton
鸡 chicken	公鸡 cock	母鸡 hen	鸡肉 chicken

汉语中"牛、猪、羊、鸡"四个字分别与"公、母、肉"三个字搭配，可以构成12个新词，也就是说，掌握了这7个汉字，差不多就掌握了近20个词语，而且新构的这12个词语的词形、读音和意义就是这7个汉字字形、字音和字义的组合。而这些词在英文中几乎每一个都需要用不同的单词来记录，各个词之间的词形和读音都相差甚远，词义也必须一个个来记忆。因此，汉语中新词虽不断涌现，新字却很少产生，就是因为采用了旧字构新词的方式来进行记录。

另一方面，大部分双音节词又是由单音节字（语素）按照一定的结构规则组合而成的，根据汉语构词法，不少基本用字可以由一字扩充若干词汇，组成字词家族放在一起学习。如表4-2所示。

表 4-2　"车"字构词例表

车~	车站	车票	车库	车道	车费	车速	车型
	车门	车窗	车灯	车胎	车轴	车轮	车厢
	汽车	火车	货车	马车	轿车	跑车	面包车
	新车	旧车	好车	贵车	坏车	破车	二手车
	开车	试车	驾车	撞车	修车	坐车	借车

第一行的"车~"是修饰语和中心语的关系，第二行的"车~"是整体和部分的关系，第三行的"~车"是类别特征跟中心语的关系，第四行"~车"是形容词和中心语的关系，第五行"~车"是动宾短语关系。从汉字"车"可以生发出若干组合关系的词汇网络，而且这些词语意义的构成，都和"车"关系密切，很有规律。由上述两例可以看出，汉语构成新词时，往往不需要增加新的汉字，而是将已有的语素按照一定规则进行组合。由一些基本汉字可以扩充若干词汇，而且词汇意义就是这些字字义的组合。

当然，汉字学习并不能代替词汇教学，任何一个外国学生学习汉语，都要识记大量的汉语词汇。毕竟汉字只是书写单位，而词才是汉语的使用单位，只是因为绝大多数现代汉字和汉语中的语义单位——语素是重合的，因而还负载了一定的意义信息。我们在对外汉语教学中，既应该承认汉字的双重功能，培养学习者的汉字意识，不能将汉字看作单纯的书写符号和词汇的附属品，又不能过于夸大汉字在汉语学习中的作用，忽略其复杂繁难的一面。

2. 以词带字，交互式理解字词

绝大部分现代汉字是在词语中承担一定的语素义，且字义和词义之间大都存在关联。汉语合成词词义与字义之间的联系主要有五种类型：合义、加义、同义、偏义和转义。有人通过抽样调查，发现前两类比例占到89.7%，也就是说，绝大多数汉语词汇的意义都是可以通过字义的组合加以推理的。我们既可以根据已学汉字的语素义去猜测词义，也可以在已知词义的基础上，根据词义与字义之间的关系，理解汉字的意思。理解了汉字的基本义，就可以由其基本义推断许多常用词的意思，这样，字义和词义交叉学习、相互促进，可以大大提高字词学习效率，增强学习者的理解、推断和归纳能力。如掌握了"相信、信任"等词语的意思，我们就可以大致得出"信"有"诚实可靠、不欺骗、不怀疑"的意思，由此再学习"守信、失信、自信、信誉、信服、信赖"等词语时，又可以由"信"的基本义推断出这些词语的大概含义。

另外，随着词义的发展变化，字义也由最初的本义逐渐引申发展出诸多义项，这些义项之间往往也有一定的发展线索，体现了汉字字义系统的规律性。有时也可以由一组含相同汉字的词的意义摸索出这个汉字字义的发展路径。如下面这组含"浅"的词语：

浅水：深度较小的水；
浅薄：缺乏学识或修养；
浅显：（字句、内容）简明易懂；
浅绿：淡绿色。

从上述词语的意思我们可以看出："浅"由"水不深"可以引申出"见

识不多、内容不深、颜色不浓"等多个义项，从这些义项又能较容易地梳理出"浅"的意义变化，当再遇到"浅滩、才疏学浅、目光短浅"这样的词语时，就可以大致推断出："浅滩"指水不是很深的地方，"才疏学浅"指一个人才学不多，"目光短浅"指人见识不深。可见，抓住汉语的构词方法和汉字的语素义，以词带字，以字解词，既能加深对汉语字词意义的理解，也能对汉语产生更深的认知。

同样，学习词汇也不能代替汉字学习。有人做过一个实验：给学习了近 700—900 学时汉语的外国学生若干组词，每一组词中第一个词是已学过的，第二个词是生词，如"继续—持续、准备—准则、损失—亏损"等。结果却发现学习者存在识词不识字的现象，横线前面的词都认识，但是后面生词中的汉字（下划线者）却不认识，而这些汉字是他们在前一个词中已学习过的。这个实验说明，外国学生即使学习了一个双音词，但如果其中一个汉字移位与别的汉字组合成新词时，他们并不能将该汉字带入新词。因此，正确的学习途径应该是字不离词，字词结合。要妥善处理好汉字教学与汉语教学的关系，汉字教学既不能附庸于词汇教学，也不应将其独立于汉语教学之外，而应相互配合。

3. 字词同步，合理性控制比例

对外汉字教学如果教一个字就读一个音、记一个义，难免产生"少、慢、差、费"现象。但如果遵循汉字与汉语的内在规律，开发每个汉字语素在词—语—句中的作用，就可以让学生字词同步学习，见词识字、由字解词、以字扩词、字词结合，大大提高教学效率。

字词结合起来进行教学，首先要合理控制字词量的比例。从目前的研究结果来看，在对外汉语教学基础阶段，汉语字词比应以 1∶2.5 为宜。随着外国学生字词累积量的增加和汉语水平的提高，字词比例可以逐渐提高至 1∶3 或 1∶3.5。

另外，字词同步教学还要考虑与字词出现的等级相对应。对外汉语教学中的字词等级一般以《汉语水平词汇与汉字等级大纲》为标准，大纲分词汇等级大纲和汉字等级大纲两部分，词汇大纲共收词语 8822 个，包括甲级词 1033 个，乙级词 2018 个，丙级词 2202 个，丁级词 3569 个；汉字大纲共收汉字 2905 个，包括甲级字 800 个，乙级字 804 个、丙级字 590 个、丙级字附录 11 个，丁级字 670 个、丁级字附录 30 个。在对外汉语教学基础阶段，字和词都应控制在《大纲》所规定的甲、乙两级范围内。从《大纲》中的字词等级来看，词的等级和构词字的等级大体相对应，词级、字级如果不对应，往往表现为词的等级低于构词字的等级。如果字词等级一致，都在甲、乙两级范围之内，那么基础阶段可以字词同出。如果字词等级不一致，应主要考虑词的等级。

此外，还要考虑字词出现的难易程度。字的难易主要体现在对字形的辨认和书写上，词的难易主要体现在对词的理解和运用上。一些表示数目、性状、动作的单音词，往往也是笔画不多、结构简明的汉字，认读书写和理解运用都不是很难，在基础阶段可以考虑先出，如"一、十、几、大、小、白、上、去、住、作、叫、吃"等。有些词词义单纯，用法简单，但汉字笔画数多，结构复杂，如"懂、等、读、请、难、睡觉、喜欢、谢谢"等。从词汇教学和言语技能训练的角度看，这些词常用好学，应该早出；但是从汉字教学的角度看，这些字难认难写，不宜早出。对于这样的字词，我们可以考虑先掌握好词的读音、意义和用法，以后再慢慢教字的形音义和词之间的关系。总之，在基础阶段，写用两易的字词早出，写易用难或用易写难的字词适时出，写用两难的字词尽量不出或晚出。字和词各司其职，各尽其能，教学中相互配合、协调进行，才能全面提升学习者的汉语能力。

三、字义聚合的教学

虽然汉字的数量很多，但它们并不是一个松散无序的集合，而是存在着各种有序的类聚现象，很多汉字按照相互之间的内在联系集合在一起，呈现出一种比较有条理的状态。以汉字的意义为纽带，可以把汉字组成同义、反义、类义三种不同的聚合。将一个个汉字置于不同的聚合之中，可以达到由此及彼、增加汉字复现率的目的，进而提高学习汉字的效率。

1. 同义聚合

语言是一个精密的系统，表达同一种事物或现象，表现同一个动作或性质，往往可以选用若干个不同的字词，这些表现相同事物或现象、动作或性质的字词就构成同义的聚合。汉语也不例外，意义相同或相近的字聚合在一起，就形成了同义聚合。如"宾—客、朋—友、道—路—途、言—语—话、房—屋—宅—舍"等都是表示事物现象的同义聚合；"购—买、赠—送—给、谈—聊—说—讲、看—望—盯—观—视—见—瞧—瞥"等都是表示动作行为的同义聚合；"贫—穷、肥—胖、疼—痛、缓—慢—迟、蠢—笨—傻—拙—愚—呆"等都是表示性质状态的同义聚合；等等。同义聚合的成员，其组合搭配情况各有不同，有的可以内部结合成词，如"朋友、购买、肥胖"等；有的均可以跟该聚合以外的同一个成员组合成词，如"贵宾—贵客、谈天—聊天、房子—屋子—宅子"等；有的只有一个或几个成员能跟聚合以外的其他成员组合，如有"穷人"没有"贫人"、有"谈天、聊天"没有"说天、讲天"，等等。同义聚合的成员，其基本意义大体一致，但是它们之间又存在着或大或小、或隐或显的差异。这些差异比较细微，可能涉及表达范围、程度、色彩、语体、搭配等方面的不同，运用于不同的语言环境之中。

2. 反义聚合

在汉语中，表现两个矛盾对立的事物或现象、表现同一事物内部矛盾对立的两个方面的字可以形成反义聚合，反义聚合中的字意义是相反或相对的。如"前—后、横—竖、古—今、早—晚、恩—怨"等都是表示事物现象的反义聚合；"爱—恨、得—失、买—卖、升—降、开—关"等都是表示动作行为的反义聚合；"死—活、高—矮、真—假、新—旧、贵—贱"等都是表示性质状态的反义聚合；等等。与同义聚合中的成员一样，反义聚合内部也有很多成员可以直接组合成为新词，如"恩怨、开关、死活"等。有的反义聚合中的成员可以跟该聚合以外的同一个成员组合，形成一组新的反义聚合，如"前面—后面、进门—出门、冷气—热气"等。但更普遍的情况是，反义聚合中的成员分别跟该聚合以外的其他成员组合形成新的反义聚合，如"朋友—敌人、早晨—黄昏、困难—容易"等。有些多义字在不同义项上可以形成不同的反义聚合，如"老"，在"年岁大"这一义项上，跟"少、幼"构成反义聚合；在"很久以前就存在的"这一义项上，跟"新"构成反义聚合；在"（食物）火候大"这一义项上，跟"嫩"构成反义聚合。现代汉语中有很多反义聚合的字词，用以揭示事物之间的矛盾，形成鲜明的对比，把事物的特点深刻地表现出来。

3. 类义聚合

客观事物中有些事物同属于一个大类而分属于不同的小类，或者同属于一个整体但分属于不同的部分，反映这些同类事物或现象、表达同类概念或意义的字就构成了类义聚合。如"笔、墨、纸、尺、本、书"等都是表示文具的类义聚合；"酸、甜、苦、辣、咸、麻"等都是表示味觉的类义聚合；"煮、炒、蒸、炸、煎、烤、焖"等都是表示烹调方法的类义聚合；"红、白、蓝、黄、青、紫、绿、黑"等都是表示颜色的类义聚合；"爸、妈、爷、奶、叔、伯、兄、弟、姑、舅、姐、妹、婆、嫂、婶、姨"等都是表示亲属关系的类义聚合；等等。类义聚合反映了客观事物之间的联系，在汉字系统中，有很多反映同类事物或现象的字，它们形成了不同的类义聚合。汉语某些类义聚合中的成员常常可以组合在一起，形成一种固定的表达方式，通常以四字形式为主，如"酸甜苦辣、春夏秋冬、琴棋书画、男女老幼、东西南北"等，这些新组成的词组的意义通常就是这些类义聚合的上位义，如"酸甜苦辣"是指各种味道，"琴棋书画"是指多种技艺，"男女老幼"是指所有的人，等等。从广义上讲，类义聚合包括了同义聚合和反义聚合，如"冷、热"都是表示温度，"遍、次、回、番、趟"都是表示对动作的计量，"看、盯、望、观、视、见、瞧、瞥"都是表示"看"这个概念。因此，可以根据具体的情况和实际的需要，把汉字置于不同的意义聚合之中，互相联系，互相补充。

汉字是一个数量非常庞大的符号系统，如果把汉字看成是孤立的、没有联系的单位，一个一个来学习，不仅繁难而且枯燥。把汉字置于某一语义场中，可以帮助学习者接触、理解、记忆该义场中其他相关的汉字，而学习了同一个义场内的相关汉字，反过来又可以强化他们对人和事物、事物和事物之间联系的认识。因此，我们在对外汉字教学过程中，应当重视并发挥汉字本身意义聚合的作用，将所学汉字放入不同的聚合中，可以由新忆旧、以旧带新，让复习旧字和学习新字形成一个不断循环往复的过程，把已经学过的汉字和正在学习的汉字组成一张张不同的网络。教学中可以根据需要从网络中的任意一个节点去生发，使学习者在不同环境中多次见到相关的汉字，在一次次复现中将这些汉字的形、音、义掌握得更牢固。

利用汉字的语义聚合，我们可以引导外国学生展开联想，以纲带目。就第二语言学习者而言，他们大多已形成对客观事物的系统性认识，所欠缺的只是对这种认识在另一种语言中的具体表达。我们可以充分利用他们已经形成的对客观事物的系统认识，把语义聚合中的成员放在一起学习，或是把它和聚合外其他成员的组合放在一起学习。如学习方位词，就可以把"前、后、左、右"等字放在一起进行教学，还可以利用它们与聚合外其他成员的组合，组成"前面、后面、左边、右边"等进行词汇教学。又如在对外汉语词汇教学中，学习了"售货员"，就可以由该词语中的核心语素"员"拓展出一系列的词语"运动员、裁判员、演员、飞行员、服务员、快递员、联络员"等，这些词语也不必全部都教，只要教师稍加归纳，"××（职业）+员"通常指从事某项工作的人，以后学生碰到类似的组合，哪怕没有学过，也可以大体推测出词语的意义所指范围。

利用汉字的语义聚合，我们还可以加强对比、区分组合搭配。学习各语义相关的一组字时，不仅要注意它们之间的相似和关联，更要重视它们之间的差异和比较。如同义聚合的一组字"瞥、瞅、盯、看、望、窥、瞄、眺、瞪"都表示"看"的意思，它们之间有什么细微差别？分别用在哪些不同的场合？理性意义、语体色彩、感情色彩、搭配关系等有何异同？这些往往也是外国学生汉语字词学习的难点和困惑之处，通过语义对比，辨析它们的异同，就能让学生加深对字词意义的理解，同时也可以促进其对字形、字音的掌握。又如"高"可以分别和"低、矮"构成一组反义聚合，但是"高—低"通常是指事物上下的距离大，而"高—矮"只指人的身高差异，通过这样的语义对比辨析，学生能更好地掌握同一个字的不同义项和适用场合，也就不容易产生义项误判或使用不当的问题。

总之，教师在讲解一个汉字时，应当把这个字放在不同的语义组合中，使之与其他汉字建立联系，帮助学生在头脑中形成网状的记忆链，构建成一个彼此息息相通的汉字库。学生在学习一个汉字时，也应当有意识地利用它和其他汉字之间的关系展开联想，组成有机的集合体，以取得良好的学习效果。

第五章　汉字文化与对外汉字文化教学

第一节　汉字文化解析

　　一个民族的语言文字是该民族文化积淀的产物，文字现象从本质上讲就是一种文化现象，它是一个民族文化特质的标志和表现。汉字作为世界文字体系中最独特、最具有民族代表性的文字，是中华民族充满活力而又最为稳固的精神文化纽带，且在民族文化中的地位举足轻重。汉字是一种蕴含时代色彩、地域概念、人文特征、心理模式的文化符号，几乎每一个汉字都可以挖掘出丰富的文化内涵，它折射着中国人的思维特质，因而其本身就被视为中国历史文化的活化石。除此以外，汉字还是书写和表达其他文化的载体，它通过记录汉语的方式，保存了中国文化中的各种信息，同其他文化之间建立了极为密切的联系。人们既可以从汉字的角度去挖掘汉字的起源、演变及其构形规律等所包含的文化特质和文化信息，又可以从文化的角度去探讨汉字对其他文化的影响、体现和传播。汉字以其悠久的历史，把汉民族的过去、现在和未来联结在一起，把汉民族精神生活及其发展历程，都完整、系统地保存在汉字文献的宝库之中，代代传承并发扬光大。下面从汉字本身蕴含的文化特征和汉字与其他文化的关联两个方面来谈汉字文化。

一、汉字本身的文化特征

1. 汉字强大的生命力与汉民族思维方式息息相关

　　世界上的文字按其起源可分为两种，一种是依靠自身独立发展起来的自源文字，另一种是由自源文字发展而来的借源文字。在公认的四种自源文字中，古巴比伦的楔形文字产生于公元前 3500 年左右，到公元 1

世纪左右停止使用；古埃及的圣书字产生于公元前3000年左右，到公元初期停止使用；中美洲的玛雅文字产生于公元前后，也早已消亡。只有中国的汉字，从甲骨文算起，距今已有4000多年的历史，至今仍在使用，且具有强大的生命力，这与汉字本身蕴含的文化特征是分不开的。

　　汉字作为汉语的书写符号，在几千年的历史发展中自始至终与汉语语言系统相适应，即使语言和社会发生较大改变，汉字系统也具有极强的应变能力，能积极应对社会和语言变化的挑战。古汉字最初是以形表意，形态相对复杂，后来为了适应书写快速简便的需要，不断简化字形，从甲骨文、金文、小篆到隶书、楷书，书写日益简单，满足了书写便捷的需求。中华人民共和国成立后，为扫盲和适应国际社会的需求，汉字进一步有计划地简化，还借用国际通行的拉丁罗马字母制订汉语拼音方案，作为汉字和汉语学习的辅助工具。随着计算机技术的发展，为了使汉字与计算机技术相结合，又对字体、字形、字数等进行了规范化、标准化处理，适应了新形势的变化。在发展过程中，为克服其自身表音不足的缺陷，满足字义分工精确化的需要，汉字由象形造字发展为形声造字，利用已有字符大量增加既可表音又可表意的形声字，使其形成一个相对科学又有规律的体系。汉语语义不断丰富，由单音节词向双音节词方向发展，汉字借助已有的符号系统，在不增加新字形的基础上，按照一定的构词方法由旧字组新词，满足语言发展要求的同时又没有增加记忆的负担。总之，汉字就是在不断的应变中显示了自己强大的生命力，这与中国哲学中"穷则变，变则通，通则久"的文化思维是相一致的。而且，汉字无论怎么变，其作为表意文字的本质从未改变，哪怕字形不断简化，仍基本上保留着形义发展的线索，其体系的文化个性依然存在，优势和独特性仍然保留着，这与中国哲学上"万变不离其宗"的思维方式又不谋而合。汉字就如同一根从未断裂的彩线，使汉民族文化成为一个连续发展的整体。可以说，汉字不仅与汉语相适应，也与中国哲学的思维方式相适应，这是汉字历经数千年而长盛不衰的一个重要原因。

2. 汉字构形与中国文化思想紧密相连

　　汉字最大的特点就是字形的独特性。它与单纯的表音文字有很大不

同，其蕴含的丰富的信息内涵与构字手段反映出汉民族独有的文化个性。

(1) 汉字字形表意大都以人本取象

有人作过研究统计，在已发现的4000多个甲骨文中，有关动物的字占17%，有关植物的字占15%，有关天象的字占9%，有关地理的字占7%，剩下52%的字都是与人类自身及人类活动有关。即便是其他类别的字，也多是从人的视角出发来构形表意。例如，"大"，取人的正立之形；"央"，取人立于门框中央之形；"友"，取人互助之手形；"企"，取人踮足有所求之形；"包"，取人裹胞衣之形；等等。由此可见先民在汉字构形构意时浓浓的人本倾向。先民在创造汉字之时，总是把自己的所想所虑投射到字形和字义上去，他们对世界的映象、心理的关注，都在汉字中表现出来。姜亮夫说："整个汉字的精神，是从人（确切地说，是人的身体全部）出发的，一切物质的存在，是从人的眼所见、耳所闻、手所触、鼻所嗅、舌所尝中得出的（而尤以见为重要），故表声以磬、以箫管，表闻以耳（听、闻、聪等），表高为上视，表低为下视，画一个物也以人所感受的大小轻重为判。牛羊虎以头，人所易知也，龙凤最祥，人所崇敬也。总之，它是从人看事物，从人的官能看事物。"汉民族这种人本取象的思维和认知浓烈地反映在文字符号形态的构拟上。

(2) 汉字的二合结构与中国辩证思维统一

汉民族很早就形成了"物生有两""一分为二""合二为一"的朴素辩证思想，这种思想在汉字构形及其发展中也得以体现。汉字中描绘事物的独立字形并不多，绝大多数都是以二合结构为载体的，而二合结构的形成又建立在独立象形的基础之上。从发展的角度说，汉字形体的衍生过程是由单体到合体、由"一"到"二"，这正是汉民族辩证思维一种原始朴素的运演，例如，汉字会意字中，"从"以二人相随会意，"北"以二人相背会意，"比"以二人并立会意，而且这种会意还渗入了阴阳转化的哲学意味。形声字也是如此，其结构或左形右声，或右形左声，或上形下声，或下形上声，或内形外声，或外形内声，即都是以二合为主，构成比较稳定的组合结构，这与中国朴素辩证思维中习惯合二为一是相统一的。而且，这种二合结构还可通过拆分组合，构成丰富而独特的文化形式。如云南蒙自缘狮洞岩壁上刻有一首古怪的诗，全诗如下：

此山美景正堪期下岩前论古诗庙巍峨钟鼓便深夜静斗星移少灵根培佛地曾劳苦费心机时修好观音洞与神仙下盘棋

开始人们怎么都读不通，后来才发现是一首七言律诗，每句最后一字的右偏旁为下一句的起首字，这样全诗便是：

此山美景正堪期，月下岩前论古诗。
寺庙巍峨钟鼓便，更深夜静斗星移。
多少灵根培佛地，也曾劳苦费心机。
几时修好观音洞，同与神仙下盘棋。

整首诗利用汉字的二合结构，将汉字构形的特点与汉文化中"一分为二""合二为一"的辩证思想有机统一，创造出了令人叹服的独特文化。

汉字结构虽然复杂，但不是杂乱无章，且有其内在规律。它以二合结构为主，但又不排斥少数的三合结构，如"晶、森、众"等，这又体现了中国文化中"兼容并蓄"的思想，既区分主从，又随机应变。

（3）汉字构形讲求变化中的平衡匀称

讲求平衡也是中国文化的一个显著特征，汉字不论是二合结构还是三合结构，自始至终都贯彻着结构平衡的原则。以汉字中的形声字为例，其形旁和声旁的位置往往相互制约，声旁细长的，形旁在横轴上相配成左右结构，如"经、炒、财"等；声旁横阔的，形旁就在纵轴上相配成上下结构，如"絮、聚、烈"等。反之，形旁细长的，声旁就在横轴上配，如"词、腹、饮"等；形旁横阔的，声旁就在纵轴上配，如"安、盆、莉"等。有时为了平衡匀称，某些字符的位置和形态还会发生变化，如"心"，在纵轴上为心字底，配成上下结构的"念、思、想"等，在横轴上变为"忄"，配成左右结构的"愉、快、慢"等。总之，形旁与声旁的组合要构成方正匀称的结构。

汉字是方块结构，讲求结构平衡并不等于构字部分平分秋色，而是根据具体情况处理。二合结构中，笔画多的字符约占方块面积的三分之二，笔画少的则只占三分之一左右，如"搁、海、待"等。凡三个字符组成的字绝不能三者并列或上二下一，而是呈品字形排列，如"鑫、森、淼"等，给人以稳定之感。由于品字形难以像二合结构那样写得方正而平衡，所以一些品字结构的字又被更为平衡的左右结构所代替，如"奸"代替了"姦"、"渺"代替了"淼"、"鲜"代替了"鱻"、"粗"代替了"麤"，等等。为了保持结构的平衡，有些字还将笔画甚繁的字符拆卸开，将拆下的一部分移到笔画少的一边去，如"疆"，从土彊声，两个部分繁简差异很大，为了使结构平衡，便将"土"旁写在"弓"里。这种种变化都是为了追求平衡匀称的结构而进行的处理，充分体现了中国文化"在变化中求和谐、于对立中求统一"的辩证思维方式。

3. 汉字构义思维的灵活变通与阴阳变化思想一致

汉字不仅字形可以变化，构义思维也渗透着阴阳变化的朴素辩证思想。在讲究对立双方相互转化的辩证思维影响下，汉字字义的发展中滋生出了反义相训，即一个字的字义随着汉字的发展演变逐渐朝对立面转化，进而同时具有相反或相对的两种意义。如"受"，甲骨文字形为，像上下两手持舟相受之形。从接受方来说，有"取得"之义；从给予方来说，有"付予"之义，因此这个字同时负载了两个相对的义项，在不同语境下可作两种意义相反的解释。汉字中滋生出两个相对意义的字不在少数，如"租"，既可以指租用别人的东西，也可以指出租东西给别人；"借"，可以指暂时使用别人的财物，也可以指暂时把财物给别人使用；"贷"可以指借入，也可以指借出；"沽"可以指买，也可以指卖；等等。可见，不少汉字的义项中包含着正反转化的可能，这与中国传统文化中的阴阳转化、对立统一思想也是相契合的。

总之，汉字在几千年的产生、发展和使用过程中，作为汉语的书写符号，以其独具的形义特点，充分发挥了书面语言超越时空的作用。汉字的演进、构形和构义都与中国传统文化的思维方式一脉相承，它是汉民族独特思维模式下的产物，也是传统文化心理取向下的外在表现形式，本身就蕴含着丰富的文化信息。

二、汉字与其他文化

1. 汉字与古代社会生活

对人类社会早期的社会生活、风俗习惯、价值取向等，我们现在主要靠古代遗留的古籍文献、出土文物等来考察推证。汉字作为与人类社会相伴相生的产物，从早期文字的形义表达，我们也可以窥知古代社会的生活面貌。下面以"取"和"好"两个常用字为例，来探讨汉字如何反映古代社会生活面貌。

（1）"取"与古代的抢婚制度

"取"，《说文解字》解释为"捕取也，从又从耳"。古代氏族部落之间经常发生战争，为了简便有效地记功行赏，通常以截取敌人左耳的数量作为杀敌奖赏的记功方式。因此，"取"用"手持割下的耳朵"来表示"捕取"的意思。而"取"是"娶"的本字，它和娶亲有何关联呢？《周易》中曾有若干语句记录描述了那个时期的婚俗场面：

<blockquote>
乘马，班如，匪寇，婚媾。
乘马，班如，求婚媾。
乘马，班如，泣血，涟如。
</blockquote>

这几句话描写的就是古代男子乘马娶亲的过程。"乘马，班如"是指马行进得很艰难，因为男方谋求婚娶是像掠夺的匪寇一样强迫进行，因而娶亲过程中遭到了女方的阻挡和抵抗。但最终男方还是遂意回归，面对抢亲的结果，女子只能泣血涟涟、泪如雨下。由此可见，古代的婚俗是以充满争斗和野蛮的方式进行的，它和战争中的掠取抢夺是一样的，因此也用"取"来表示"娶妻"的意思，后来语义分化，才另造"娶"字专门表示该意义。从"取"这个字我们可以看出，古代社会是以暴力掠夺手段来求取婚姻的，其间存在着尖锐的对立和激烈的斗争，它是古代社会婚俗文化的反映。有关抢婚的记载，各种史籍资料中不乏其例，如《太平广记》卷264载"南荒之人娶妇，或有喜他室之女者，率少年，持刀挺，往趋虚路以伺之，候其过，即擒缚，拥归为妻"。一些有关民俗的资料也表明，我国一些少数民族中仍不同程度地保留着这种抢

亲的风俗。实际上，现在的抢亲大都已演变为一种模拟的婚娶习俗，但它仍或多或少反映了古代社会的风俗习惯，反映了抢婚文化的深远影响。从抢婚的文献记载和民间风俗的保留，我们可以看出，这种婚俗习惯与"取"字所反映的文化现象是保持一致的。

(2) "好"与古代社会价值取向

"好"，是现代汉语中的一个高频字，且有"赞美、肯定、向往"的观念蕴含其中。关于"好"的解释历来不是很统一。《说文解字》解释为"好，美也，从女子"。古代汉语中"好"的常用意义就是"漂亮"，人们也习惯认为"好"的本义是指女子貌美，后来才逐渐引申出对事物、观念和情感中的好恶。也有人认为"女"和"子"为并列的会意关系，是指"男女相好"。还有人认为，在中国人的观念中，"有儿有女"就是"好"，表达的是"儿女双全"的意思。但从我们现在所能找到的甲骨文字形来看，"好"的组成部分"女"和"子"位置并不固定，有的"女"在左"子"在右，也有的"子"在左"女"在右。但不管左右位置如何变动，甲骨文中"好"字的"女"和"子"都有一个明显的共同点，就是"女"大"子"小，即在这两个构成符号中，"女"占主导地位，"子"居从属地位，这表明"好"中的"女"是一个成年女性的形象，而"子"是一个胎儿或婴儿的形象，它合起来表示的意思是指"女产子"。在汉字中，与"子"相组合的常用字，也多与小孩有关，如"孕"指怀上孩子，"孪"指一胎生两个孩子，"孺"指小孩子，"季"指幼子，"孤"指孩子很小的时候失去父母，"孙"是指儿子的儿子，等等。后来"子"才发展为表示成年男子的美称。因此，"好"中的"子"不是与女人相好的成年男子，而是"女"所生的孩子。我们还可以从汉字互训中进一步证明"好"的本义。《广雅·释诂》中有"嫽，好也"，《说文·女部》中有"嫽，妇人妊身也"，可见，"好"确实与女子生育孩子有关。从"好"的本义我们可以看出，在古代人力资源缺乏的社会条件下，人们以生育为"好"，体现出先民以生育为美的价值取向和审美标准。

2. 汉字与古代谶纬文化

"谶"，《说文·言部》解释为"验也"。谶是指预言吉凶的文字或图箓，人们历来认为谶言有某种神奇的力量，能预见未来，得知将来之事。历史上有关谶言的记载，较早的是《左传·成公十年》，晋景公梦见自己被厉鬼追杀，后请巫师来占卜。巫师预言："不食新矣！"意思是说，晋景公生前已吃不到今年的新麦了。结果，新麦收割了，厨师也把新麦粥做好了，而晋景公还活得好好的，于是他就把巫师杀掉了。然后准备吃新麦粥时，晋景公突然一阵肚胀，要上茅厕，想不到就在这个过程中发生了意外，竟掉进茅厕一命呜呼了。因此，柳宗元在《愈膏肓疾赋》中说道："巫新麦以为谶，果不得其所餐"。几千年来，谶纬文化与巫术、宗教、民间信仰以及各种神秘文化结合在一起，成为中国文化中的分支。而各种谶语中，对汉字的附会和借用占了很大的比重，因而汉字在谶语中承担了重要的角色。历史上记载的谶语，主要是以谶谣的方式出现，而谶谣又大多是利用汉字，使用拆字法、双关语、谐音法等手段，把谶语隐藏其间，营造出一种神秘的氛围和背景。

（1）拆字法

拆字法是利用汉字组字的部件，通过谶谣对汉字的结构进行拆解或组合，把谶言镶嵌和隐藏其间，起到影射和隐喻的作用，加上人们对文字所具有的崇敬心理，使谶谣更具神秘之感，进而引发民众关注和兴趣。而且，文字部件的拆解和拼接，可以有多种分解和组合方式，这又能使人们对谶谣预言的对象和结果作出多种猜测和寻究，增加谶谣预言的信息量，为以后预言的实现和说解留下较大的空间。历史上以拆字法流传的谶谣很多，如东汉灵帝登基之初，京都洛阳流传一首童谣：

千里草，何青青；
十日卜，不得生。

这是中国历史上很有名的一首拆字谶，"千里草"合成一个"董"字，"十日卜"合成一个"卓"字，而且"十日卜"的拆分次序也有深意，其表示董卓"以下犯上，以臣凌君"。"何青青"比喻董卓的势力曾经烜赫一时、不可一世，"不得生"比喻民众对董卓的痛恨，也暗示其最后的下场。灵帝驾崩后，董卓拥兵自重，挟天子以令诸侯，袁绍等人起兵讨伐，董卓被吕布杀死，果然应了谶谣之验。

(2) 双关法

双关法是借助汉字一字多义的现象，看似在说此事，实则说彼事，增加谶谣的隐蔽性，使谶谣具有神秘性和适用性，扩大谶谣预言的对象和范围，这也是谶谣常用的方法。如宋代《迷楼记》里记载了这样一个故事：

> 大业九年，帝将再幸江都。有迷楼宫人静夜抗歌云："河南杨柳谢，河北李花荣。杨花飞去落何处？李花结果自然成。"帝闻其歌，披衣起听，召宫女问之云："孰使汝歌也？汝自为之耶？"宫女曰："臣有弟在民间，因得此歌，曰：道途儿童多唱此歌。"帝默然久之曰："天启之也，人启之也！"帝因索酒，自歌云："宫木阴浓燕子飞，兴衰自古漫成悲。它日迷楼更好景，宫中吐艳奕红辉。"歌竟，不胜其悲。近侍奏："无故而悲，又歌，臣皆不晓。"帝曰："休问。它日自知也。"

这里所说的"杨柳谢"是隐喻杨氏王朝要衰败了，"李花荣"是预示李氏家族将要取而代之。"杨柳"与杨氏，"李花"与李氏，均是利用双关的方法来预言将来之事。

(3) 谐音法

谐音法其实也是双关法的一种，不少运用双关法的谶谣中，都包含了谐音的因素。谐音法利用汉字中同音或近音字较多的特点，使语义双关，不单可以从字面上理解，还可以联想出更深层的含义，因而用谐音法制作的谶谣也极为隐晦和神秘，能让谶谣预言的对象更多、范围更广，灵验的可能性也就更大。如清代太平天国年间，清军曾用谶谣的方法对付太平军。清咸丰六年，杨秀清出巡，仪仗遭到冲撞，肇事者不仅没抓到，反而在杨秀清坐的车中留下一张小纸片，上面写着：

> 风倒东园杨，花飞片片红。
> 莫言橙李好，秋老满林空。

全诗以谐音的方法，以"杨"暗指东王杨秀清，"红"暗指洪秀全，"橙"和"李"暗指太平天国后期的两员主要将领陈玉成和李秀成。"林"暗指当时太平军的都城金陵。杨秀清的一个随从阅此内容后说："此似诗而实谣，此中有谶语，意似不佳。"杨秀清得知不详，勃然大怒，杀舆夫与执役者以泄愤。这是典型的运用谐音法制作的谶谣。

由此可见，汉字在谶纬文化中扮演了重要的角色，对汉字形、音、义的灵活运用既是制作谶谣的主要手段，又是解开谶纬文化神秘面纱的关键。

3. 汉字与姓名文化

中国历来有"大丈夫行不更名，坐不改姓"的说法，姓氏是一个家族的显著标志，也是个人必不可少的识别符号。2006年中国社科院公布的《中国姓氏统计》得出，我国大陆姓氏用字达4100多个，这些姓氏用字不仅对姓氏文化研究有着重要的意义，而且对汉字本身的发展也有较大的影响。个人名号的选用历来受到中国人重视，在传统观念意识中，名字关系到一个人的好坏得失和兴衰成败，取名用字往往寄托了上代人对下代人的殷切期望。正因为人们重视姓氏的传承和名号的用字，则派生出了一门新的学问——姓名文化。下面从几个侧面来探讨姓名用字中所包含的文化传统和文化因素。

（1）姓氏来源的文化透视

"姓"，《说文解字》解释为"人所生也。古之神圣母，感天而生子，故称天子。从女从生，生亦声"。可见"姓"最早是由母亲的属性而来，且以母亲所在的氏族名称或标志符号作为孩子的姓氏。从已知的史料来看，最早出现的姓氏也大都从"女"字，如舜帝姓"姚"，夏禹姓"姒"，黄帝姓"姬"，神农氏姓"姜"，等等。从这些早期的姓氏用字我们可以大体推测"姓"最早可能产生于"只知其母、不知其父"的母系氏族社会时期。

姓氏用字是中国人重视祖先崇拜和家族血脉的明证，通常只能继承和顺从，具有自然性和不可更改性，因而每一个姓氏用字大都历史悠久，且具有一定的文化渊源。从姓氏的来源来看，有以国名为姓的，例如，春秋战国时期，诸侯国众多，"鲁、齐、蔡、赵、陈、郑、曹、韩、魏、梁"等姓氏用字就是由当时的诸候国名发展而来；有以居住地为姓的，例如，"程、陆、东方、西门、南郭"等就是以邑名、乡亭之名、居住地点等作为姓氏用字；有以先人名字为姓氏的，例如，"林、高、国、展、皇甫"等姓氏用字均来源于祖先的字与号；有以官职为姓的，例如,"司马、司徒、上官、府"等均采用古代朝廷官职作为姓氏;有以技艺为姓的,例如,"陶、卜、巫、甄、屠、贾"等均是以从业技艺为姓氏用字;还有因谥号、赐姓、避讳等原因而立姓、改姓的,等等。因此,姓氏所用之字不仅传递着中华民族的家族结构、民族繁衍、种族历史和遗传信息,而且其用字背景本身就构成了一部精彩的文化史。

(2) 名字的文化意义

名字是长辈对后代期望的寄托,往往希望通过取名传达某种意愿,反映某种风尚,蕴含某种寓意,因而取名所用之字也同样慎重,有它的文化渊源和命名习俗。例如,古代社会生产力低下,人丁兴旺家族才会繁荣,而受生活和医疗等条件的限制,孩子在成长过程中容易夭折,因此古人就利用取名,想让孩子受到某种保护或免除灾祸。人们发现饲养的家畜无须精心养育就生长得很健壮,于是为了让自己的孩子也能像家里的牲畜一样壮实,就用"牛儿""猪娃子""狗剩儿"等来唤自己的孩子。这种看似粗俗的取名,实际上是希望孩子福大命大、易避邪恶、有顽强的生命力,其深层的文化心理是人们对传宗接代的渴望和对人的生命本色的张扬。

取名立意总是受到社会生活的影响,带上时代的烙印和标志。我们从各个不同时代的取名用字方面,也可以直接或间接地看到各个时代的风格时尚,甚至是经济和文化背景。例如,殷商时代崇尚鬼神,相信巫术,看重孩子出生的时间,于是多以纪年、纪月、纪日、纪时的天干地支为名,如"孔甲、武丁、盘庚"等;宋人笃信道教,大力推行和崇尚黄老之学,因而名号多用某某老、某某翁、某某叟,如苏洵号"老泉"、苏轼号"铁冠道人、东坡居士"、欧阳修号"醉翁"等;清末民初受西方文化和政治革新的影响,很多人名字中体现着进步的思想倾向和政治色彩,如"康有为、梁启超、黄遵宪"等;中华人民共和国成立后,"爱国、卫国、中华、志华"等名字很多,它们也都带着鲜明的时代气息。

古往今来,无论富贵贫贱,给孩子取名总有一个着意点,且大都带有美好的寓意,寄托着父母或长辈的良好祝愿。例如,希望孩子健康长寿,就取名"长庚、万年";希望孩子荣华富贵,就取名"长华、福贵";希望孩子多才多艺,就取名"书琴、双艺";希望孩子光宗耀祖,就取名"光祖、光耀";希望孩子品德高尚,就取名"学谦、扬善",等等。

总之,不管是姓还是名的用字,在中国人心目中,或遵循一定的文化传统,或含有一定的文化寓意,或与特定的文化背景相联系,这些都与中国文化中的民族心理和思维观念息息相关。

4. 汉字与文字游戏

汉字主要通过以形表意、形义结合、形声相谐的方式表情达意和传递各种信息,尤其是汉字特有的形体结构,为信息的扩张和再创留下了广阔而神奇的想象空间。虽然方块汉字每个笔画都是固定的,但在这四平八稳的架构下,汉字不但没有凝固人们的思维,反而拓展了许多信息容量,给人们的智慧和创意提供了一个再创造的舞台,由此产生了一系列的汉字应用文化。

(1) 字谜

谜语是中华民族传统文化的瑰宝,是民间文学中的一种特殊形式。而字谜是谜语中的主要门类之一,它利用汉字形体结构的变换、嫁接、取舍、拆分、组合等手法,借助汉字形、音、义的灵活变通,通过会意、增损、象形等手段来制作谜语。我们可以从下面一些字谜中了解人们是如何利用汉字进行谜语创作的。

表里如一	(回)
果断有力	(男)
两点一直,一直两点	(慎)
千里相逢	(重)
我没有他有,天没有地有	(也)
因为自大一点,惹得人人讨厌	(臭)
千言万语	(够)

以上字谜中,"回"是利用该字内外部件相同的形体特点制作谜面;"男"是将"果"拆分后再与"力"组合;"慎"是分别对部件进行拆分再又组合,其中还利用了"直"所指意义的不同;"重"是利用部件组合;"也"是利用字形的比较和拆分;"臭"是同时利用字形的组合和

字义制谜;"够"是利用意义进行部件组合。从上述字谜中可以看出,绝大多数字谜都是利用汉字形体的特点进行拆分组合,或是将字形与字义结合起来制谜,它是由汉字衍生出来的一种应用文化,无论对制谜者和猜谜者,都能起到启迪智慧、陶冶情操、增长知识、活跃气氛的作用,是一项趣味性、娱乐性、知识性都很强的活动,历经漫长的历史长河而长久不衰。

(2) 诗文、楹联中的文字游戏

诗文、楹联都是和汉字紧密结合的艺术形式,古代读书人在诗文和楹联的创作中,经常会利用汉字的形、义特点来表达情感,进行艺术创作,其创作手段主要有析字、联边、叠字和复字、多音字、回文等。

析字就是利用离合字形、增加或减损笔画部件等手段,借助汉字的结构来表达含义和思想感情等的一种汉字应用艺术。离合字形是利用部件的分离或组合来表达特定的意义,富于趣味性和艺术魅力。例如,杭州西湖天竺山顶上有一座小寺庵,取名"竺仙庵",庵边有一眼非常清澈的泉水,庵中二人,经常用泉水煮茶,庵门有一副对联:

品泉茶,三口白水;
竺仙庵,二个山人。

上联是对"品泉"的拆分,下联是对"竺仙"的拆分,"竺"拆为"二个"是因为竹字头的形体像"个"字,整副对联把寺庵的名字和品茶的特色描绘得恰到好处,这是典型的通过字形离合创制的对联。增加或减少汉字字符的笔画或部件来表达有关含义和隐喻,也是诗文中常见的汉字应用艺术。传说清代有位叫贾席珍的塾师在陈家颜家中执教,一日,陈出上联暗讽塾师,贾也不客气回应下联:

贾席珍失去宝贝珍珠,方为西席;
陈家颜割落耳朵颜面,才是东家。

原本东家想让塾师难堪,结果反而自讨没趣。这副对联上联将"贾"字拆为"西""贝",然后损去"贾席珍"中的"珍"和"贾"中的"贝",就成了"西席"(指古时塾师);下联将"陈"字拆为"阝""东",然后损去"陈家颜"中"陈"字的耳朵旁和"颜"字,便剩下"东家"。上下联都是先分拆字形,然后减去无关部件或整个字形,表达特定的意义，构思精妙，既针锋相对又对仗工整。

《文心雕龙·练字》中说："联边者，半字同文者也"，意思是说句中每个字都是由相同偏旁的字联缀而成。这是一种用字的艺术，刻意选择偏旁相同的字组成文句，别有一番情趣。例如，从前有家车马店，门上贴着这样一副对联：

迎送远近通达递
进退迟速游逍遥

这副对联上下两联共 14 个字，且均是由"辶"旁构成（"游"的旧体写作"遊"，也是"辶"旁），又能很好地体现该店的行业特色，构思巧妙，韵味无穷。

诗文或对联中分别有一个或数个同样的字相继重叠出现即为"叠字"，而一个或几个字按照某种规律重复多次出现则称为"复字"。叠字和复字运用得当，也能带来奇妙的艺术效果。例如，浙江永康城关有座古廊桥，桥头有副叠字联：

风风雨雨，寒寒暑暑，满满潺潺，潇潇洒洒；
岁岁年年，朝朝暮暮，恩恩怨怨，憩憩悠悠。

上联写出了古老廊桥经历风雨沧桑后的洒脱，下联暗含着人间恩怨在岁月长河中的微不足道，用叠字的手法将人生哲理蕴含其中，意韵悠长，耐人寻味。又如下面这副复字联：

不生事不怕事自然无事
能爱人能恶人方是正人

上下联均有一字反复出现，格式工整规范，遣词朴素而含义深刻，在品赏之时，又能获得启迪和智慧。

汉字中有少量形同而音、义不同的多音字，利用一字多音多义的特点组成文句，有时能达到妙趣无穷的艺术效果。例如，从前某县城举行春联比赛，一家豆芽店老板仅用同一个字写了一副对联，结果一举夺魁。对联如下：

长长长长长长长
长长长长长长长

这副对联可读为（还可有多种读法）：

zhǎng cháng cháng zhǎng cháng cháng zhǎng
cháng zhǎng zhǎng cháng zhǎng zhǎng cháng

作为豆芽店老板，他每天的工作和心愿就是豆芽长长（zhǎng cháng）和长长（cháng zhǎng），而他将职业的思维习惯和楹联结合起来，出奇制胜，产生了奇诡绝妙的效果，造就了这样一副绝佳的独字联。

回文是一种特殊的修辞手法，它利用字序的回环往复排列成诗文，回环往复诵读，绵延无尽，给人荡气回肠、意兴盎然的美感。相传苏轼曾作过这样一首诗（一说为秦观所作）：

赏花归去马如飞酒力微醒时已暮

全诗只有14个字，似乎不成诗，但如果利用回文形式，则可以读成一首七言绝句：

赏花归去马如飞，去马如飞酒力微。
酒力微醒时已暮，醒时已暮赏花归。

这样的诗文形式活泼、变化奇妙，读来令人愉悦和惊叹。

5. 汉字与民间信仰

汉字不仅是汉语的书写符号，还是历代社会文化的缩影和信息系统。崇拜祖先的历代先民，自汉字诞生之日起，就对汉字的神秘性和神圣性抱有虔诚的心态，人们对汉字的态度和认识，也构成中华文化的一个组成部分。

（1）敬惜字纸

敬惜字纸的风俗，来源于先民对汉字的崇拜，从"仓颉四目"的传说中我们便可知道，先民认为汉字是神灵的恩赐，尤其当普通民众都不识字、没有文化时，更容易产生对汉字的敬畏。加上"学而优则仕"的社会现实，学文识字能直接改变人的命运，也会派生出对文字的崇拜。于是，人们对写过字的纸张格外重视，不能随意扔掉，更不能亵渎和不敬。汪曾祺曾在其小说《收字纸的老人》中写道：

中国人对于字有一种特殊的崇拜心理，认为字是神圣的。有字的纸是不能随便抛掷的。亵渎了字纸，会遭到天谴。因此，家家都有一个字纸篓。这是一个小口、宽肩的扁篓子，竹篾为胎，外糊白纸，正面竖贴着一条二寸来宽的红纸，写着四个正楷的黑字："敬惜字纸"。字纸篓都挂在一个尊贵的地方，一般都在堂屋里家神菩萨的神案的一侧。隔十天半月，字纸篓快满了，就由收字纸的收去。……

民间也流传着很多因敬惜字纸长命百岁、子孙高中的传说故事，古时各地都建有敬字亭或惜字亭，逐渐形成一种社会风俗和民间信仰。

（2）测字算命

测字算命是中国古代的一种占卜术，它通过说解某个汉字，来预测所关心的人事命运和前途，也是建立在对汉字的崇敬和神秘心理之上。汉字本是记录汉语的书写符号，以此来预测未来之事，当然是不科学、不可靠的，但由于汉字特殊的形音义结构，加上其包含的各种人文信息，因而在传情达意时，可能在某种程度上反映出写字之人的潜在意识、脾气性格和情绪心理等，带有一定的合理性，但更多的是巧合的成分和模糊的臆测。

相传曾国藩在京城做官，一次微服出街，看到一处"测字看相"的摊子，一时兴起，挥毫写了一个"人"字，便把毛笔搁在笔架上。不料笔滑落在纸上，测字先生一看大吃一惊，上下打量他一番，便恭敬地说道："曾大人，恕小人无礼，敢问大人问什么事？"曾国藩一怔，没想到自己身份被识破，便说："本人无事，随便看看。"随即离开。回到官邸，心下纳闷，不明白为什么测字先生能识破自己的身份，于是他给自己手下的人布置了任务。没过多久，测字摊上来了一位骑着高头大马、身穿锦缎的人，身边还带着仆从。一下马就大声吆喝："让开让开，大爷要测字！"未等测字先生开口，便也写了一个"人"字，写完随即把笔扔在纸上。测字先生看了来人一面，冷笑一声道："小子莫在这里狐假虎威，回去好好侍候你家主人。"那人见自己身份已被识破，就带着随从离开了。过了一个多时辰，测字摊前又来了一位30多岁的男子，衣着讲究，眼中却无精神，而且行动畏缩。测字先生问清缘由，便递上毛笔请他写字。那人却说："我没读过书，不会写字，我想测个'人'字，问问现在的吉凶。"测字先生随即说出了测字结果："从你刚才所报的字来看,你的祸事尚未脱身,还有牢狱之灾。"并指着远处低声对来者说:"那边有几个人一直在盯着你,可能是来抓你的捕快。"来人一听,大吃一惊,随即转身离开。傍晚收摊之际,曾国藩将测字先生请到府上,并告诉他后来的两位,一位是官府的衙役,一位是在押的犯人,并虚心询问他是如何通过同一个字准确识破三次来人身份的。测字先生躬身答道:"大人来测字,气宇轩昂,威仪不凡,已有几分敬意。大人所写'人'字,刚遒有力,正是广为传颂的'曾体'。那笔滚落,横在纸上的'人'字上,正暗合'大人'之意。另外从大人的口音听来,定是湘籍官员,再根据大人年龄和百姓口中对大人相貌的描述,因而斗胆确定是大人无疑。衙役的穿着虽然华丽,但举止粗鲁,没有教养,字又写得歪歪扭扭,写完毛笔搁在人字中间,形成一个'小'字,暗喻来人出身卑微,因而断定是官府衙门的奴才。至于那个犯人,我见他精神委顿,面目无光,远处又有两个捕快盯着,因而猜测他是在押的犯人。另外,该人不会写字,只是口述一个'人'字,口里加人,岂不是一个'囚'字?据此可以作出判断。"听了上述一番话,曾国藩觉得这位测字先生机敏过人,富有观察和分析能力,便把他留在府上,让他当了一名清客。

从上述故事我们可以看出,其实测字不仅仅是从所书汉字来离合分析,还要随机应变,察言观色,抓住测字之人的神色、精神、举止和气度等方面,综合运用多种因素来预测。测字是中国传统文化中的一种特殊现象,古代社会生产落后,封建迷信盛行,面对天灾、人祸、疾病等因素,人们怀着对汉字的敬畏心理,企图通过测字来消灾避祸,获得生活的平安和政局的稳定,于是测字就成为一种上至帝王、下至百姓的常见算命途径。

6. 汉字与变形艺术

在汉字的使用过程中,有时人们将要表达的旨意,通过字体的变形来传递,产生一种特殊的艺术效果。这种汉字的变形艺术,从古至今一直存在。如古代的"神智体"诗,就是通过对字形的特殊处理,包括字的大小宽窄、笔画多少、位置正反歪斜、排列疏密等,达到"以意写字、以字入画、以画作诗"的效果。据《东坡情趣录》记载,宋神宗熙宁年间，有辽使至，自夸能诗，帝命苏轼为馆伴，辽使以诗诘轼。苏轼就以一首神智体诗《晚眺》难倒辽使，使他莫知所云，自此不再言诗。其诗如下（见图5-1）：

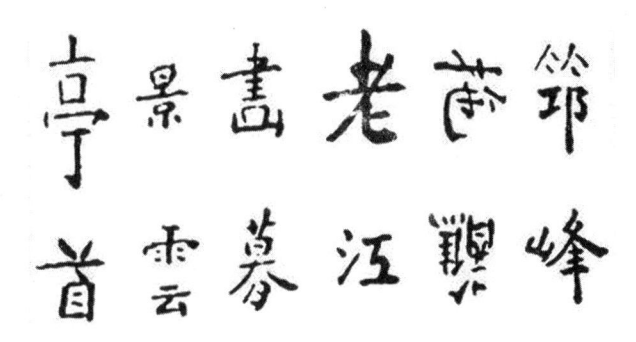

图5-1 神智体"晚眺"诗

上图12个怪字的写法是"亭"字极长，"景"字极短，"画"字的繁体里面缺了个"人"字，"老"字稍大，"拖"字横写，"筇"字的竹头极细，"首"字反写，"云"字的繁体中"雨""云"两部分中间断开，"暮"字下的"日"斜写，"江"字右边的"工"一竖曲写，"蘸"字倒写，"峰"字的山旁侧写。把这些字的奇怪写法组合起来就是一首诗：

长亭短景无人画，老大横拖瘦竹筇。

回首断云斜日暮，曲江倒蘸侧山峰。

这样一种近乎谜语的诗体，就是利用汉字位置和形体的改变，似字似画，启人神智。它将诗歌、谜语、图画、汉字等综合起来，创造出一种独特的艺术表现手段，让人叹为观止。

与图画纹饰同源的汉字，以象形为基础，在艺术的表现手段和适用领域上，具有得天独厚的先天优势。书画同源、书画一体的中国传统文化使汉字衍生出诸多变形艺术，这种汉字艺术至今仍在某些领域使用，起着独特的艺术效果，例如，民间年节所贴的"招财进宝"（见图5-2），通过共用某些部件和汉字位置的巧妙排列，呈现出"财货充足""堆积如山"的图画效果；新春佳节家家户户贴的"福"字，有各种各样的变形设计，图5-3中的"福"字，上半部分采用龙和凤的头部形象来构字，书画一体，表达了"龙凤呈祥""福满人间"的美好寓意。这样的例子还有很多。人们通过汉字笔画和结构的变形，将书法和绘画融为一体，展示出独特的创意，也使汉字蕴含着更为深邃的意韵。

图 5-2 "招财进宝"　　　图 5-3 "福"

7. 汉字与避讳文化

避讳是指为了维护君王或尊亲的威严，各类口头或书面记录中均要避免直接出现与他们名号相同的字眼，而以别的方式来代替。由于汉字形音义结构的特殊性，它在记录语言和表达语义时，常常使人产生对文字以外的联想和猜测。在中国古代封建专制主义的统治下，这些猜想如果与封建专制思想相冲突，就会带来严重后果，轻则刑狱之苦，重则性命不保。为了避免文字使用过程中冒犯尊长，触怒皇权，由此产生了汉字使用的避讳现象。

汉字避讳的范围主要包括两个方面：一是公讳，即遇到帝王和孔子的名字，必须避讳；二是私讳，即遇到祖父、父亲的名字必须避讳。避讳的方法主要有以下几种：一是改字法，即用同义、近义或近音字来代替需要回避的字，这叫"恭代"。例如，宋太宗赵炅，本名赵匡义，因避其兄宋太祖赵匡胤的名讳改为赵光义。为避"义"字，又把当时四川的"义宾县"改为"宜宾县"。二是缺笔法，即将应避讳的字少写某些笔画，一般是少写最后一个笔画，称为"敬末"。例如，为避唐太宗李世民的讳，把"世"字缺笔写成"卋"。三是空字法，即刻书时遇到应避讳的字不刻出来，空出相同的位置，或作"某"或作□。例如，三国时期的刘备字玄德，清刻本中常作□德，是为了避康熙玄烨的讳。四是分析法，即将应避讳的字分解成几个部分来表述。例如，为避康熙玄烨的讳，将"玄"字写成"从亠从幺"。五是墨圈法，即在应避讳的字四周加黑框。例如，清道光年间黄汝成刻顾炎武的《日知录》，其中涉及《左传》里一句为"及而园孙，无有老幼"，这个"园"实际上是为了避康熙玄烨的讳，将"玄"写成"元"，然后再加墨圈而成，并不是简体的"园"字。六是说明法，即对必须避讳的字加某种说明，避免直接写出来。例如，许慎的《说文解字》在解"秀"字时空其字，注上"上讳"二字，是为了避东汉光武帝刘秀的讳。

　　古代学者著书立说，特别重视避讳，稍有不慎就会带来灭顶之灾。从秦始皇"焚书坑儒"到明清两代大兴文字狱，人们在使用汉字的过程中，既享受了文字带来的便利，也对汉字渗入了一种畏惧心理。避讳与汉字紧密相关，但这并不是汉字本身的过错，而是封建统治者借助汉字实行高压统治，用文化专制主义禁锢人们的思想和行动，使人们对统治者及其政权更加俯首帖耳。这是中国古代封建意识和专制文化的例证，对中国社会发展和文化繁荣产生了极负面的影响。

8. 汉字与谐音文化

　　谐音是指在语言运用过程中借用同音或近音的字词来表达意思，进而生发出"弦外之音"的一种特殊表达现象。谐音现象普遍存在于各种语言之中，而汉语中的谐音尤其多。因为汉字是一种单音节文字，音节总数只有400多个（不计声调），经常出现的音节又比较集中。有人作过统计，汉语普通话常用音节加次常用音节仅47个，占总出现率的50%，加上又次常用音节109个，占总出现率的75%。也就是说，汉语普通话音节本就不多，而占全部音节四分之一的音节却占了总出现率的四分之三，因此，常用音节中的同音或近音现象非常普遍。汉语中的谐音成分虽然和汉语语音结构有着直接的关系，但它也跟一定的文化传统和民族心理相联系，由此形成了内容极为丰富的谐音文化。

　　谐音双关是最常用的语言修辞形式，它利用汉字同音或近音的条件，使其既具表面含义，又有深层内涵，构成一语双关。如唐代刘禹锡的《竹枝词》：

杨柳青青江水平，闻郎江上踏歌声。
东边日出西边雨，道是无晴却有晴。

这里的"晴"字，既指天边日出放晴，又语义双关人有情，以"晴"指"情"，含蓄曲折，韵味悠长。这样的谐音双关在唐诗宋词中比比皆是，是常见的艺术形式和表达手法。又如曹雪芹的《红楼梦》中人物命名，不少采用的是谐音字，"英莲"谐音"应怜"，"娇杏"谐音"侥幸"，"贾政""贾敬"合起来谐音"假正经"，等等。可见作者独具艺术匠心，读者也能从这些谐音命名上窥见人物的命运和世情。

谐音还与人们生活中的各类禁忌有关，平时说话办事遇到一些禁忌用字或谐音时，就需要用不谐音的字来取代。如我们今天吃饭用的筷子，古代叫"箸"，因为"箸"与"住"谐音，而"住"有"停住不动"的意思，这对船家来说是禁忌，于是就把"箸"改称为"筷子"，谐音"快"的意思，后来这种叫法就陆续使用开来。又如粤语中忌讳的字词很多，常用谐音的方式避忌，因"空"与"凶"谐音，所以"空屋"改称"吉屋"；因"伞"与"散"谐音，所以"伞"改称"遮"；因"舌"与"蚀"谐音，所以"舌"改称"脷"；等等。这样的禁忌谐音都体现了特殊行业和特定群体的思维习惯和文化心理，从中可以了解汉字与文化的密切关系。

与禁忌谐音正好相反的是祈福谐音，它因某个事物的读音与吉祥用字读音相谐，就把这个事物的用字作为吉祥的象征。如图5-4是由蝙蝠、寿桃和两个古钱组成的图案，蝙蝠寓意"福"，寿桃代表长寿，两个古钱表示"双全"，合起来表示"福寿双全"。又如图5-5由仙鹤和梅花鹿组成的图案，"鹿"与"禄""陆（六）"谐音，"鹤"与"合"谐音，组合起来又有"六合"（指天、地、东、南、西、北）同春之意和富贵长寿之说。总之，祈福谐音是从人或事物名称上谐音，引发出一种吉利的表达方式。

图 5 – 4　"福寿双全"　　图 5 – 5　"六合同春"

汉字作为记录汉语的书写工具，经历了漫长的历史发展过程，在这个过程中不可避免地反映出使用者的思维方式、文化心理、表达习惯、生活环境等，因而汉字凝聚了深沉的社会文化背景，记录了与之相伴的一代又一代使用者的足迹，对我们梳理中国文化脉络有着独特的意义。但我们也应认识到，语言文字只是人类文化中极小的一个组成部分，只能从一个侧面以某种程度或方式反映社会历史文化，在文化研究的整体性、客观性和不可取代性方面存在着无法克服的局限。

第二节　外国学生汉字文化习得存在的问题

一、不了解汉字文化

在目前的对外汉语教学中，汉字教学的地位本就不高，相对于语音、词汇、语法而言，汉字教学并未引起特别的重视，而只是附庸于词汇教学。而词汇教学中的汉字教学，往往是生词里出现什么字就教什么字，简单带读一下词语中的读音，示范一下汉字的书写，讲解一下词汇的意义，就算完成教学任务，有时甚至都不教汉字，学习者直接在词汇教学中自主习得。外国学生学习汉语，往往强调的也是听说能力的提升和交际能力的培养，对于汉字的书写和认读，缺乏明确的要求。在这样的教学理念和实践中，汉字本身的学习就远远不够，更遑论其背后的文化信息了。

另外，汉字对广大外国学习者而言本身就极其复杂，刚开始接触汉字，他们不知道汉字的笔画、笔顺和结构特点，从字形上又无法推知字音，也不能很好地理解字义，只能依葫芦画瓢、死记硬背。加上汉语水平受限和文化本身的复杂性，哪怕教师想要涉及一点汉字文化知识的讲解，也牵扯到陌生的术语表达、复杂的来龙去脉、迥异的文化背景、独特的逻辑思维等诸多因素，往往有无从下手、心有余而力不足的感觉。

因而，外国学生对汉字背后的文化信息知之甚少，相对其他显性知识而言，了解的途径和方式也更为有限，这就造成他们在汉字学习和使用过程中，可能产生中国人意想不到的问题。例如下面的故事。

一外国人参加中国朋友婚礼，学中国人习俗给新人敬酒。新郎忙说道："大家都不是外人，你就不用客气了。""不是外人？不，我是外人啊！"外国人一脸惊讶，并指着身边的其他中国人说："他们才不是外人，都是你的内人！"

这个外国人之所以闹出"外人""内人"的笑话，就是因为他只知道"外"与"内"语义相对，却不知道"内""外"均有多个义项，它们不是在每个义项上都构成反义。而且"内""外"参与构词时，哪怕都是与"人"组合，其意义也不是相对的。"外人"可以指没有亲友关系的人，也可以指某个范围或组织以外的人，还可以指外国人；而"内人"在现代汉语中有特定的文化意义，它只用以称呼自己的妻子。外国人不了解汉字字义的复杂性和其背后的隐性文化，因而闹出了这样的笑话。又如不少外国人刚刚接触汉字，对这种独特的文字充满好奇，喜欢刻上各种汉字纹身，有些甚至刻上"恶""笨"等字眼，这在中国人看来也是难以理解的。因为在中国人的文化心理中，更喜欢含有赞赏、嘉许、褒扬、喜爱、尊敬、美好、吉祥等感情色彩的"好字眼儿"，而排斥带有贬斥、否定、憎恶等色彩的字眼儿。外国人不懂这一点，觉得哪个汉字有意思就刻上哪个汉字，这也是不了解文字背后的褒贬含义所产生的文化隔阂。

二、不理解汉字文化

外国学习者由于缺乏一定的中国文化背景，他们没有基本的汉字文化积累，没有受过汉语及中国文化的熏陶，很难将一种文字符号与某种文化思维联系起来。有时就算了解一点儿文化知识，也很难深入并真正内化，因而面对汉字背后纷繁深奥的文化信息常常难以消化。如汉字形体结构具有方正、平衡的特点，不论上下结构还是左右结构，所构字符都要控制在方块框架之内。因此，上下结构的字，上下两部分都要写得扁平一点；而左右结构的字，左右两部分都要写得瘦长一些。即使同一个字符，当它进入不同结构中时，都要适应结构特点适当发生形态上的变化，像"村"和"李"中的"木"写法上就有改变，这与中国人内敛稳重的民族个性和追求平衡端正的审美心理是相关的。而外国人追求自由奔放，他们书写自己的母语文字往往比较飘逸潇洒。因此，他们在书写汉字时，很不习惯受制于方框之内，脱离字框常常把汉字写得扭曲变形，大小疏密不一，给人造成重心不稳或支离破碎的感觉。又如中国人在交往时，为了使对方相信自己的话语，常常会赌咒发誓："这件事儿要是办不到，我的'黄'字就倒着写！"之所以拿自己的姓氏作为赌注，是因为在中国人根深蒂固的传统意识中，姓氏是祖宗血脉的标志，因而看得很重。不少外国人却觉得这种赌誓很可笑，毫无信任度可言，因为他们很难理解这种誓言在中国人心目中的重视程度。

不仅如此，有时因文化差异带来的理解困难，甚至会导致文化冲突。如外国人对于中国人称他们为"老外"往往不太高兴，因为他们只知道"老"是"old"的意思，而外国人不服老，更不愿意被人称"老"，觉得这样很没礼貌。而实际上，"老"在汉语中是一个常见的前缀，如"老师、老板、老兄"等，有时在称呼人时加个"老"字，还带有尊敬的意味，如"老张、老李、老王"等。外国人习惯了"老"的字面意义，很难理解"老"背后隐含的文化信息。

第三节　对外汉字文化教学

汉字以其独有的特点和悠久的历史，负载了比其他文字更为丰富的文化信息，通过汉字形、音、义的分析，挖掘其中蕴藏的文化内涵，加以生动的讲解，既能满足外国学生的好奇心理，又能增强他们的学习兴趣。因此，在汉字教学中适当渗透文化的教学，不失为一种行之有效的方法。但对外汉字教学的主要目标还是要掌握汉字的听说读写和正确使用，因此如何用正确的方式将文化教学渗透到汉字教学中，在实践中要把握好其中的度。如何在对外汉字教学中进行文化教学，我们无法提出具体的操作方法，只能大致地提出几条原则性的建议。

一、紧密性原则

在对外汉字教学中，文化教学只是起一个辅助和补充的作用，因而在教学中不能为了追求内容的新奇有趣而插入无关紧要的汉字文化知识，更不能脱离汉字教学用学生的母语大讲特讲文化。文化的讲授应采取"就字论字"的方法，即在汉字教学中只有遇到跟教学内容紧密相关、不得不讲的文化内容，或讲了以后能对汉字学习有所帮助的文化因素时，才需"就事论事"地解释清楚。如《新实用汉语课本1》中有这样一段对话：

> 林娜：宋华，这是生日蛋糕。祝你生日快乐！
> 宋华：谢谢。蛋糕真漂亮。你们来，我很高兴。
> 马大为：今天我们吃北京烤鸭。我很喜欢吃烤鸭。
> 丁力波：我们喝什么酒？
> 王小云：当然喝红葡萄酒，我们还要吃寿面。
> 林娜：吃寿面？真有意思。
> 宋华：林娜，你的生日是哪天？
> 林娜：十一月十二号。
> 宋华：好，十一月十二号我们再来吃寿面。

另外，《成功之路：进步篇3》中也有一篇课文《中国的红与白》，内容如下：

> 大家都知道，中国人特别喜欢红色。以前，中国人结婚的时候，新娘和新郎都会穿上红色的礼服，戴着红色的花。新娘的头上还要盖一块红色的布，坐着红色的轿子来到新郎家。新娘和新郎的房间也是红色的。墙上贴着红色的"喜"字，人们会放红色的鞭炮，新郎和新娘的床单、被子也常常是红色的。客人们会把钱放在红色的信封里面，做成"红包"，送给新娘和新郎。中国人这么喜欢红色是为什么呢？

这两部教材的课文中都涉及了表颜色的"红",前者是"红葡萄酒",后者是谈"中国人喜欢红色"。表颜色的字背后大都涉及特殊的文化意义,那么在这两篇课文中我们要不要介绍其背后的文化呢?从前一篇课文来看,学生还处于汉语学习的初级阶段,这里的"红葡萄酒"就是指葡萄酒的颜色,没有隐含其他文化意义,所以完全可以不讲。后一篇课文是专门谈中国人怎么看待"红与白"这两种颜色,与其所代表的文化意义密切相关,这里如果不讲红色在中国人心目中所隐含的文化意义,外国学生就难以理解整篇文章的意思,因此必须要讲。但是,讲多少、讲多深,要根据学生的具体情况和课文涉及的内容来决定。而且这里既然只谈到了"红与白",那么介绍这两种颜色代表的文化意义就可以了,至于其他颜色蕴含的文化信息就不用在课堂上大肆发挥,可以作为课外阅读让学生自己拓展,或是在以后的学习中涉及这些内容时再进一步讲解。

二、选择性原则

从某种意义上来讲,每个汉字背后都能挖掘出一定的文化背景和内涵,因而对外汉字教学中如果要谈文化,跟汉字有关的文化内容太多了,几乎每一个汉字都可以从它的古字形开始说起,结合其发展演变历史简直可以演绎出一部文化史来。那是否每个汉字的教学都需要借助古字形的发展演变来讲解其形义关系和规律呢?当然不必。如果古字形有助于学生理解现代汉字的形义和用法时,我们当然可以适当借助古字形加以梳理,如"瓜"的古字形为瓜,两边像藤蔓,中间是果实,就是藤上结瓜的形象。其古字形与现代字形极为接近,只是由图画式的线条变为了笔画而已。而且借助古字形还可以强调现代字形中间的点就好比藤上的瓜,不能遗漏,借此提醒学生注意该字易犯的偏误。这样,利用该古字形不仅把"瓜"的现代字形和字义都讲清楚了,还能让外国学生体会汉字独具的形象表意特点,从中领略中国先民造字时特有的思维方式。当然,讲解应当尽量简洁高效,不能花费太多时间和精力。如果现代汉字与古字形相去甚远,字义也发生了转移,就完全不必提及,以免增加学生的学习负担。

一般来说,涉及汉字理解和运用的相关文化要讲。如给外国学生讲

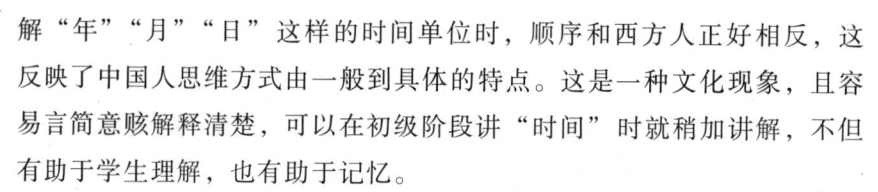

解"年""月""日"这样的时间单位时，顺序和西方人正好相反，这反映了中国人思维方式由一般到具体的特点。这是一种文化现象，且容易言简意赅解释清楚，可以在初级阶段讲"时间"时就稍加讲解，不但有助于学生理解，也有助于记忆。

另外，与汉字直接相关的文化要讲，无直接关系的就不用讲。如我们前面所提到的"年""月""日"的用法跟汉字的运用直接相关，当然要讲。至于有些汉字背后隐含的古代社会面貌、传统风俗、生活习惯等，如果不能简单有效地帮助理解汉字，就无须多费口舌引申拓展了。文化是一个非常宽泛的概念，它是人类在社会历史发展过程中所创造的物质财富和精神财富的总和，我们不可能指望外国学生在几分钟、一堂课或是一个学期就全部掌握，许多涉及文化的内容，等学生汉语水平提高了，文化知识丰富了，或者以后逐渐了解中国社会，自然就会慢慢理解，不需要老师越俎代庖、提前灌输。

此外，对不同程度的学习者，所讲的文化内容也应有所不同。初级阶段的外国学生，汉语知识和文化积累都很有限，即使出现了跟汉字有关的文化因素，也不一定要在一出现时就讲。哪些文化内容要讲，哪些不要讲，这跟学生的汉语水平、需求兴趣、理解能力等有关。如汉字中的数字，外国学生接触较早，每一个数字背后也蕴含了一定的文化内涵。如果学生尚处于初级阶段，那么讲清字面意义就行，不用大讲数字文化。但是到了高级阶段，结合某些数字成语或数字文化现象，可以适当地介绍一点中国数字文化的特点，让他们更好地理解语言和文化。

三、共情性原则

在对外汉字教学中，教师要能准确判断哪些文化因素应该在教学中讲，哪些不应该讲，这就要求教师要有同理心，在涉及文化的内容时要能站在外国学习者的角度去换位思考，理解他们的文化感受和情绪。因此，教师不但要较全面地了解本国文化传统和思维习惯，还要对所教外国学生的母语文化和思维方式做到心中有数，否则就难以发现不同文化之间的差异，难以理解学生的文化心理，导致教学过程中忽略学生文化理解的盲点，甚至发生文化冲突。如一重庆老师教外国学生汉字"血"，想顺带拓展一下中华饮食文化，就介绍了一道重庆特色菜"毛血旺"，还没介绍完，坐在下面的一位伊斯兰教学生就满脸通红地站起来冲出教室。随后，这位老师就收到了学校外事部门转来的投诉，因为伊斯兰教徒严禁食用动物血液，该学生认为老师在课堂上介绍的内容亵渎了他的宗教感情和信仰。

除了要了解双方的文化以外，教师在教学过程中还要时时处处设身处地，站在学生的立场上来看问题，看看这样讲学生能否理解和接受，是否会对学生造成新的理解困难。只有这样才能发掘隐含着的文化因素，也不会因习焉不察而使学生产生误会。如有老师在教了部分含"氵""冫"的字以后，给学生归纳这两个意符的特点："氵"是三点水，含"氵"的字大都跟水有关，如"清、泪、洗"等；"冫"是两点水，含"冫"的字大都跟冷的水有关，如"冷、冻、冰"等。有学生听了以后马上举手说："老师，我知道了，'灬'是四点水，表示更多的水，如'热'是流了很多汗水，'黑'是要很多水才能洗干净，'熟'是要多一点水才能熟。"事后老师进行教学反思，她当时只准备在课堂上归纳"氵""冫"的义类，如果不是学生主动提出来，压根儿没想到学生会联想到"灬"的字，也不会想到学生由"氵""冫"会对"灬"的字作"很多水"的理解。后来，该老师在课堂上将这三个意符放在一起归纳讲解，并突出强调"灬"的字不是指很多水，而是和火有关，学生印象特别深刻，教学效果也很好。由此可见，教师在教学过程中，很多时候需要站在学生的视角多想一想，就会发现很多要提醒或解释的要点，也才能让学生对汉字和汉文化理解更加全面、透彻。

四、准确性原则

明确哪些文化因素要讲，哪些不要讲之后，怎么讲解也是非常重要的。不少教师或教材在谈及文化内容时常常把两种文化的差异绝对化，容易造成学生误解。对外汉字教学也要注意避免这一点，不少规律性的概括只能相对而言，并不能包含所有的汉字。如形声字的形旁表意是汉字的一个重要特征，也是汉字区别于其他文字的文化独特性。但是由于形旁、字义以及人类认知等都在不断发生变化，因而形声字的形旁表意也存在不少问题，像"虫"旁字大多为昆虫，但"蛇、蛙、蚌、蛋、虹"现在都与昆虫无关；"犭"旁字一般用来指走兽类动物，但"熊、虎、鹿、象"等又都不在其列。因此，有些文化特征虽然存在一定的规律性，但不能太绝对化，要尽可能讲得客观准确一些，否则就会使学生产生不正确的类推，进而发生偏误。

在涉及文化的教学中，我们应采取开放包容的态度，介绍本国文化的同时，也应涉及他国文化。拉多曾指出，学习外语的人有一种倾向，即容易把自己的母语和本民族文化形式、意义及分布转移到外语及外族文化中去。因此我们在教学中应多加强文化对比，介绍汉字文化时，可以用外国学生母语文化中的近似文化或迥异文化加以比较，加深印象。如介绍汉字字形表意的特点时，可以用典型的象形字和英文单词进行比对，让学生领悟汉字是"形入心通"，英文是"声入心通"，进而理解两种语言文字截然不同的发展思路和文化取向。但涉及文化的教学要注意尽可能客观准确，尽量贴近文化的核心与精髓，切忌模棱两可、以偏概全。更不宜对不同文化随意褒贬，要让学生自己在理解的基础上进行评判。那种单向褒扬本国文化的倾向，会使异文化学习者产生反感，每个人对深植于内心的本国文化都十分看重且不易改变，我们要尊重各民族的文化信仰，忌刻板说教，更不可居高临下、强加于人。对同一文化现象允许不同文化背景的人持有不同看法，从多个角度去理解。老师对待文化采取多元开放的态度，学习者也会更加开阔包容。

五、多样性原则

在对外汉字教学中结合文化进行教学的方式很多，除了老师口头讲解，还可以让其联系前后所学的汉字知识进行判断、推理，有时也可以让学生展开讨论，或者到课外生活中去寻找实例。特别是学习者如果在目的语环境中学汉语，可以让其在现实生活中去认汉字、用汉字，体会汉字背后的文化意韵，将课堂教学与学生的社会实践活动结合起来，学习效果比课堂上老师千篇一律的讲解要好得多。如有外国学生刚学习汉字，还不太理解汉字一字多音多义现象，于是看到酒店洗手间门口贴着的"小心地（dì）滑"就很不解，不明白为什么要"小心地（de）滑"。当老师结合生活中这样生动的例子来讲解汉字多音字时，学生能更好地理解多音字要结合语境进行学习的道理，也能从中体会汉字音义灵活变通的文化特点。

另外，学习书法也是汉字与文化教学相结合的一条恰当途径，可以培养外国学生的汉字审美情趣。书法是中华民族文化艺术中的一块瑰宝，其本质就是汉字的审美书写。学习书法可以使外国学生体会汉字形体的线条美、结构美、章法美和意境美，培养学习者对美的鉴赏能力，激发对汉字的喜爱之情。教师要做一个中国文化传播的有心人，为学生提供更多接触汉字的文化环境，如教室的布置可以增加一些汉字书法艺术作品的点缀，逢年过节可以贴春联、福字，让学生在了解中国节日文化的同时欣赏汉字的应用艺术，既美化了教学环境，又营造了文化熏陶的氛围，可谓一举两得。

总体而言，在对外汉字教学中进行文化教学，必须遵循以汉字教学为主、文化教学为辅的原则，文化教学应当为汉字教学服务，不能喧宾夺主，也不能为了结合文化而在汉字教学中硬性加入文化内容。

第六章 本体汉字教学与对外汉字教学

第一节 本体汉字教学的发展与实践

我国的汉字教学起源很早，从现有文献资料来看，早在西周时期汉字教学就被列入学制。《周礼·地官·保氏》记载："保氏掌谏王恶，而养国子之道，乃教之六艺：一曰五礼，二曰六乐，三曰五射，四曰五御，五曰六书，六曰九数。"这"六艺"是周代贵族子弟学习的六种基本科目，其中的"六书"就是关于文字的科目。

一、古代的汉字教学

汉字作为一种有着几千年历史的古老文字，它能够流传至今，是与汉字教学分不开的。古人说："士之为学，必先穷理，穷理必先读书，读书必先识字。"一个人只有先识字，才能读书明理，因而识字教学总是处在教育过程的开端，是正式教育的先行部分。自古以来，我国就一直重视识字教学的探索。现今能找到文字记载的汉字教学始于西周，许慎《说文解字·叙》中说："周礼八岁入小学，保氏教国子，先以六书。""六书"是古人为了汉字学习的需要而对汉字形体结构进行的分析总结，也是当时贵族子弟最先要学习的功课，从此，汉字教学就成为了历代文化教育活动的重要内容，也为汉字的传承和发展作出了巨大贡献。

1. 古代汉字教学的内容

古代识字教学的内容主要体现在编纂的各种童蒙识字课本中，这种课本通常只是按照一定的次序编排文字，没有说明解释的内容，与解说汉字形、音、义的"字书"不同。《汉书·艺文志》中"小学类"著作有 10 家共 45 篇，全都是童蒙识字课本，这些课本可以看作是文字学的萌芽。我国有史记载的最早的识字课本是西周宣王时的《史籀篇》，"《史籀篇》者，周时史官教学童书也，与孔氏壁中古文异体"。由于《史籀篇》早已失传，关于它的作者和时代，后世观点各有不同。根据专家的考证和研究，《史籀篇》一书大体是按字的意义关系编排而成，四字为一句，隔句押韵，以便学童习诵，这种体例对后世识字课本的编撰产生了极大的影响。到了秦代，秦始皇统一中国，李斯等人对文字进行加工整理，用小篆作为天下统一的文字，编写了有名的"秦三篇"，即丞相李斯作的《仓颉篇》，中车府令赵高作的《爰历篇》，太史令胡毋敬作的《博学篇》，这三篇既是推行小篆的范本，又是童蒙识字的课本。汉代继承秦代的教育政策，司马相如的《凡将篇》、贾鲂的《滂喜篇》、史游的《急就篇》、扬雄的《训纂篇》等，都是用韵语编写的识字教材，但只有《急就篇》流传了下来。现存《急就篇》全文共计 34 章，2144字，三、四、七言皆有，讲究押韵，便于诵习，内容涉及姓氏名字、服器百物、官职法理、盛世讴歌等。作为蒙学教材，《急就篇》在内容、编排、用字等方面都成为后代蒙学教材编撰的参考。魏晋以后至唐宋，南朝梁周兴嗣编的《千字文》，宋代的《百家姓》《三字经》，这三本童蒙识字课本互相配套使用，一直沿用到清代，被称为"三百千"。明清两朝除了使用"三百千"以外，还有明代的《龙文鞭影》《幼学琼林》、清代的《笠翁对韵》《弟子规》也比较有名。

上述童蒙识字课本，都是古代汉语启蒙教育的优秀教材。其中，又以"三百千"对后世的影响最大。《千字文》是南北朝时期的梁武帝命人从王羲之书法作品中选取 1000 个不重复汉字，令周兴嗣编纂成文，字不重复，却文采斐然，被誉为"绝妙文章"。《百家姓》成书于宋朝初年，作者不详，它既是一本儿童启蒙教材，也是一本记录中国姓氏的文集。《三字经》的成书年代和作者历代说法不一，大多数认为是南宋中期的王应麟，内容上后代陆续有增补。这三本书被称为中国传统蒙学的三大读物，在童蒙识字教学中相互搭配使用，对后世影响最为深远。"三百千"主要具有以下几个特点。

（1）内容广博，形式实用

这三本识字教材不仅可教儿童识字，从书中还能了解自然、历史、社会、人文、宗教、教育、伦理等多方面的知识，内容十分广博，形式也非常实用。《三字经》从"人之初，性本善"到"戒之哉，宜勉力"，全书380句，每句三字，其内容涵盖了历史、天文、地理、道德以及一些民间传说，从中可以了解生活常识、国学典故、人伦义理等多个方面，故有人评价说"熟读《三字经》，可知千古事"。《百家姓》是一部中华民族姓氏的简明手册，最初的版本，有118句，每句四字，共收录411个姓。后来流行的增补本，增加到142句，收444个单姓，60个复姓。它采用四言体例排列姓氏，内容虽然没有文理，但对于识字和中国姓氏文化的传承起了重要作用。《千字文》也是四字一句，共1000字，但现代汉字简化、异体字归并以后，只剩下990余个相异汉字。其内容也丰富多彩，从开天辟地讲起，既有天地宇宙、寒暑四季等自然地理知识，又包含做人准则、为人修养等价值观念，也是一部涵盖面广、可读性强、生动优秀的小百科书。

（2）字种和字量收录合理

"三百千"之所以能长久流传，还因为它们所收的字种和字量都很合理。字种要尽量丰富才能有较大的使用覆盖面，字量要控制合理才能保证学习负担适度，"三百千"这三部教材在这方面都是做得比较优秀的。有人拿现代汉语中的3500个常用字和"三百千"中所收汉字进行比对，常用字和次常用字使用率最高的是《三字经》，占92.24%；其次是《千字文》，占88.45%；最低的是《百家姓》，也达到了78.20%。这一方面说明汉语常用字在发展过程中一直相当稳定，另一方面也反映出古代童蒙识字课本收字合理，选字实用，绝大多数汉字都属于社会基本用字，具有很强的生命力。而从字量上看，《三字经》共计1140个字，《千字文》1000个字，《百家姓》增补本568个字，字量都不是很多，加起来也只有2000多字，而且这些字都尽量不重复，以保证字种的多样性。这对后世识字教学字种和字量的制订具有极大的启示作用，也是这三部教材广为流传的重要原因。

（3）语言精练，琅琅上口

"三百千"的语言非常精练，都是三字或四字一句，句式整齐，短小精悍，而且对仗工整，音韵和谐。《三字经》三言一句，文理通俗，脉络清晰，顺口易记，极有章法，开篇"人之初，性本善。性相近，习相远"，简短的句式还流露着深刻的哲学思辨。《千字文》从"天地玄黄，宇宙洪荒"到"谓语助者，焉哉乎也"，将天文地理、自然现象、修养原则等全都融在四字一句的韵语中，条理清晰，辞藻优美。《百家姓》虽然只是中国人的姓氏汇总，但它采用四字体例，从"赵钱孙李"开始到"百家姓终"结束，对姓氏进行了巧妙排列，句句押韵。因此，这几本识字教材都是采用整齐的韵语，读来琅琅上口，易于记诵。

从以"三百千"为代表的古代识字课本来看，古代识字教学的内容丰富科学，形式实用，儿童在识字过程中就已接受了诸多启蒙，知识性强且兼具教化功能。

2. 古代汉字教学的方法

古代早期关于识字教材的具体使用方法和识字教学方法缺少明确的记载，直到宋元明清之际，才陆续出现了不少总结蒙学教学方法和教育经验的书籍，这些经验和方法大多出自多年从事蒙学教育的古代学者，如宋代王日休的《训蒙法》、元代许衡的《小学大义》、明代王守仁的《训蒙教约》、清代王筠的《教童子法》等。从这些蒙学书籍的记载来看，古代识字教学的方法主要是以下两种。

（1）集中识字

中国古代教育学者所倡导的识字模式主要为集中识字，即在教育的起始阶段，先不让学生读书，而只专门识字，等到认识了一批基本汉字之后，再开始读书。如清代唐彪在《家塾教学法》中说："凡教童蒙，清晨不可即上书，须先令认字；认不清切，须令再认，不必急急上书也。……初入学半年，不令读书，专令认字，尤为妙法"。也就是说，儿童在入学后的前半年都是先集中认字，这种方法比较实用，每天读书之前也要先检查认字情况，认字不好也不能急着读书。

在集中识字过程中，也有一些具体的操作方法，如清代王昶《塾规》里记载："造方字牌一二千块，每块厚二分，宽四分，依《字典》正面写一字，反面写某部首，注其平仄两收，及两用三用、不同音者，俱注明。每一百块为一匣，编号。……先须辨平仄，审虚实，每日理一匣，抽字覆讲"。唐彪《家塾教学法》说："教童蒙泛然令之认字，不能记也。凡相似而难辨者，宜拆开分别教之。凡见易混淆之字，即当引其相似者证之……如此，始能记忆，无讹误遗忘之患矣。"王筠《教童子法》中说："纯体字既识，乃教以合体字，又须先易讲者，而后及难讲者。"上述方法大体是我们今天的卡片识字、形近辨字、先教独体再教合体等识字教学方法的源头，可见古人在识字教学过程中早已摸索出了一套认字的具体方法。

（2）吟诵识记

诵读记背也是古人识字读书的主要方法之一，从周而复始地照着念直到背得滚瓜烂熟。《汉书·艺文志》记载："太史试学童，能讽书九千字以上，乃得为史"。"讽"就是背诵的意思，学童能背诵九千字以上，就可以做郡县掌管文书的官。把背书提升到取士的标准，可见当时吟诵识记法就颇受重视，十分盛行。宋代朱熹对诵读法的阐述更是全面深刻，他认为，"凡读书须整顿几案，令洁净端正，将书册齐整顿放，正身体，对书册，详缓看字，仔细分明读之。须要读得字字响亮，不可误一字，不可少一字，不可多一字，不可倒一字，不可牵强暗记；只要是多诵数遍，自然上口，久远不忘。古人云，读书千遍，其义自见，谓熟读则不待解说，自晓其义也。余尝谓读书有三到，谓心到、眼到、口到。心不在此，眼不看仔细，心眼既不专一，却只浪漫诵读，决不能记，记亦不能久也。三到之中，心到最急，心既到矣，眼口岂不到乎"。朱熹不仅提出了诵读的标准和要求，而且对诵读的要点"心到、眼到、口到"加以阐释，说明古人已经认识到诵读要以理解为基础，熟读与精思相结合。可见，古代的吟诵识记也并非全然死记硬背，还讲究遵循一定的心理规律。

二、现代的汉字教学

1. 现代汉字教学的内容

"五四"运动以后，白话文取代了文言文，社会用字情况发生了很大变化。因而针对小学识字教学，选定什么样的字和多少字量来进行教学，就成为当时急需解决的识字教学内容。最早以科学方法来统计汉字字频的是陈鹤琴，他为了研究语言教育问题，对当时的儿童用书、报刊杂志、小说杂文等的用字进行了统计分析，从55万多字的中文资料中选定 4261 个字，编成《语体文应用字汇》，于 1928 年由商务印书馆出版。这是中国第一本汉字查频资料，开创了常用汉字字量、字种研究的先河，为编写儿童识字课本提供了用字的科学依据。1930 年，王文新在此基础上编制了《小学分级字汇研究》，选定 3799 个汉字作为整个小学的识字量，并把这些字具体分配到各个年级，对每个年级的识字量作出了具体要求。这是我国现代最早的小学用字研究，它紧密联系当时小学国语教学实践，吸收了各类字频研究的成果，表达更加细化，并根据字形的难易、字义的深浅等诸多因素将汉字分布到了具体的年级，对后来的识字教学研究影响很大。

中华人民共和国成立以后，扫盲和基础教育普及成为教育领域的工作重点，国家语言文字政策法规也日益完善，汉字常用字量研究也日益丰富。1988 年，国家语言文字工作委员会在前期语言文字研究基础上，结合信息处理技术，研制并发布了《现代汉语常用字表》，收录 3500 个字，其中常用字 2500 个，次常用字 1000 个。进入 21 世纪，随着语言文字研究的突飞猛进和语言生活的发展变化，2013 年，在若干大型语料库基础上，教育部公布了《通用规范汉字表》，共收字 8105 个，根据汉字的通用程度将其划分为三级，其中一级字表收字 3500 个。这 3500 个字全部是使用频度高的常用字，主要为了满足基础教育和文化普及层面的汉字使用需要。

常用字研究是小学识字教学字种和字量研究的主要依据。自 1950 年起，历年来的语文教学大纲（课标）对识字教学总字量、各学段（年级）识字量以及识字程度都有相对具体的规定：

  1950 年《小学语文课程暂行标准（草案）》：3000 字

  1956 年《小学语文教学大纲（草案）》：3000—3500 字

  1963 年《全日制小学语文教学大纲（草案）》：3500 字

  1978 年《全日制十年制学校小学语文教学大纲（试行草案）》：3000 字

  1986 年《全日制小学语文教学大纲》：3000 字

  1992 年《小学语文教学大纲（试用）》：2500 字

  2000 年《九年义务教育全日制小学语文教学大纲》（试用修订版）：3000 字

2001 年《全日制义务教育语文课程标准（实验稿）》：3000 字

2011 年《义务教育语文课程标准（2011 年版）》：3000 字

从上述语文教学大纲（课标）对识字量的规定来看，除 1963 年和 1992 年识字量稍有增减以外，小学阶段的汉字识字量基本都控制在 3000 字左右，与现代汉语常用字数量比较接近。

下面我们以 2011 年版的《义务教育语文课程标准》为例，了解一下小学阶段识字教学的具体内容：

第一学段（1~2 年级）

喜欢学习汉字，有主动识字、写字的愿望。

认识常用汉字 1600 个左右，其中 800 个左右会写。

掌握汉字的基本笔画和常用的偏旁部首，能按笔顺规则用硬笔写字，注意间架结构。初步感受汉字的形体美。

努力养成良好的写字习惯，写字姿势正确，书写规范、端正、整洁。

学会汉语拼音。能读准声母、韵母、声调和整体认读音节。能准确地拼读音节，正确书写声母、韵母和音节。认识大写字母，熟记《汉语拼音字母表》。

学习独立识字。能借助汉语拼音认读汉字，学会用音序检字法和部首检字法查字典。

第二学段（3~4 年级）

对学习汉字有浓厚的兴趣，养成主动识字的习惯。

累计认识常用汉字 2500 个左右，其中 1600 个左右会写。

有初步的独立识字能力。会运用音序检字法和部首检字法查字典、词典。

能使用硬笔熟练地书写正楷字，做到规范、端正、整洁。用毛笔临摹正楷字帖。

写字姿势正确，有良好的书写习惯。

第三学段（5~6 年级）

有较强的独立识字能力。累计认识常用汉字 3000 个左右，其中 2500 个左右会写。

硬笔书写楷书，行款整齐，力求美观，有一定的速度。
　　能用毛笔书写楷书，在书写中体会汉字的优美。
　　写字姿势正确，有良好的书写习惯。

从上述识字教学的具体内容我们可以看出，小学阶段的汉字教学是将识字与写字分开要求，并对各学段识字的目标、要求、态度、习惯等作出了明确的规定。

2. 现代汉字教学的方法

关于现代识字教学的方法，戴汝潜在《汉字教与学》一书中将新中国成立以来的识字法进行了具体分类和详细介绍。他把识字教学方法分为汉字特征类、心理特征类和技术特征类三大类别，每一类又分为许多小类，共计总结了23种识字法。具体分类和方法如下：

　　汉字特征类：
　　形识类：部件识字法、逐级分类识字法、字根识字法
　　音识类：注音识字法、汉标识字法、双拼识字法
　　义识类：生活教育科学分类识字法
　　形义类：字理识字法、奇特联想识字法、猜认识字法
　　音义类：听读识字法、传统诵记法
　　形音义综合类：分散识字法、集中识字法、韵语识字法、字族文识字法
　　心理特征类：
　　快速循环识字法
　　情趣识字：字谜识字法、立体结构识字法
　　技术特征类：
　　徒手技术应用：看图识字法、立体结构识字法
　　现代教学技术应用：一般计算机辅助教学法、多媒体技术应用教学法

在上述诸多汉字教学方法中，我们对以下几种常用方法稍作介绍。

（1）注音识字法

注音识字法就是根据《汉语拼音方案》，通过给汉字注音来让学生

识字，并让学生在学会拼音的基础上提前读写。注音识字法的教材，刚开始全部采用拼音和汉字并行排列的方式，使汉字和拼音逐一对照，方便学生识读，然后逐渐过渡到以汉字识读为主，生字标注拼音。写字则配备专门的写字练习册，有描红有临摹，要求学生练好写字的基本功。这是国内影响最大的汉字教学法，且一直沿用至今，对本体和对外汉字教学都有深远的影响。

（2）部件识字法

部件识字法是以汉字字形结构为基础，以部件为线索，对汉字进行分解和组合，科学安排生字学习顺序的识字法。该方法先将汉字分解为笔画、部件、整字三个层次，再对汉字进行综合。具体识字过程是：先让学生学习简单的独体字，再学复杂的合体字。合体字先分析其整体结构，再根据不同位置解析出部件，然后将部件组合成整字。这种方法利用汉字部件成批系统识字，有利于对汉字的系统性产生较强的感受，但汉字系统较为复杂，有些字规律性不强，因而其适用性受限。

（3）生活教育科学分类识字法

生活教育科学分类识字法是从汉字的意义出发，综合汉字的形音规律构建汉字网络进行教学的一种方法。该方法把汉字按其本义、部首、物属，分为若干大类和小类，每一类下的字又按一定次序排列定位，使字与字之间的联系、对立和转化构成一个科学分类的系统。同时以基础字为中心，掌握汉字的主要部件和形体结构，再用类推方法快速大量识字。识字过程中兼顾汉字的字形和字音，并同生活紧密结合，建立一个以义为核心的识字体系。

（4）字理识字法

字理识字法是从汉字字形与字义的关系入手，强调汉字构形理据的一种教学方法。它是根据汉字的组合规律和演变规律来进行汉字教学，识字教学过程中，追本溯源，解析字理，通过引导学习者观察思考，加深对汉字构形的理解。它抓住了汉字作为表意文字的特点，强调构形规律的形成背景和组构规律。但现行汉字并不都有字理，有时生硬的、乱编的讲解反而会扰乱汉字构形的系统性。

（5）分散识字法

分散识字法也叫随文识字法，遵循"字不离词，词不离句，句不离文"的原则，寓识字于阅读之中，把识字和阅读训练相结合。这种方法以语言为切入点，重视汉字的实际运用环境，将生字置于适当的语言环境中，边学课文边识字，使识字、用字、写字同步，学习者既扩大了阅读量，又提高了识字效率，但会对汉字系统的规律性和理据性缺乏认知。

（6）集中识字法

集中识字法与分散识字法正好相反，让学生先识字后学文，又以归类识字为主，通常用基本字带其他字，将形声字和形近字进行归类。这种方法也注重字形和字理的生成关系，先教若干简单的基本字，然后在基本字上增加部件，引导学生以熟字记生字。或者利用一组字的相同部分组成字串，比较其不同的部件，从而有利于识记生字，加强对比，减少错别字。

（7）韵语识字法

韵语识字法是把高频汉字根据儿童的兴趣特点，围绕一个中心意思或故事情节，编排成有适当密度生字且押韵、通俗的易懂韵文。这些韵文通常句式整齐、节奏自然、短小精悍、通俗有趣、合辙押韵、文道结合，有利于识字兴趣和语感的培养。而且韵语中的汉字不是独立、枯燥的个体，而是放在一个具体的语言环境中，有一定情境，也利于学生理解。但言语作品与汉字系统难以有效契合，韵语编写要兼顾汉字难易程度不易做到，韵语编写得不好，反而诘诎难通，适得其反。

（8）字族文识字法

字族文识字法就是采用"字形类联""字音类聚""字义类推"的方法，把汉字分成"字族"，按"族"编成课文。这种方法兼顾了汉字形、音、义三方面的特点，使学习者可以举一反三、触类旁通。设计上往往也考虑诸多因素，按照一定的字序，确定学生先要掌握的母体字和子体字，然后根据母体字和子体字来编文，做到"文从字而生，字从文而识"的统一。

（9）归类识字法

归类识字法即根据不同标准，把汉字梳理归纳为若干不同类别进行识字教学。如：按形旁归类，即把同义符的形声字系联归并在一起；按声旁归类，即根据形声字共有的声旁来认识其他汉字的意义和读音；按同义归类，即把同义字聚在一起；等等。总之，该方法是将若干汉字串联在一起，变个体识字为群体识字，举一反三，触类旁通。

以上各类识字法都是一线教师在儿童识字教学中经过精心研究总结出来的实践经验，每种方法既有其独特的优势，又存在一定的局限。在实际教学中，很多时候都是以某种方法为主线，同时兼顾其他方法综合运用的。

第二节　对外汉字教学的发展与实践

一、古代的对外汉字传播

汉字承载着汉文化流布四方，不仅国内边远地区的少数民族借用汉字作为交际工具，而且还传播到了东亚的邻近国家，形成了"汉字文化圈"。"汉字文化圈"是指所有使用汉字或曾经使用过汉字的国家和民族。具体说来，除汉民族（包括台湾、香港、澳门等地区以及海外华侨）外，还包括使用汉字或历史上曾经使用过汉字的国家，如新加坡、越南、朝鲜、韩国和日本。此外，使用汉字或参照汉字所创造的少数民族文字，如契丹、女真、西夏、壮、侗、苗、白、水等少数民族，也在"汉字文化圈"之列。汉字的传播，在增进民族团结、国家统一等方面发挥了积极作用，同时对促进中国与东亚一些国家的政治、经济、文化交流等也作出了重要贡献。

汉字的对外传播主要有三条路线：一条向南，传播到了现在广西的壮族和越南的京族，产生了壮字和喃字；一条向东，传到了朝鲜和日本，产生了谚文和假名；一条向北，传到了我国现在的内蒙古、辽宁、吉林、黑龙江、宁夏和甘肃，产生了契丹字、女真字和西夏字。有汉字的传播，必然就存在对外汉字教学，但古代对外汉字教学的具体情况，现在没有详细的资料记载。这里主要介绍汉字在国外的传播和发展。

1. 汉字在越南的传播

中国和越南山水相连，自古以来关系密切。早在秦汉时代，汉字就已传播到了越南，秦始皇三十三年（公元前214年）设象郡，汉武帝平定南越国，其管辖范围就包括今天越南的北部和中部。大约从西汉时代起，越南开始借用汉字书写自己的语言，称为"儒字"，此后的一千多年间，汉字一直作为越南的正式文字来使用。公元10世纪以后，越南仿照汉字创造了方块喃字，喃字一部分借用汉字，一部分使用汉字会意、形声、假借等方法创造新字。喃字创造出来以后，只在几个短暂时期作为正式文字跟汉字并行，其他时期只用于民间。1884年越南被法国占领，开始推行拉丁化拼音文字。1945年越南独立，以拉丁化拼音文字为法定文字，使用至今。

（1）儒字

汉字大约在公元前40年传入越南，这种文字称为"儒字"，越南在很长一段时间内都是以汉字作为书面文字的。从汉代开始传入到隋唐时期，由于兴教育、办学校、设科举等措施的出现，汉字逐步扩大了影响力，上至朝廷谕旨、公文，下至贸易账单、货单等均用汉字书写，贵族子弟读书习字，也是沿用中国传统，研习四书五经，写诗作文，文学作品也用汉字记录留存。这一时期，儒字一直被看作是越南官方和民间宗教等活动的正式文字。

（2）喃字

喃字又称字喃，它是按照汉字造字方法而创造出来的越南民族文字，是一种以汉字为基础的方块字。随着社会的发展，儒字难以准确完整地记录越南语言和社会文化生活，大约10世纪以后，越南民族根据汉字的形体特征，借用汉字或汉字构件，采用假借和自造等方法创造出了喃字。喃字的构成主要有三种：第一种是会意字，即用两个汉字组合，表达一个意义，如"仝"，人上，即表示头人；"仐"，人下，即表示仆人；等等。第二种是假借字，即借用一个汉字来记录越南语的读音或意义，又有多种形式，如"房"，按古越音来读，意义和汉语一样；"埃"，读音和汉语一样，但意义完全不同；等等。第三种是形声字，即用两个汉字构成新字，一个表示读音，另一个表示意义，如"䄈"，"南"表示读音，"年"表示字义；"㐌"，"台"表示读音，"二"表示字义；等等。其中，形声喃字占大多数。喃字出现以后，与汉字并行使用，但统治阶级仍以汉字为正统文字。由于喃字要先会汉字才能掌握，且喃字字形比汉字更为繁复，所以限制了它的普及和发展，后逐渐式微。

19世纪中叶，法国殖民者入侵越南，推行殖民政策，先在南方推行拉丁拼音文字，后来传播到越南全国。越南的现行文字，是17世纪法国传教士在拉丁字母基础上变通调整而成的拼音文字，叫作国语字。越南语拉丁化文字系统的形成大约经历了200年，1945年越南独立，并将这种拉丁化文字作为法定文字。现在政府的文件和出版物，全都用这种文字书写和印刷，除了少数专门著作的注释，在一般书报杂志中，几乎看不见喃字和汉字，但是汉字的影响仍然存在。

2. 汉字在朝鲜的传播

朝鲜也是中国的近邻，汉字大约在汉末到三国时期传入朝鲜，成为正式的文字。朝鲜人同中国人一样，学习用汉字书写的四书五经，也用汉字记写语言。因为汉语和朝鲜语相差甚远，汉字难以适应朝鲜语的特点，使用非常不便。到李朝时期（1392—1910），朝鲜为发展民族文化，创制了朝鲜语的表音字母，刊印于《训民正音》中，称为"正音字"，因在宫中设置"谚文厅"教授新字，又称"谚文"。谚文是音位文字，字母近似汉字的笔画，每个音节拼成一个方块。19世纪后期，汉字和谚文的混合体成为正式文字，汉字书写词根，谚文书写词尾，这种混合文字比单用汉字更方便。1910年，日本并吞朝鲜，在反侵略的民族意识支配下，汉字谚文混合体受到尊崇，代替汉字和文言文，直到1945年日本战败，朝鲜独立。汉字在朝鲜半岛的传播主要经历了直接使用汉字、吏读、谚文和汉字并用三种主要形式。

（1）直接使用汉字

汉字传入朝鲜的具体时间，目前学界并无统一的说法，但在公元1世纪左右，汉字就已经成为了朝鲜正式使用的文字。汉字最初传入朝鲜半岛时，由于当时的汉文化作为一种优秀文化为周边地区和民族所仰慕，所以朝鲜对汉字采取的是全面吸收的态度，朝鲜半岛人民学习用汉字书写的经典文献，借用汉字记录本民族语言，记写自己的历史和文化。由于使用阶级的局限性，汉字只在统治阶级、贵族和知识分子之间流传，与口语脱节，但它在相当长的时期内一直都是朝鲜正式的书面文字。

（2）吏读

由于汉字是为标记汉语而创制的文字，用来记录朝鲜语时，存在诸多不适用之处，为了转写方便，朝鲜人借用汉字字形并加创了一些汉字来记录朝鲜语，这就是"吏读"。吏读的记写形式有两种：一种是"吏札"，是指用中国汉字夹杂朝鲜创制的汉字来转写的书写形式，主要用来记录书面语，书写官厅的公文。其转写方法主要有四类：一是音译，即借用音近汉字转写，如"高丽"就是朝鲜语"山沟"义的 kor 和词尾助词 i 的合音词 kori 的音译转写；二是意译，即借用义近汉字转写，如"赤川"就是从"红色"意义的 purku 和"河川"意义的 nae 意译而来；三是同音异义，即借用音近而义不同的汉字转写，如"新闻"在朝鲜语中读作 simmun，和汉语读音非常接近，而意思却是指"报纸"；四是半义半音，即意译和音译相结合，如"世里"表"世界"义，朝鲜语中的 nuri 本就是"世界"的意思，于是先用"世"字把 nuri 的意义记下来，再用"里"记录 nuri 的最后一个音。另一种是"乡札"，用来记写口语，是在吏札基础上创造出来的，是当时记录民歌和僧侣歌谣的文体。它用汉字的字义记录词干，用汉字的字音记录语法形态，写成完整的朝鲜语言。乡札只有音译和意译两种形式。在吏札和乡札中，除了表示实在意义的汉字之外，还有一些表示朝鲜语助词的汉字，如"亦""是"用来表示主格，"乙"表示宾格，"矣""衣"表示属格。吏读虽然仍然使用的是汉字，但它创制了一些朝鲜独有的汉字来表现中国汉字无法记写的朝鲜助词及一些难以转写的词语，并给一些汉字赋予了新的含义，用汉字原义无法解释，因此它是对汉字的一种改造。

（3）谚文和汉字并用

李朝世宗二十八年（1444），朝鲜创制了朝鲜字母——谚文，它是模仿汉字笔画组成的方块字。谚文组字时以音节为单位，一个音节组成一个谚文字母，每个字的部件排列遵循"从左到右，自上而下"的规则，也有楷书、行书、草书等书体。从此，朝鲜进入谚文与汉字并用的时代，汉字多用于人名、地名中，这期间吏读时期创造的朝鲜式汉字被使用，另外，还创造了一些特殊的汉字。

1945 年，朝鲜半岛解放后，其分成南北两部分。北部的朝鲜从 1948 年废止了汉字，要求除涉及古文以外的文章一律都用谚文书写，南部的韩国仍然谚文和汉字并用，但20世纪70年代以来韩国大力倡导韩文，限制汉字。韩国和朝鲜现行的谚文是由辅音和元音以或纵或横的方式组合而成的音位文字，字母并不是线形排列，而是排成音节方块，同汉字一样具有方块字的特点。谚文最初创制了28个基础字母，包括17个辅音字母和11个元音字母，后随着朝鲜语音韵结构的变化，有4个音消失，今天使用的基础字母只有24个，这24个基础字母相互组合构成了今天朝鲜语字母表的40个字母。韩国目前使用的标准汉字与中国的规范汉字相比，存在着繁简体并用、异体并存、印刷体与手写体不一致的状况，根据字形和字体上与汉字的吻合程度，可以将其分为同形字和异形字两类。同形字指韩语汉字与现行汉语汉字字形字体完全一致，异形字包括繁体字、异体字和旧印刷体字。

3. 汉字在日本的传播

汉字在公元3至4世纪传入日本，成为古代日本的官方文字。由于日语和汉语结构不同，日本人学习和使用汉字也存在许多困难。汉字传播开后，日本开始借用汉字作为音符来书写日语，形成了日语音节字母。最初是用整个汉字，后来简化楷书取其片段，形成片假名，到盛行草书的平安时代，简化草书，形成平假名。假名起初只是汉字的注音符号，不是正式文字，后来才走进了文字之中，但还是以汉字为主，假名为辅。第二次世界大战以后，日本实行语文平民化，限制汉字字数，日文就变成以假名为主、汉字为辅的混合文字。日本也仿照汉字创造了一些新字，但总体数量不多，影响不大。日本借用汉字大约也经历了学习、借用和仿造三个阶段。

（1）学习阶段

日本学习汉字始于晋朝，日本的第一部正史《日本书记》中明确记载了中国学者王仁携带《论语》和《千字文》到日本做皇太子老师的历史事件。日本人学习中国古代典籍，成同文之国，同文时期长达500年。

（2）借用阶段

日本人学习汉字之后，就开始借用汉字书写日语。借用的方法主要有两种：音读和训读。音读，即主要利用汉字的字形和读音来记写日语中读音相同或相近的词语。音读汉字又包括音义皆同和音同异义两种，前者汉字的读音和意义和它在日语中所表示的一致，后者汉字仅充当日语记音的工具，其意义和它在日语中表示的意义不一致。训读是借用汉字的字形和字义，而不借汉字的字音，即用日语解读汉字的方法，如"人"读作"hito"，"屋"读为"ya"，"荷"读为"ni"，等等。音读法只是对汉字的字义进行了一定程度的改造，而训读法则是对汉字字音进行全面的改造。

（3）仿造国字和假名阶段

为记录日语的需要，日本仿造了120来个专用汉字，被称为"倭字"或"国字"，这种字以训读为主，字数不多。假名是指借用汉字整字或部分字形笔画来表示日语音节单位的文字体系，它是汉字字形日本化的产物。假名经历了"万叶假名"和"现代假名"两种形式。公元759年成书的《万叶集》中，日本人开始借用汉字整字作为音符来书写日语，形成用汉字的日语音节字母，称为"万叶假名"。现代假名是在万叶假名基础上发展起来的、借用汉字字形的部分笔画作表音符号的文字体系，又可分为片假名和平假名。片假名是日本人在阅读汉文典籍时，用简化的楷书片段在经书的汉字旁边注音、注义、写虚词、词尾时形成的一种假名。平假名是在万叶假名基础上简化草书而形成的一种假名系统，开始主要在女性当中流行，用于写和歌、日记和物语故事等，又称"妇女字"。现在的日语中，万叶假名不再通用，其余几种形式仍在使用。

日本的现行文字是由汉字、平假名、片假名以及罗马字组成的混合文字，其中所用的汉字，虽同出一源，但也历经改造，其形、音、义都与中国所用汉字存在差异。根据调查统计，日本《常用汉字表》和人名用汉字合计2229个，与中国的规范汉字比较，其中字形相同的有1212字，占54.37%，字形相近的有242字，占10.86%，繁体字有464个，占20.82%，异体字有87个，占3.9%。简化方法不同的字有158个，占7.09%。日本简化字有57个，占2.56%，日本国字有9个，占0.40%。

此外，在新加坡、马来西亚、印度尼西亚、泰国等华人华侨集中的国家也存在汉字传播现象，并逐步使用与大陆基本相同的简化汉字。

从上述汉字传播的历史我们可以看出，汉字在汉字文化圈中的传播大致都经历了吸纳、改造和改革三个阶段。文字的传播造成了混合现象和互通效应，体现着民族文化之间的交流、碰撞和融合。

二、现代的对外汉字教学[1]

1. 境内对外汉字教学的发展阶段

真正系统地开始对外汉字教学，要从中华人民共和国成立后开始算起。1950年，清华大学接收了第一批来自东欧的外国学生，并为他们开设专门的汉语课程，至今已有70年的历史。对外汉字教学是伴随着对外汉语教学事业的发展而发展的，大体经历了以下几个阶段。

（1）起步期（20世纪50年代至60年代）：先语后文，摘埴索途

在对外汉语教学事业刚刚起步的阶段，一切都还处在摸索之中，当时对外汉语教学的内容主要是词汇和语法，"在全部教学过程中，词汇教学和语法教学应当是教学的中心，别的都要围绕着这个中心来进行"。在这样的思想指导下，当时的对外汉语教学实行"先语后文"，即学生在刚开始学习汉语的半年内只接触拼音，借助拼音学习汉语，不学汉字，课文全部用拼音写成，等学生掌握几百个生词以后，才开始学习汉字。早期的基础汉语教材，如邓懿主编的《汉语教科书》等起始阶段也有一些汉字教学的内容，讲授笔画、笔顺、结构分析等基本的汉字知识，课后也有带字形分析的《汉字生字表》。但由于学到半路才开始接触一种完全不同的文字，学生普遍觉得汉字难写、难记、难认，容易产生畏难和抵触情绪，教学效果很不理想。汉字教学在这一阶段几乎没有什么成果可言，有关对外汉字教学研究性的文章和教材几乎属于空白，尚在实践中摸索前行。

（2）发展期（20世纪70年代末至90年代初）：随文识字，逐渐发展

20世纪70年代末到80年代初，对外汉语教学独立成为一门学科，并开始迅速发展，对外汉字教学也逐渐进入对外汉语教学的环节，但跟语音、词汇、语法相比，还是不受重视。汉字教学一直是随文识字的方式，学生只能在学习生词的过程中自己找时间去识记汉字。在这个过程

---

[1] 这里的"对外汉字教学"，主要针对区别于中国内地儿童母语识字教学而言。

中，汉字教学的地位较为尴尬，一方面大家开始意识到汉字对于汉语学习的重要性，另一方面在教学中如何处理和设计汉字教学，实践经验和理论研究仍显不足。这一时期的基础汉语教材，如北京语言学院编写的《基础汉语课本·汉字练习本》、刘岚云编写的《初级汉语课本·汉字读写练习》、邓懿主编的《汉语初级教程·第四册》等，开始让汉字教学部分单独成册，与其他各册配合使用，教学内容较以往充实不少。与此同时，国内外部分学者对汉字教学进行了大胆的探索，1989年，白乐桑（法）、张朋朋合作编著的《汉语语言文字启蒙》在法国出版，建立了以汉字教学为纲的汉语教学体系，引起汉语教学界的广泛关注。不过，这一时期的中高级汉语教材中，除了课后有少量辨字组词的练习外，几乎看不到汉字教学的内容，似乎在初级阶段掌握汉字笔画、笔顺等内容的基本书写以后，汉字教学就大功告成了。

20世纪90年代，一些从事对外汉语教学的学校开设了汉字选修课，开始出现了专门以中高级留学生为对象的通论性汉字教材，如张静贤的《现代汉字教程》、李大遂的《简明实用汉字学》等，较全面地介绍了有关汉字的基本知识，兼顾理论与实用。1992年，国家汉办颁布了《汉语水平词汇与汉字等级大纲》，将2905个常用字分为甲、乙、丙、丁四级，为对外汉字教学的内容提供了明确依据。同时，陆续出版的对外汉语教学专著，如盛炎的《语言教学原理》、吕必松的《对外汉语教学发展概要》和《对外汉语教学概论》等，也开始设有专章或专节论述对外汉字教学的内容和方法等，但篇幅都很小。这一时期，也发表了一些专门研究对外汉字教学的论文，多是教学经验总结性的文章，集中在方法技巧层面的探讨。总体来说，研究成果不多。据李大遂统计，截至1996年底，在对外汉语教学的重要刊物和论文选集发表的4000多篇论文中，有关汉字和汉字教学的论文只有100多篇，仅占全部论文的3.6%，可见与其他语言要素教学相比，汉字教学和研究仍是对外汉语教学领域的薄弱环节。

（3）繁荣期（20世纪90年代中期至今）：百花齐放，迅猛发展

1996年，在北京召开的第五届国际汉语教学讨论会上，专家学者针对以往对外汉字教学内容薄弱、研究滞后、陷于困境等问题，不约而同地发出了要重视汉字和汉字教学研究的呼声。1997年，国家汉办在湖北

宜昌召开了首次汉字和汉字教学研讨会。1998年，世界汉语教学学会和法国汉语教师协会在巴黎联合举办了国际汉字教学研讨会。在这两次学术会议上，与会专家学者就汉字教学的地位、任务、方法等问题进行了深入讨论。之后，"汉字研究"和"汉字教学法"被国家汉办定为"1998—2000年对外汉语教学科研重点课题"。至此，对外汉字教学受到空前重视，研究对外汉字教学的论文大量涌现，大家对对外汉字教学的内容、教法、学生特殊性等问题都进行了深入认真的思考，研究深度和广度也大大提高。越来越多的学校开设专门的汉字课，对外汉字教材更加丰富，如周健等编写的《外国人汉字速成》和《汉字突破》、施正宇的《汉字津梁》、柳燕梅的《汉字速成课本》等，教材内容更加细致，体系也更多样化。

从20世纪50年代至今，对外汉字教学经历了很大的变化：指导思想上，从不被关注到越来越受重视；教学形式上，从分散识字发展到开设专门的汉字课，甚至有的院校还根据学生的特殊文化背景进行分类授课；教学内容上，从简单的笔画、笔顺和整字书写，发展到全面系统地介绍汉字知识；教学方法上，从单一的读写示范和操练，发展到运用多种教学手段和理论指导灵活设计；研究方法上，从一般的经验总结和技巧分析，发展到定量与定性研究相结合，多学科理论深入指导，国别化研究针对性强。总之，70年来的发展前缓后快，成绩斐然。

2. 港澳台地区的汉字教学

由于种种原因，我国香港、澳门以及台湾地区在小学语文教学领域，多年来形成了各自的体系，相关术语也略有差异。首先，关于课程名称，香港、澳门称中国语文教学，简称中文教学，台湾一般称"国语教学"，有时也称"华语教学"。另外，在香港和澳门，由于中文教学的教学语言以粤方言为主，因而与中文教学并行的还有普通话教学。此外，就汉字而言，港澳台地区虽然都使用繁体字，但它们在字形方面仍存在差异。

（1）香港的汉字教学

中国香港的汉语教学既和内地的语文教育不同，又有别于国外的汉语教学。它没有统一的教材，由市场提供多种课本供各学校自行选用，香港教育署只是颁布若干课程标准的相关文件，如《中国语文课程指引（小一至小六）（2004）》《小学中国语文建议学习重点（试用）（2008）》《香港小学学习字词表》等，对教材的进度、难度和要求加以规定。香港的《中国语文课程指引》，并没有直接把识字写字的教学内容以及相关要求反映在学习范畴里，但在另一份文件《小学中国语文建设学习重点（试用）》里，有关识字写字的要求非常明确。以该文件2008年版为例，在第一和第二学习阶段的"学习重点"中明确提出学生应达到以下要求：

  认读常用字

  辨识字形、字音、字义

  认识常见的同音字；认识笔画、笔顺

  认识字形间架结构；认识常见的偏旁、部件

  认识字形的手写体、印刷体

  认识字形的正体、俗体

  认识造字法，如象形、形声、指事、会意

  认识汉语音节由声、韵、调组成

  书写常用字

  硬笔、毛笔的执笔和运笔方法

  正确的写字姿势和良好的书写习惯，如书写规范、端正、整洁

  另外，这份文件还明确规定了教师须参照《香港小学学习字词表》进行常用字词教学。《香港小学学习字词表》是香港教育署在2007年公布的一份参考性文件，共收录常用词语9706条，并按照学习阶段划分为第一学习阶段（小一至小三）4914条和第二学习阶段（小四至小六）4792条两部分。所有词语中，共计出现汉字3171个。另外，该文件还包括六个附表，分别收录了四字词语、多字熟语、文言词语、专有名词及术语、音译外来词语、人名和地名用字，但是附表所涉及的汉字并不包含在3171个汉字构成的字表中。

  香港小学阶段的中文教学，强调培养学生的语文综合能力，更注重课堂上的具体识字教学方法，主张用多种方式激发学生兴趣，引导学生关注生活环境中的字词。香港在识字教学方法的探索方面，也有一些很

有成效和见地的研究与实践。如"全语文识字法""生活经历识字法""多媒体电脑辅助学习汉字的理论与设计"等,多年来积累了不少出版物和学习软件。近年来,香港小学中文教学的最大变化是越来越多的小学开始以普通话作为中文教学的授课语言,这对于识字教学而言,最大的变化是汉字读音的改变。对母语是粤方言的学生来说,用普通话读音学习汉字时,汉字的形、音、义就都成了需要学习的内容。因此,识字过程中又增加了学习普通话的因素。

(2) 澳门的汉字教学

澳门的小学中国语文教学一直到 20 世纪末才出台了课程指导文件,并开始有组织地编写教材。在此之前,澳门大多数的小学中文课本来自香港,也有少数学校使用其他地区的教材。在澳门本地,教材编写呈现出百花齐放的局面,学校和教师各展所长,各尽所能,有条件的都可以自编教材。具体到识字教学,澳门政府于 1999 年颁布的《小学中文大纲及教学/学习组织计划》中就识字、检字、写字和书法等方面提出了总体要求。以一年级为例,具体要求如下:

> 认识约四百五十字
>
> 认识课文中字、词的形、音、义,并懂得运用所学过的常用字词
>
> 考查字形的辨别,字音的读法,文字意义的了解和运用的能力
>
> 检查字典、词典、并能选择适当字音字义的能力
>
> 写字工具的使用——硬笔
>
> 执笔和运笔的方法;写字的姿势
>
> 掌握笔画、笔顺和间架的能力
>
> 硬笔字、毛笔字的练习、应用和欣赏

可见澳门的小学中文教学对于识字写字的教学目标和要求都是比较清晰的,尤其是在识字量方面比香港的要求更加明确具体。

由于澳门存在中文、葡文和英文并存的特殊情况,小学低年级的识字量相对较低,如澳门相关文件中规定的小学一、二年级识字量为 950 个,远低于内地识字量的要求。但其他方面的要求则和内地基本无差别,如 2011 年澳门颁布的《小学中国语文基本学力要求——第一语文

（教学语文）（初稿）》中，明确提出识字教学的总体目标是"培养学生正确使用繁体字及认识中华人民共和国法定的规范汉字的能力，完成小学教育阶段的学习时，学生认识常用汉字须不少于3000个，至少会写其中的2000个"。识字量和识字要求都和内地保持一致，并且明确提到了认识规范汉字的要求。

（3）台湾的汉字教学

台湾一直有制定、推行语文课程标准的传统，其最新的"国语课程"标准是2000年颁布的《九年一贯课程总纲纲要》中的"国语"部分。该文件首先明确指出识字与写字能力隶属于教育十大基本能力的体系，也是"国语课程"教学目标中的六项基本能力之一，而且对发展学生的阅读、作文等能力具有基础性作用。其次，文件也对学生在各学习阶段的识字量提出要求，同时明确了识字写字教学的具体目标。台湾小学阶段的总体识字量目标是"能认识常用汉字2200—2700字"，各学习阶段的具体教学要求与指引如下：

能掌握基本笔画的名称、笔形和笔顺

能养成良好的书写姿势（良好的坐姿、正确的执笔和运笔的方法），并养成保持整洁的书写习惯

能正确认识楷书基本笔画的书写原则

能写出楷书的基本笔画

能用硬笔写出笔顺正确、笔画清楚的注音符号和国字

第一阶段识字教学，宜采用部首归类，协助识字，第二、三阶段应配合简易六书常识，辅助识字

识字教学第一阶段应着重：部首与字义、笔画与笔顺、字形结构、生字组词之应用能力（组词、造句），并配合写字教学，相辅相成，以确实认识字体，把握字音，理解字义，扩充词汇

从上述基本内容看，在识字量方面，台湾比较突出的一点是明确提到了"六书"常识对识字的辅助作用。实际上，在识字教学过程中，如能适当利用汉字源流方面的某些线索进行教学，对帮助学生理解和记忆生字、增强教学的趣味性等，都可以起到明显的促进作用。而且，目前台湾各地的小学识字教学中，许多教师也正是这样做的，有些教材也提

供了相应的内容。但存在的问题是其缺乏系统性，仍然有待完善，特别是在教材编写方面，还需大力梳理相关内容，形成比较合理的学习顺序。

有关识字教学的方法，台湾教育界也进行了许多卓有成效的探索，如"字词扩散思考识字""同音字学习法""同部首学习法""同义字学习法""字的联想学习法""字组合学习法"，等等。这些利用汉语汉字规律开展教学的方法，在长期的教学实践中经过证实，行之有效。

总体而言，港澳台地区和内地的汉字教学同宗同源，且相互之间一直存在着不同规模的交流与交往，近年来这种趋势愈加明显。可以预期，随着交往的不断深入，各地的相互影响也必然会越来越大，并会逐渐相互吸收融合，共同探索出更完善的汉字教育。

3. 海外汉字教学的发展概况

（1）东南亚国家的汉字教学

东南亚地区主要包括新加坡、马来西亚、菲律宾、泰国、印度尼西亚、越南、缅甸、柬埔寨、文莱、老挝这十个国家，是海外华人人数最多的地区。20 世纪 50 年代前实施的是由我国政府支持并开展的与国内教育相同的侨民教育，50 年代后各国都采取了限制、排斥甚至禁锢华文的政策，华文教育一度销声匿迹。80 年代以后，随着中国经济的腾飞和国际形势的发展变化，东南亚诸国相继调整了对华政策，这一地区的华文教育开始解禁、复苏、回升，逐渐走出低谷，许多国家还出现了"中文热"。但是原来作为母语教育的华文教育已经逐渐转向第二语言教学，而且各国华文教育的发展不平衡，马来西亚的华文教育体系最为完整，印度尼西亚的华文教育近年发展较为迅速。其中，新加坡的汉字教学最值得一提。因为新加坡是一个华裔居民占绝对优势的多民族多文化国家，汉语是其官方语言之一，新加坡实行各族裔必须学习本族语言的政策，因此，凡华裔子弟在学校必须学习中文。根据新加坡 1993 年颁布的《小学华文科课程标准》要求，整个小学要求的识字量为 1800 个，突出认字和阅读，对书写的要求降低标准。这虽无法和内地以及港澳台地区相提并论，但其要求和教学效果远高于东南亚其他地区。新加坡也创立了一些有特色的识字教学法，如 TPR 全身活动识字法、先学拼音后学汉字的教学模式、多媒体互动教学模式，等等。但由于新加坡社会长期以来以英语为主导语言，新加坡年青一代在学校、社会甚至家庭都已经失去了汉语学习的天然语言环境，无论是汉字还是汉语教学都处于日渐式微的局面。

总体来说，东南亚的华文教育优于欧美的汉语教学，但离接近母语水平的要求还相距甚远，汉字教学更不容乐观。少数老一辈华人还能用汉字写信交际，能写漂亮的书法，甚至进行文学创作，但中年以下的华人，由于语言环境改变等因素影响，汉字能力普遍偏低。其中，有师资不足、教材教法落后等问题，也有汉字的交际功能降低等原因。华裔学生或多或少受过中华文化的熏陶，他们的父辈不少会说汉语方言或普通话，他们对汉语、汉字、汉文化的学习具有与外国学生不同的、较为优越的认知条件和认知心理。因此，对华裔学生的汉语和汉字教学，应当采用更具针对性的独特方法和手段，而目前我们这方面的研究还远远不够。

（2）欧美国家的汉字教学

汉字教学在北美已有百年以上的历史，学习者昔日多为华裔子弟，教学方法多沿袭国内的传统识字教学方法，近年来由于中国经济的发展和国际地位的提升，中文教学呈现出蓬勃发展的良好势头。美国从1998年开始，把中文列为AP课程（即在中学提前进修并取得大学学分的课程），汉语和汉字教学也随之迅速发展。美国当前的汉字教学大都采取随文识字的方法，即在综合性的课程中适当穿插汉字教学的内容，重视听说和阅读，写字要求相对较低。学习者对汉字学习的态度，呈两极分化趋势。汉语学习动机较强、目的明确的学生往往对汉字很感兴趣，掌握也较好，能通过汉字的学习带动整个汉语水平的提升，而汉语学习主动性不足的学习者则往往觉得汉字繁难，并造成其汉语学习的障碍。在加拿大，华人移民越来越多，汉族现已成为第二大少数民族，汉语也成为使用人数最多的非官方语言。加拿大支持多元文化发展，汉语教学近年来也发展迅猛，在温哥华、多伦多、蒙特利尔等地，中文学校规模一般都较大。新一代华裔移民的后代普遍学习汉语汉字，有工作或就业动机的外裔学习者也逐渐加入到汉语汉字学习的队伍中来。在欧洲，法国的汉语教学起步最早，基础也相对较好。法国教育部设有专门的"汉语总督学"一职，用以指导法国中小学校的汉语教学。曾任汉语总督学的法国汉学家白乐桑，还专门编写了"字本位"的汉字教材，这本教材直接推动了整个对外汉字教学模式的变革。

总体来说，欧美等国汉字教学开展得不够理想，在教学方法上没有重大突破，大多数学生视汉字学习的过程为畏途，学得艰难忘得也快。其原因包括师资和适用教材缺乏、教学方法陈旧、汉字接触不够、应用不广等多个方面。因此，对外汉字教学的相关理论和方法还有很大的研究和实践空间。

结　语

在对外汉语教学中，汉字难学几乎已成举世公论，并制约着对外汉语教学的发展。然而汉字教学在整个对外汉语教学工作中却一直处于薄弱环节，并相对滞后，大多数时候附属于词汇教学当中。这既和汉字本身以及学习者特点有关，又和教学主导思想以及教学操作实践不当有关。

对外国学生来说，学习汉字至少有以下三个方面的困难：第一，字形复杂多变，识别和书写困难。汉字是由笔画、部件、整字按照一定的层次组合而成的二维平面文字，笔画是最小构字单位，基本笔画虽少，但派生形式较多，部件构字能力强，但部件数量不少，组合方式、位置、功能、形态等变化多样，笔画、部件和整字交叉叠置且还存在大量形似的形体，极难辨认和书写。而外国学生尤其是以字母为母语文字的学生，他们的母语文字形体简单且数量少，字母按照一定规则线性排列，只要掌握少数字母的写法，就可以识写。因此，对这些外国学生而言，刚刚接触汉字往往会产生视觉混乱，把汉字看作是神奇而又杂乱的图画，识别和书写都很困难。第二，字音缺少提示，近音字容易混淆。字母文字是字母按照词语的读音组合而成，掌握字母的发音和拼读规则就可以认读。而汉字无明显音符标记，虽然形声字音符具有提示读音的作用，但其表音能力有限，且音符不易判定。外国学生如果没有一定量的汉字积累和较强的字感，仅凭字形无法读出字音，只能逐字死记硬背。此外，同音不同形字、同形多音字、形近音近字的存在更是让他们在识记汉字时极易造成混淆。第三，形义关系疏远，多义近义字多。汉字作为表意文字，字形具有表意性本是其独特优势，然而由于汉字在发展演变过程中形义都发生了变化，大多数汉字形义关系都变得模糊疏离，这一优势不再明显，对于缺少汉字文化背景的外国学生而言利用价值有限。汉字义项丰富，而且越常用的汉字义项越多、越难把握。相同

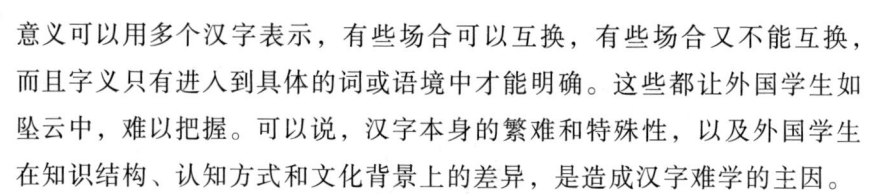

意义可以用多个汉字表示，有些场合可以互换，有些场合又不能互换，而且字义只有进入到具体的词或语境中才能明确。这些都让外国学生如坠云中，难以把握。可以说，汉字本身的繁难和特殊性，以及外国学生在知识结构、认知方式和文化背景上的差异，是造成汉字难学的主因。

另外，对外汉字教学实践中也存在着一些误区，"重语轻文"思想的干扰、对外国学生认知特点的认识不足、没有充分利用汉字规律进行教学等，也使得汉字难学现象进一步加剧。对外汉语教学长久以来受西方语言学和语言教学理论的影响，普遍存在着重口语轻识字、重阅读轻书写的倾向，但汉字不像西方拼音文字那样，学会简单的几十个字母的写法就可以解决识写问题，它必须花费更多时间和精力才能掌握。虽然文字产生于语言之后，但文字一旦产生，就对语言具有了反作用。汉字和汉语经历了几千年的相依相存，相对其他语言和文字的关系而言，它对汉语的反作用更加深远。古代汉字中仍有许多成分保留在现代汉字之中，并成为现代汉语特定的组成部分，因而汉字对汉语起着重要的辅助、扩大和完善作用。外国学生想要学好汉语，成为汉语方面的高级人才，就必须学好汉字。忽视汉字和汉语的特殊性，就会视汉字为汉语的附属品，在实践中不重视汉字教学。外国学生特别是非汉字文化圈的学生长期耳濡目染的是字母文字，字母文字多是表音文字，语音是衔接形义的主要通路，因而他们学习母语文字采用的是由形及音再及义的认知思路，而汉字形音、音义之间缺乏密切联系，外国学生按照母语文字习得思路来学习汉字时，就会发现既有知识的认知链条突然断裂，无所依傍，并由此引发学习困难。神经心理学和语言心理学的实验也表明，人的左右脑对语言的加工有不同分工，左脑擅长语言素材加工，右脑擅长图形加工和空间刺激。字母文字由左脑加工处理，而汉字由于还具有较丰富的图形和空间信息，需要左右脑并用，因而这两种文字在人脑中处理的路径是有区别的，识记汉字还需要建立一套与处理母语文字系统相异的脑机制。目前汉语国际教育界对学习者汉字认知特点的认识和习得过程的研究还远远不够，实践中对已有的研究成果也鲜少运用。汉字是一个有理据的系统，借助字形系联、音符系联、意符系联、字义系联等多种方式，可以组成一个相互依存的网络系统。而从外国学生汉字学习的情况来看，他们最常采用的学习策略是机械重复，而不知道汉字的构字法则及其结构，缺乏对汉字形音义之间的理性认识，自然就感到汉字难认、难记、难写。

针对汉字难学现象，我们应从以下三个方面努力改善汉字教学效果。

一是抓住汉字特点，尽可能利用相关规律进行教学。汉字相较其他文字而言，虽有其繁难的一面，但形、音、义三方面均有其内在的规律，这些规律能为外国学生的汉字学习提供抓手和支点，我们在对外汉字教学过程中应当充分利用。首先，要抓住一批构字能力强的独体字和组字部件。从外国学生汉字书写的偏误来看，组字的基本构件没掌握好是最主要的问题，部件是汉字字形中衔接笔画和整字的结构单位，利用部件教学，往下可以讲解汉字笔画、笔顺以及笔际关系，往上可以分析汉字组合层次和空间分布，能让外国学生对繁复的汉字字形有一个规律的认知。尤其是那些具有表音或表意功能的部件，要使其充分发挥表音或表意作用，这样不仅可以让学习者建立某一个汉字形、音、义之间的关系，而且可以借助音符和意符系联一批汉字，既可突出汉字的系统性，又可以加强形近、音近和义近字之间的比较，这是符合语言学习者认知规律的。其次，要突出字形的教学。汉字形、音、义三个方面，字形对外国学生来说是最难的，而汉字字形又是连接字音和字义的通路。对字形的分析，可以让学习者理解汉字以形表意的特点，甚至可以贯穿古今汉字，了解汉字背后的文化意义；也可以将形音结合的汉字中的音符找出来，发挥外国学生善于借助音符联系语言和文字的认知优势，获得更多帮助汉字学习的线索。最后，要借助语境理解运用汉字。汉字虽然本身负载了一定的形音义信息，但是其语言信息只有进入到具体的词句层面才有意义，因此汉字教学不能孤立进行，而应当构建一个认字识词—识词记字—用字构词—以词带字的连续体，达到字词结合、加强复现、相互促进的效果。

二是把握学习者特点，针对性展开教学。教外国学生学汉字，固然和本体母语识字有相通之处，但更应关注学习对象的特殊性。首先，要从一开始就注意帮助外国学生改变原有的文字观念，树立对汉字的正确认识。汉字是与世界上绝大多数文字体系相异的书面符号，学习者不能用母语文字的惯性思维去认知汉字，导致负迁移；也不能因为早期汉字象形的特点，误认为现代汉字仍是图画文字，固执地寻找形义联系而忽略了汉字符号的抽象化。其次，要发挥成人学习者的优势，运用归纳、对比、猜测等手段掌握汉字学习方法。系统学习汉字的外国学生绝大多数都是成年人，成人学习者积淀了较丰富的语言学习经验，拥有成熟的逻辑思维能力，更擅长用理性的方法来识记汉字。因此，让学生对汉字的性质特点有所了解，借助汉字的规律性和系统性知识进行对比分析、归纳总结和判断推理，建立新旧知识之间的联系，减少机械记忆的学习方法，培养学习者的自学能力，是对外汉字教学的正确途径。

三是树立正确教学观念，采用多种教学策略。教学有法，教无定法。对外汉字教学必须遵循一定的科学规律，但在具体设计和操作方法上可以灵活处理，自由选择。首先，教师要在教学实践中切实重视汉字的教学。不论汉字是以独立设课还是随文识字的方式出现，汉语教师应该始终明确一点：汉字教学是对外汉语教学不可回避的一环，任何脱离文字想要学好一门语言的设想都是不切实际的。不能因为掌握了汉语听说不懂汉字也可以交流而忽略了汉字的学习，也不能因为汉字是汉语学习的难点就放弃汉字的教学。汉字和汉语早已在历史的发展过程中难解难分，想学好汉语，就必须掌握汉字。其次，不同的汉字应当采用不同的教学方法。对于属性不同的汉字，宜因字施教。古今形义变化不大的汉字，可追根溯源，沟通物象；表意度高、理据明晰的汉字，可形义结合，讲解字理；代表性强、规律明显的汉字，则宜系统归纳，判断推理。总之，不拘一格，以简单实用、科学高效为前提。最后，不同阶段宜有不同的侧重点。初级阶段宜以形为纲，重点掌握汉字的形态特点和基本结构；中级阶段宜以音为纲，大量扩展形声字，加强形音义关系的认识；高级阶段宜以义为纲，结合汉字构词法，在运用中准确理解字义，拓展字词量。每个阶段应重点突出，并不排斥多元化。

汉字是中国文化的瑰宝，它书写了中华民族的历史，负载了博大精深的中华文化；它超越时空，至今仍承担着世界上最多人口书面交流思想的重任；它面向未来，不断改进自身适应着未来语言生活的变化。汉字是世界文化遗存的花朵，也是人类文明的古老象征，它必将和发展的中国一起，在世界文明交往中发挥独特的魅力。

参考文献

[1] 卞觉非. 汉字教学：教什么？怎么教？[J]. 语言文字应用, 1999 (01).

[2] [美] 布龙菲尔德. 语言论 [M]. 袁家骅, 等译, 北京：商务印书馆, 1980.

[3] 曹璐. 现代汉字的构形特点与对外汉字教学 [D]. 厦门：厦门大学, 2006.

[4] 曹先擢, 苏培成. 汉字形义分析字典 [M]. 北京：北京大学出版社, 1999.

[5] 陈宝国, 彭聃龄. 汉字识别中形音义激活时间进程的研究 [J]. 心理学报, 2001 (01).

[6] 陈必祥. 古今字和通假字 [M]. 昆明：云南教育出版社, 1986.

[7] 陈蕙, 王魁京. 外国学生识别形声字的实验研究 [J]. 世界汉语教学, 2001 (02).

[8] 陈仁凤, 陈阿宝. 一千高频汉字的解析及教学构想 [J]. 语言文字应用, 1998 (01).

[9] 陈原. 现代汉语语用字信息分析 [C]. 上海：上海教育出版社, 1993.

[10] 程朝晖. 汉字的学与教 [J]. 世界汉语教学, 1997 (03).

[11] 崔永华. 汉字部件和对外汉字教学 [J]. 语言文字应用, 1997 (03).

[12] 崔永华. 从母语儿童识字看对外汉字教学 [J]. 语言教学与研究, 2008 (02).

[13] 戴汝潜. 汉字教与学 [M]. 济南：山东教育出版社, 1999.

[14] 董琨. 中国汉字源流 [M]. 北京：商务印书馆, 1998.

[15] 杜同惠. 留学生汉字书写差错规律试析 [J]. 世界汉语教学, 1993 (01).

[16] 范可育, 高家莺, 敖小平. 论方块汉字和拼音文字的读音规律问题 [J]. 文字改革, 1984 (03).

[17] [瑞士] 费尔迪南·德·索绪尔. 普通语言学教程 [M]. 高名凯, 译, 北京：商务印书馆, 1980.

[18] 费锦昌, 孙曼均. 形声字形旁表义度浅探 [A]. 汉字学术问题讨论会论文选 [C]. 北京：中国社会科学院语言文字应用研究所, 1986.

[19] 费锦昌. 现代汉字部件探究 [J]. 语言文字应用, 1996 (02).

[20] 费锦昌. 现代汉字笔画规范刍议 [J]. 世界汉语教学, 1997 (02).

[21] 费锦昌. 对外汉字教学的特点、难点及其对策[J]. 北京大学学报：哲学社会科学版, 1998 (03).

[22] 冯丽萍. 汉字认知规律研究综述[J]. 世界汉语教学, 1998 (03).

[23] 冯丽萍. 对外汉语教学用2905汉字的语音状况分析[J]. 北京师范大学学报：社会科学版, 1998 (06).

[24] 冯丽萍. 外国留学生汉字读音的识别规律与汉字教学原则[J]. 唐山师范学院学报, 2002 (04).

[25] 冯丽萍, 卢华岩, 徐彩华. 部件位置信息在留学生汉字认知加工中的作用[J]. 语言教学与研究, 2005 (03).

[26] 冯玉涛, 彭霞. 古文字讹变问题研究回顾与再探[J]. 华侨大学学报：哲学社会科学版, 2015 (4).

[27] 傅永和. 汉字结构及其构成成分的统计及分析[J]. 中国语文, 1985 (04).

[28] 高家莺, 范可育, 费锦昌. 现代汉字学[M]. 北京：高等教育出版社, 1993.

[29] 高立群, 孟凌. 外国留学生汉语阅读中音、形信息对汉字辨认的影响[J]. 世界汉语教学, 2000 (04).

[30] 高立群. 外国留学生规则字偏误分析：基于中介语语料库的研究[J]. 语言教学与研究, 2001 (05).

[31] 高明. 中国古文字学通论[M]. 北京：文物出版社, 1987.

[32] 郭玲. 汉字构形阐释与对外汉字教学策略探讨[D]. 合肥：安徽大学博士学位论文, 2012.

[33] 郭盛. 俄罗斯学生汉字偏误研究[D]. 哈尔滨：黑龙江大学, 2012.

[34] 国家对外汉语教学领导小组办公室汉语水平考试部. 汉语水平词汇与汉字等级大纲[S]. 北京：北京语言学院出版社, 1992.

[35] 国家语言文字工作委员会. 信息处理用GB13000.1字符集汉字部件规范[S]. 北京：语文出版社, 1998.

[36] 国家语言文字工作委员会. 基础教学用现代汉语常用字部件规范[S]. 北京：语文出版社, 2003.

[37] 国家语言文字工作委员会. 现代汉语通用字表[S]. 北京：语文出版社, 1989.

[38] 郝美玲. 留学生汉字正字法意识的萌芽与发展[J]. 世界汉语教学, 2007 (01).

[39] 何九盈. 汉字文化学[M]. 沈阳：辽宁人民出版社, 2000.

[40] 洪成玉. 古今字[M]. 北京：语文出版社, 1995.

[41] 胡文华. 汉字与对外汉字教学［M］. 上海：学林出版社，2008.

[42] 黄伯荣，廖序东. 现代汉语（增订三版）［M］. 北京：高等教育出版社，2003.

[43] 黄德宽. 论形声结构的组合关系、特点和性质［J］. 安徽大学学报：哲学社会科学版，1997（03）.

[44] 江新. 外国学生形声字表音线索意识的实验研究［J］. 世界汉语教学，2001（02）.

[45] 江新，赵果. 初级阶段外国留学生汉字学习策略的调查研究［J］. 语言教学与研究，2001（04）.

[46] 江新，柳燕梅. 拼音文字背景的外国学生汉字书写错误研究［J］. 世界汉语教学，2004（01）.

[47] 江新. 汉字频率和构词数对非汉字圈学生汉字学习的影响［J］. 心理学报，2006（04）.

[48] 江新. "认写分流、多认少写"汉字教学方法的实验研究［J］. 世界汉语教学，2007（02）.

[49] 康加深. 现代汉语形声字形符研究［A］. 现代汉语用字信息分析［C］. 上海：上海教育出版社，1993.

[50] ［德］柯彼德. 汉字文化和汉字教学［A］. 第五届国际汉语教学讨论会论文选［C］. 北京：北京大学出版社，1997.

[51] 孔德明. 通假字概说［M］. 北京：北京广播学院出版社，1993.

[52] ［英］L.R.帕默尔. 语言学概论［M］. 李荣，等译. 北京：商务印书馆，1984.

[53] 李大遂. 从汉语的两个特点谈必须切实重视汉字教学［J］. 北京大学学报：哲学社会科学版，1998（03）.

[54] 李大遂. 简明实用汉字学［M］. 北京：北京大学出版社，2003.

[55] 李大遂. 对外汉字教学发展与研究概述［J］. 暨南大学华文学院学报，2004（02）：41-48.

[56] 李大遂. 汉字理据的认识、利用与维护［J］. 华文教学与研究，2011（02）.

[57] 李芳杰. 字词直通 字词同步——关于基础汉语阶段字词问题的思考［J］. 语言教学与研究，1998（01）.

[58] 李国英. 论汉字形声字的义符系统［J］. 中国社会科学，1996（03）.

[59] 李乐毅. 简化字源［M］. 北京：华语教学出版社，1996.

[60] 李明. 常用汉字部件分析与对外汉字教学研究［D］. 北京：北京语言大学，2006.

[61] 李培元，任远．汉字教学简述［A］．第一届国际汉语教学讨论会论文选［C］．北京：北京语言学院出版社，1986．

[62] 李荣．文字问题［M］．北京：商务印书馆，1987．

[63] 李蓉若．初级阶段非洲留学生汉字偏误分析及对策研究［D］．重庆：西南大学，2011．

[64] 李蕊．对外汉语教学中的形声字表义状况分析［J］．语言文字应用，2005（02）．

[65] 李晓琪，赵金铭．对外汉语文化教学研究［M］．北京：商务印书馆，2006．

[66] 李燕，康加深．现代汉语形声字声符研究［A］．现代汉语用字信息分析［C］．上海：上海教育出版社，1993．

[67] 李运富，张素凤．汉字性质综论［J］．北京师范大学学报：社会科学版，2006（01）．

[68] 李运富．汉字汉语论稿［M］．北京：学苑出版社，2008．

[69] 李运富．汉字的特点与对外汉字教学［J］．世界汉语教学，2014（03）．

[70] 梁东汉．汉字的结构及其流变［M］．上海：上海教育出版社，1959．

[71] 梁彦民．汉字部件区别特征与对外汉字教学［J］．语言教学与研究，2004（04）．

[72] 林沄．古文字研究简论［M］．长春：吉林大学出版社，1986．

[73] 刘国画．泰国中学生汉字偏误分析及教学策略［D］．广州：暨南大学硕，2009．

[74] 鹿士义．母语为拼音文字的学习者汉字正字法意识发展的研究［J］．语言教学与研究，2002（03）．

[75] 吕叔湘．汉语文的特点和当前的语文问题［A］．语文近著［M］．上海：上海教育出版社，1987．

[76] ［德］孟坤雅．声旁能不能在对外汉字教学中发挥作用——声旁问题再考察［A］．第六届国际汉语教学讨论会论文选［C］．北京：北京大学出版社，2000．

[77] ［德］孟坤雅．通用汉字中的理想声旁与汉字等级大纲［A］．第七届国际汉语教学讨论会论文选［C］．北京：北京大学出版社，2004．

[78] 倪海曙．现代汉字形声字字汇［M］．北京：语文出版社，1982．

[79] 潘钧．现代汉字问题研究［M］．昆明：云南大学出版社，2004．

[80] 潘先军．论对外汉字教学的层次性［J］．汉字文化，2005（02）．

[81] 彭聃龄．汉语认知研究［M］．济南：山东教育出版社，1997．

[82] 彭聃龄，王春茂．汉字加工的基本单元：来自笔画数效应和部件数效应的证

据［J］．心理学报．1997（01）．

［83］钱学烈．对外汉字教学实验报告［J］．北京大学学报：哲学社会科学版，1998（03）．

［84］裘锡圭．文字学概要［M］．北京：商务印书馆，1988．

［85］沈兼士．沈兼士学术论文集［C］．北京：中华书局，1986．

［86］施正宇．现代汉字形声字形符表义功能分析［J］．语言文字应用，1992（04）．

［87］施正宇．现代汉字的几何性质及其在汉字教学中的意义［J］．语言文字应用，1998（04）．

［88］施正宇．论汉字能力［J］．世界汉语教学，1999（02）．

［89］施正宇．外国留学生字形书写偏误分析［J］．汉语学习，2000（02）．

［90］施正宇．词·语素·汉字教学初探［J］．世界汉语教学，2008（02）．

［91］石定果．汉字研究与对外汉语教学［J］．语言教学与研究，1997（01）．

［92］石定果，万业馨．关于对外汉字教学的调查报告［J］．语言教学与研究，1998（01）．

［93］舒华，曾红梅．儿童对汉字结构中语音线索的意识及其发展［J］．心理学报，1996（02）．

［94］苏培成．现代汉字的部件切分［J］．语言文字应用，1995（03）．

［95］苏培成．汉字的性质［J］．廊坊师范学院学报，2001（01）．

［96］苏培成．现代汉字学纲要［M］．北京：北京大学出版社，2001．

［97］苏新春．汉字文化引论［M］．南宁：广西教育出版社，1996．

［98］孙德金．对外汉字教学研究［M］．北京：商务印书馆，2006．

［99］孙钧锡．中国汉字学史［M］．北京：学苑出版社，1991．

［100］唐兰．古文字学导论［M］．济南：齐鲁书社，1981．

［101］唐兰．中国文字学［M］．上海：上海古籍出版社，2005．

［102］佟乐泉，张一清．小学师资教学研究［M］．广东：广东教育出版社，1999．

［103］万业馨．汉字字符分工与部件教学［J］．语言教学与研究，1999（04）．

［104］万业馨．从汉字研究到汉字教学［J］．世界汉语教学，2001（01）．

［105］万业馨．略论形声字声旁与对外汉字教学［J］．世界汉语教学，2000（01）．

［106］万业馨．应用汉字学概要［M］．合肥：安徽大学出版社，2005．

［107］万业馨．略论汉字教学的总体设计［J］．语言教学与研究，2009（05）．

［108］万艺玲．汉字难易度测查与对外汉字教学研究［D］．北京：北京师范大学，2001．

［109］王伯熙．文字的分类和汉字的性质［J］．中国语文，1984（02）．

[110] 王凤阳. 汉字学［M］. 长春：吉林文史出版社，1989.

[111] 王贵元. 汉字构形系统及其发展阶段［J］. 中国人民大学学报，1999（01）.

[112] 王贵元. 现代汉字字形三论［J］. 语言文字应用，2005（02）.

[113] 王继洪. 汉字文化学概论［M］. 上海：学林出版社，2006.

[114] 王建勤. 外国学生汉字构形意识发展的模拟研究［D］. 北京：北京语言大学，2005.

[115] 王骏. 外国人汉字习得数据库的建设与汉字习得分析［J］. 语言教学与研究，2015（03）.

[116] 王力. 中国语言学史［M］. 太原：山西人民出版社，1981.

[117] 王力. 同源字典［M］. 北京：商务印书馆，1982.

[118] 王立军. 汉字构形分析的科学原则与汉字文化研究［J］. 河南师范大学学报：哲学社会科学版，1999（03）.

[119] 王宁. 汉字构形理据与现代汉字部件拆分［J］. 语文建设，1997（03）.

[120] 王宁. 汉字学概要［M］. 北京：北京师范大学出版社，2001.

[121] 王宁. 汉字构形学讲座［M］. 上海：上海教育出版社，2002.

[122] 王宁. 汉字构形学导论［M］. 北京：商务印书馆，2015.

[123] 王小宁. 从形声字声旁的表音度看现代汉字的性质［J］. 清华大学学报：哲学社会科学版，1999（01）.

[124] 王玉新. 汉字认知研究［M］. 济南：山东大学出版社，2000.

[125] 吴勇毅. 不同环境下的外国人汉语学习策略研究［D］. 上海：上海师范大学．2007.

[126] 肖奚强. 外国学生汉字偏误分析［J］. 世界汉语教学，2002（02）.

[127] 邢红兵.《（汉语水平）汉字等级大纲》汉字部件统计分析［J］. 世界汉语教学，2005，（02）.

[128] 邢红兵. 现代汉字特征分析与计算研究［M］. 北京：商务印书馆，2007.

[129] 徐彩华. 汉字认知与汉字学习心理研究［M］. 北京：知识产权出版社，2010.

[130][澳]徐家祯. 基础语言课中语言教学与文化教学结合的问题［J］. 世界汉语教学，2000（03）.

[131] 徐子亮. 汉语作为外语教学的认知理论研究［M］. 北京：华语教学出版社，2000.

[132] 徐子亮. 汉字背景与汉语认知［J］. 汉语学习，2003（06）.

[133] 严彦. 不同教法对汉字形音义习得影响的教学实验研究［J］. 语言教学与研究，2013（03）.

[134] 杨冰郁，石凯民．"系联法"对外汉字教学初探［J］．延安教育学院学报，2001（04）．

[135] 杨润陆．现代汉字学通论［M］．北京：长城出版社，2000．

[136] 姚淦铭．汉字心理学［M］．南宁：广西教育出版社，2001．

[137] 刘钊，董莲池，王蕴智，等．中国文字学史［M］．姚孝遂，编．长春：吉林教育出版社，1995．

[138] 易洪川，杨夷平，朱全红．从基本字表的研制看汉字学与汉字教学［J］．语言文字应用，1998（04）．

[139] 易洪川等．汉字学与汉字教学［A］．中国对外汉语教学学会第六届学术讨论会会议论文［C］．北京：北京语言学院出版社，1998．

[140] 易洪川．笔顺规范化问题研究［J］．语言教学与研究，1999（03）．

[141] 易洪川．字音特点及其教学策略［J］．语言文字应用，1999（04）．

[142] 易洪川．汉字字音特点对汉语教学法的影响［A］．语言教育问题研究论文集［C］．北京：华语教学出版社，2001．

[143] 尤浩杰．笔画数、部件数和拓补结构类型对非汉字文化圈学习者汉字掌握的影响［J］．世界汉语教学，2003（02）．

[144] 余又兰．第二语言的汉字教学［J］．世界汉语教学，1999（01）．

[145] 詹鄞鑫．汉字说略［M］．大连：辽宁教育出版社，1991．

[146] 詹鄞鑫．20世纪汉字性质问题研究评述［J］．华东师范大学学报：哲学社会科学版，2004（03）．

[147] 张德鑫．关于汉字文化研究与汉字教学的几点思考［J］．世界汉语教学，1999（01）．

[148] 张桂光．汉字学简论［M］．广州：广东高等教育出版社，2004．

[149] 张和生．利用汉语义类进行词汇教学的实验报告［J］．世界汉语教学，2008（04）．

[150] 张厚粲，舒华．汉字读音中的音似与形似启动效应［J］．心理学报，1989（03）．

[151] 张静贤．现代汉字笔形论［A］．第二届国际汉语教学讨论会论文选［C］．北京语言学院出版社，1988．

[152] 张静贤．汉字教程［M］．北京：北京语言文化大学出版社，2004．

[153] 张凯．汉语构词基本字的统计分析［J］．语言教学与研究，1997（01）．

[154] 张世禄．文字学与文法学［A］．中国文法革新讨论集［C］．上海：上海学术社，1940．

[155] 张旺熹．从汉字部件到汉字结构——谈对外汉字教学［J］．世界汉语教学，

1990（02）.

[156] 张熙昌. 论形声字声旁在汉字教学中的作用［J］. 语言教学与研究，2007（02）.

[157] 张夏. 汉字构形理论与汉字教学［D］. 西安：西北大学，2005.

[158] 张亚旭，周晓林，舒华，邢红兵. 汉字识别中声旁与整字语音激活的相对优势［J］. 北京大学学报：自然科学版，2000（01）.

[159] 张玉金，夏中华. 汉字学概论［M］. 南宁：广西教育出版社，2001.

[160] 张智慧. 基于对外汉字教学的汉字构形理论应用研究［D］. 石家庄：河北师范大学，2010.

[161] 赵广成. 通假字浅说［M］. 济南：山东教育出版社，1986.

[162] 赵果，江新. 什么样的汉字学习策略最有效［J］. 语言文字应用，2002（02）.

[163] 赵妍. 现代汉字的理据性与对外汉字教学［J］. 语言文字应用，2006（02）.

[164] 赵元任. 语言问题［M］. 北京：商务印书馆，1980.

[165] 郑振峰. 20世纪关于汉字性质问题的研究［J］. 河北师范大学：哲学社会科学版，2002（03）.

[166] 郑振峰. 甲骨文字构形系统研究［M］. 上海：上海教育出版社，2006.

[167] 周健. 汉字教学理论与方法［M］. 北京：北京大学出版社，2000.

[168] 周健，尉万传. 研究学习策略，改进汉字教学［J］. 暨南大学华文学院学报，2004（01）.

[169] 周有光. 现代汉字中的声旁表音功能问题［J］. 中国语文，1978（03）.

[170] 周有光. 世界文字发展史［M］. 上海：上海教育出版社，1997.

[171] 周有光. 比较文字学初探［M］. 北京：语文出版社，1998.

[172] 朱志平. 汉字构形学说与对外汉字教学［J］. 语言教学与研究，2002（02）.

[173] 左安民. 汉字例话［M］. 北京：中国青年出版社，1984.